U0785670

胡適考論

席云舒 著

商務印書館
创于1897
The Commercial Press

涵芬楼文化 出品

目 录

我是怎样走上胡适研究道路的

——首届海峡两岸“胡适奖学金”获奖感言

（代序）

感谢“中央研究院”近代史研究所胡适纪念馆和华中师范大学中国近代史研究所授予我“胡适奖学金”！

今天是胡适先生125周岁生日，再过十几天，就是他发表《文学改良刍议》100周年的日子，正是这篇文章，拉开了“文学革命”和“五四”新文化运动的大幕，胡适先生也由此成为现代中国“文艺复兴运动”的领导者。今天，北京大学也正在举办纪念《文学改良刍议》发表100周年，新文化运动100周年，以及胡适先生到北大任教100周年的“胡适与中国新文化”国际学术会议，我无法分身两地，心里虽然为没能去北大参加纪念胡适校长的会议而感到些许遗憾，但却有幸来到“中央研究院”，在先生最后工作和生活过的地方，以这种特别的方式来纪念胡适院长，我得承认，我内心的激动比遗憾更加强烈！

这里我想谈谈我是怎样走上胡适研究道路的。说来惭愧，我直到上了大学以后才知道胡适先生的名字，那是在20世纪90年代中期，那时候胡先生的文章还没有被选入中学教科书，著作也远不如今天这么普及。我从大学课堂上了解到的胡适，是一个只能写半部书的胡适，一个既主张“文学改良”却又倡导“整理国故”的自相矛盾的胡适，一个宣称“历史是任人打扮的小姑娘”的胡适，一个解决不了“根本问题”的胡适。虽然后来也曾听一位老教授讲过“大胆的假设，小心地求证”是学术研究的不二法门，但在我的大学时代，人们对胡适的评价远不如被认为是新文化运动旗手的鲁迅，那时候我们都读过不少鲁迅先生的书，而很少会去关注胡适先生的著作。

我这一代大学生还多少受到过李泽厚先生的《启蒙与救亡的双重变奏》的影响，李泽厚先生在文章中竭力赞扬“五四运动的总司令”陈独秀和他创办的《新青年》杂志，这使我对《新青年》产生了浓厚的兴趣。但我在大学期间很难接触到这份稀有的杂志，学校仅有的一套影印本保存在图书馆的特藏室，并不对学生开放。我想了很多办法，终于有一次在一位老师的帮助下进入图书馆特藏室目睹了这套杂志的真容，尽管连一篇文章都没来得及读完，但其圈点密布的繁体字竖排版还是给我留下了极深的印象，当时我们这些习惯于简体字横排版的年轻人很难适应这种阅读。那时候市面上还找不到《新青年》的横排版。2001年我调入广西师范大学出版社工作，就打算出版一套简体版《新青年》。我费了很多周折找来了一套影印版，没想到电脑录排成了最大的障碍，照排工人根本无法准确、高效地完成录排工作。于是我只好利用业余时间，自己把63期杂志逐字逐句录入电脑，前后整整花了6年时光。等到这套饱经磨难的书2011年终于由黄河出版集团出版时，我已经告别了工作9年的出版界，来到北京语言大学攻读博士学位。

在整理《新青年》的过程中，我仔细阅读了里面的每一篇文章，这时胡适先生的文章在我的脑海里逐渐凸显出来。因为在我看来，在胡适先生发表《文学改良刍议》之前，无论是陈独秀还是高一涵，都空有一腔改革中国文化的激情，却并没有提出切实可行的方法。即便是在新文化运动过程中，陈独秀、钱玄同、刘半农、周作人等人的文章，都还只是在"文学革命"的目的上下功夫，甚至为着这个目的而不择手段（钱玄同和刘半农的"双簧"便是一例）。只有胡适先生的文章，从《文学改良刍议》到《建设的文学革命论》《易卜生主义》《文学进化观念与戏剧改良》《实验主义》等，谈的都是改良中国文学和文化的具体方法。我无法想象要改良中国文学和文化，却没有具体的、科学的方法，那样能把中国文学和文化"改良"成什么样子！这个漫长的阅读过程逐渐改变了我大学时期形成的对胡适先生的印象。后来我又系统地阅读了胡适先生的著作，对他的思想有了更加深入的了解和认同。

由此我也体会到，要想了解一位大学者的思想，只有去认真地读他的书，而不仅仅是听别人怎么讲，每个人讲的胡适都可能只是他自己理解的胡适，道听途说往往会谬以千里。今天，由于胡适先生的历史地位逐渐得以恢复，大陆上对先生的评价日高，于是又出现了另一种现象，各种关于先生的传闻流布于网络，最流行的一则网文说他在美国读书时天天打牌，我们都知道这是不真实的，但如果不去读他的书，就很可能对这些传闻信以为真。

2011 年我开始确定博士论文的选题时，便毫不犹豫地选择了胡适先生作为我的研究对象，而我最初打算研究的就是胡适先生怎样用他的“实验主义”方法来改良中国文学和中国文化的。但后来欧阳哲生教授告诉我，胡适的英文论著还很少有人好好研究过，他建议我把重点放在胡适先生的英文著作上。我在为博士论文准备材料的过程中，发现《胡适日记》《胡适之先生年谱长编初稿》和德拉菲尔德、袁同礼编订的“胡适西文著作目录”中提到的不少英文论著，都既没有被周质平先生编的《胡适英文文存》和《胡适未刊英文遗稿》收录，也没有被《胡适全集》收录，于是我开始着手搜集这些英文散佚论著。经过几年的考证和艰难搜集，除胡适纪念馆和中国社会科学院近代史研究所收藏的 70 余篇未结集出版的英文手稿外，我先后从美国、英国、法国、德国、日本，以及国内民国时期的英文报刊上，共搜集到胡适先生的英文佚文 150 余篇，其中绝大部分都是重要的学术论著。这些英文佚文，我已提供十余篇给《胡适研究通讯》刊登，相信大家都已经读到。同时我也正在编一套《胡适英文文集》，希望这些英文散佚文献能够早日与学界见面。我的博士论文《胡适“中国的文艺复兴”思想研究》这个选题，主要就是通过这些英文文献来确定的。

我的博士论文还有很多不完善之处，我深深感到愧对今天这个奖项，我更愿意把这个奖项看作是各位专家评委对我所做的胡适英文散佚论著发掘工作的鼓励，希望这批新材料的发现，能够对胡适研究有所助益。

今天，胡适先生的作品已走进中学课堂，大陆已公开出版的有关胡适先生的著作足可以摆满几个书柜，人们对先生的认识也发生了翻天覆地的变化。我所敬重的前辈学者李慎之先生说过：“20 世纪是鲁迅的世纪，21 世纪将是胡适的世纪。”这样的时代虽然还没有到来，但我们已经听见了它渐近的足音。

谢谢大家！

（原载《关东学刊》2017 年第 10 期）

康奈尔大学胡适的成绩单与课业论文手稿

一

中国社会科学院近代史研究所保存的胡适档案里，有14篇他在康奈尔大学留学时写的未刊英文课业论文，有的是打字稿，有的是手稿。其中包括10篇文学论文：《狄更斯的〈双城记〉》[①]《〈哈姆莱特〉，一个没有英雄的悲剧》[②]《托马斯·格雷》[③]《亨斯洛日记》[④]《丁尼生〈怀念集〉第54—57首》[⑤]《亚历山大和坎帕斯比》[⑥]《吉娜薇》[⑦]《圣杯》[⑧]《西敏寺》(一译

① Dickens's "A Tale of Two Cities"，打字稿，见中国社会科学院近代史研究所胡适档案，档案编号：E-59-1，共7页。打字稿也是胡适的原稿，下同。

② "Hamlet"，a Tragedy without a Hero，打字稿，同上，档案编号：E-59-2，共11页。

③ Thomas Gray，手稿，同上，档案编号：E-59-4，共9页。

④ Henslowe's Diary，手稿，同上，档案编号：E-59-5，共4页。

⑤ 原稿无标题，亦无档案编号，手稿附在Henslowe's Diary一文后面，共2页，此标题为笔者所加。

⑥ Alexander And Campaspe，手稿，同上，档案编号：E-59-6，共3页。

⑦ Guinevere，手稿，同上，档案编号：E-59-7，共3页。

⑧ The Holy Grail，手稿，同上，档案编号：E-59-8，共2页。

《威斯敏斯特教堂》）[①]和《蒲柏诗歌研究》[②]；2篇哲学论文：《约翰·密尔论正义:〈功利主义〉第五章研究》[③]《洛克的〈政府论两篇〉研究》[④]；2篇政治学论文:《美国国家与社会政治研究》[⑤]《众议院议长政治权力的发展》及其“序言”[⑥]。这些文章中，《托马斯·格雷》手稿上有教师批注，《西敏寺》手稿后有教师打的“88分”，《亨斯洛日记》《亚历山大和坎帕斯比》《蒲柏诗歌研究》《洛克的〈政府论两篇〉研究》《美国国家与社会政治研究》《众议院议长政治权力的发展》等手稿上均有教师写的评语。这14篇文章胡适生前都没有发表过，后来也未收进任何文集。

在《狄更斯的〈双城记〉》一文前，有几行胡适手书的英文记录，可直接翻译为：“几篇较长的文章：1.《狄更斯的〈双城记〉》；2.《墨翟》；3.《〈哈姆莱特〉，一个没有英雄的悲剧》；4.《亚当·斯密的税收原则》；5.《约翰·密尔的生平》；6.《亚历山大·蒲柏》；7.《托马斯·格雷》。胡适，康奈尔大学，绮色佳，纽约，1912。”[⑦]显然，《亚历山大·蒲柏》即《蒲柏诗

① Westminster Abbey，手稿，见中国社会科学院近代史研究所胡适档案，档案编号：E-59-9，共4页。

② A Study of the Poetry of Pope，手稿，同上，档案编号：E-60-10，共6页。

③ John Stuart Mill on Justice：Being a Study of the Fifth Chapter of his “Utilitarianism”，手稿，同上，档案编号：E-59-3，共22页。

④ A Study of Locke's “Two Treatises on Government”，手稿，同上，档案编号：E-60-12，共27页。

⑤ A Study of Politics in Your State and Community，手稿，同上，档案编号：E-60-11，共21页。

⑥ The Development of the Political Power of the Speaker of the House of Representatives，手稿，同上，档案编号：E-60-14，共18页。Preface，档案编号：E-60-13，共2页。

⑦ 原文为：Some Longer Writings：1. Dickens's “A Tale of Two Cities”. 2. Mo-Ti. 3. “Hamlet”, a Tragedy without a Hero. 4. Adam Smith's Maxims on Taxation. 5. Life of John Stuart Mill. 6. Alexander Pope. 7. Thomas Gray. S. Hu. Cornell University，Ithaca，N. Y. 1912.

歌研究》，而《狄更斯的〈双城记〉》《〈哈姆莱特〉，一个没有英雄的悲剧》和《托马斯·格雷》题目与存稿一致。他这里记载的，应该是他1912年之前所写的几篇较长的英文文章，而非专指1912年所作之文。例如，根据胡适《留学日记》记载，他读完《哈姆莱特》的日期是1911年4月15日，14日他作一文论“奥菲利亚”，15日和16日又作了一文论《哈姆莱特》，[①]此文很可能就是这篇《〈哈姆莱特〉，一个没有英雄的悲剧》；然而，要想确定此文是否为1911年所作，则仍需进一步论证。中国社会科学院近代史研究所和台北胡适纪念馆档案里均未保存《墨翟》和《亚当·斯密的税收原则》二文。他后来在《中国留美学生月报》1916年第6期上发表的《一个战国时期的哲学家：墨翟的伦理和宗教观》，[②]可能就是根据1912年前这篇《墨翟》改写的，而《亚当·斯密的税收原则》一文恐已不存。关于《约翰·密尔的生平》，他也只留下了一页“约翰·斯图亚特·密尔的生平及其《论自由》——厄舍博士的章节”这个题目，未见正文内容，我们不能确定他是否写了这篇文章，但从他留下的手稿看，他在康奈尔大学留学时期至少还写了《约翰·密尔论正义：〈功利主义〉第五章研究》这篇长文。此外，在中国社会科学院近代史研究所收藏的

① 胡适：《留学日记》（卷一），见《胡适全集》（第27卷），合肥：安徽教育出版社，2003年，第129、130页。

② Suh Hu：A Chinese Philosopher on War：A Popular Presentation of the Ethical and Religious Views of Mo-Ti，in *The Chinese Students' Monthly*，vol. XI . No.6，April，1916.

胡适手稿中，还有一篇《密尔顿短诗笔记》，[①]档案标注时间为1914年8月，手稿首页记有一个年份，但字迹较模糊，依笔画走势，更像是1911年，台北胡适纪念馆的“北京档”中就注为1911年8月，查胡适《留学日记》，1911年8月19日：“读密尔顿（Milton）之*L'Allegro*。”20日：“读密尔顿之*L'Allegro*及Ⅱ *Penseroso*，皆佳构也。”21日：“读密尔顿稍短之诗。”24日：“读密尔顿小诗。”[②]手稿内容与日记相吻合，因此这篇笔记作于1911年8月当属无疑。但与上述14篇文章不同的是，此手稿并非完整的论文，而是一篇读书笔记草稿，因而不能作为他在康奈尔大学留学时期的课业论文来看待，我们下文将不作讨论。

除上述未刊手稿和打字稿外，《胡适全集》收录的英文论著中，也有4篇是他在康奈尔大学读书时的课业论文，分别为《托马斯·胡德》[③]《柏拉图的〈普罗泰戈拉篇〉》[④]《康德的国际伦

---

① Notes on Milton' s Minor Poems，中国社会科学院近代史研究所胡适档案，手稿，档案编号：E-62-1，共20页。

② 胡适：《留学日记》（卷一）见，《胡适全集》（第27卷），合肥：安徽教育出版社，2003年，第172—173页。

③ Thomas Hood，见《胡适全集》（第35卷），合肥：安徽教育出版社，2003年，第60—75页；另见中国社会科学院近代史研究所胡适档案，打字稿，档案编号：E-4-3，共12页。

④ The Platonic Protagoras，见《胡适全集》（第35卷），合肥：安徽教育出版社，2003年，第76—87页；另见中国社会科学院近代史研究所胡适档案，打字稿，档案编号：E-1-4，共10页。

理法则》[①]和《康德〈纯粹理性批判〉中的先验分析论》[②]。其中，《托马斯·胡德》为文学论文，其余三篇为哲学论文。中国社会科学院近代史研究所的胡适档案里存有《托马斯·胡德》《柏拉图的〈普罗泰戈拉篇〉》和《康德〈纯粹理性批判〉中的先验分析论》的打字稿，《托马斯·胡德》一文后有教师评语，《康德〈纯粹理性批判〉中的先验分析论》首页注明写作时间为1915年5月26日。周质平先生编的《胡适未刊英文遗稿》也收录了《康德的国际伦理法则》一文，注明"是胡适1915年在康奈尔大学时的学生习作"。参照胡适1915年3月14日给韦莲司的信和3月19日的日记，可知此文完成于1915年3月14日下午。[③]《胡适全集》和《胡适未刊英文遗稿》里收录的这篇文章都有缺页，台北"中央研究院"胡适纪念馆存有此文的打字稿，档案备注"原稿缺第5页"[④]。我后来找到了此文全稿，已刊登在《胡适研究通讯》2015年第4期上。这4篇文章中，《托马斯·胡

---

① Kant's Principles of International Ethics，见《胡适全集》(第35卷)，合肥：安徽教育出版社，2003年，第88—107页。这个英文题目，胡适自译为"康德之国际道德学说"，胡适：《留学日记》(卷九)，见《胡适全集》(第28卷)，合肥:安徽教育出版社,2003年，第83页；周质平先生译为"康德国际伦理的原则"，见周质平编:《胡适未刊英文遗稿》，台北：联经出版事业公司，2001年，第20—36页。

② The Argument of the Transcendental, Analytic in Kant's Critique of Pure Reason，见《胡适全集》(第35卷)，合肥：安徽教育出版社，2003年，第144—163页；另见中国社会科学院近代史研究所胡适档案，打字稿，档案编号：E-1-2，共18页。

③ 周质平编译:《不思量自难忘——胡适给韦莲司的信》，合肥：安徽教育出版社，2001年，第49页。另见胡适:《留学日记》(卷九)，《胡适全集》(第28卷)，合肥：安徽教育出版社，2003年，第83页。

④ Kant's Principles of International Ethics，见台北"中央研究院"胡适纪念馆档案，档案编号：HS-NK05-197-019，共19页，缺第5页。

德》和《柏拉图的〈普罗泰戈拉篇〉》两文的写作时间不详。此外，1914年11月到1915年7月，在康奈尔大学哲学系克雷登教授主编的《哲学评论》(*The Philosophical review*)杂志上，还有10篇胡适的哲学短论，也是他在康奈尔大学念研究生期间的课业论文，均未被任何文集收录。

从以上信息中，我们能确知其中2篇关于康德的长文和10篇哲学短论的写作年份，而其余16篇英文手稿写于何时，则不得其详。由于邵建先生2007年出版的《瞧，这人——日记、书信、年谱中的胡适（1891—1927）》中认为胡适未读过洛克，[①]曾引起江勇振先生的批评，[②]我在2012年写的一篇《胡适与〈洛克的"政府论两篇"研究〉》中回应这个问题时，顺便考证了胡适《洛克的〈政府论两篇〉研究》的写作时间，认为此文应写于1914年下半年艾尔比教授的"哲学30：经验论与唯理论"课上，手稿上的教师评语应为艾尔比教授所写。当时我曾试图系统地考证一下胡适在康奈尔大学读书时的这十几篇英文课业论文手稿的写作时间。周质平先生1998年出版的《胡适与韦莲司：情深五十年》一书附有一份胡适在康奈尔大学的成绩单；《康奈尔大学校刊》(*Official Publications of Cornell University*) 1910—1915各学年的"农学院公告""文理学院

① 邵建：《瞧，这人——日记、书信、年谱中的胡适》，桂林：广西师范大学出版社，2007年，第88—89、131—132、135页。

② 江勇振：《舍我其谁：胡适》(第一部"璞玉成璧")，北京：新星出版社，2011年，第262—263页。

公告”和“暑期班公告”中都有较为详细的课程大纲，江勇振先生在2011年出版的《舍我其谁：胡适》(第一部“璞玉成璧”)中也曾根据这些课程大纲对胡适在康奈尔大学的选课情况做过择要介绍;《胡适口述自传》和《留学日记》里也有一些对他在康奈尔大学选课情况的零星记录。这是我当时所能找到的全部材料。然而根据这几份材料，我们仍然难以考证出这些文章的具体写作时间，因为这些材料所提供的信息仍不够完整，且不同材料中的有关记载并不十分一致。

胡适这些课业论文手稿，对于我们研究其文学思想和哲学思想的形成过程具有重要意义，我们要研究他的思想是怎样形成的，他在康奈尔大学留学时期所接受的文学和哲学教育对他后来的思想产生过怎样的影响，就需要从他的《留学日记》、读书笔记和早期论文中去寻找线索，当然，弄清这些手稿的写作时间，就成了无法绕过的一环。其次，安徽教育出版社2003年出版的《胡适全集》，囿于当时的编纂条件，收录的作品并不全面，仅未收的英文论著就达两百余篇，且编年亦未经严格考证。待条件成熟时重编一套科学、完善的《胡适全集》，已成为学界共识。因此，考订这些文章写于何时，对于将来重编《胡适全集》时进行作品编年，也具有重要意义。但上述几种材料之间的对应关系并不明确，尤其是不同材料中的部分记载信息缺失或互有抵牾时，我们就很难从中理出头绪。例如，周质平先生提供的成绩单中，胡适1910—1911学年选修的“英文1”和“德文1、2”两科，《康奈尔大学校刊》第一卷第2期“纽约州农学院冬季课程公告 1910—11”[①]和第二卷第 4 期“纽约州农学院公告 1910—11”[②]中均无记载;该成绩单 1912—1913 学年第一学期的“心理学 1”，即胡适《留学日记》1912 年 10 月 1 日所记的提区纳教授的心理学课，[③]也未出现在《康奈尔大学校刊》第三卷第 12 期“文理学院公告 1912—13”[④]中;《胡适口述自传》里记载他 1912—1913 年选修过政治系教授山姆·奥兹的美国政府和政党专题课，他在 1912 年 9 月 30 日《留学日记》里也有相应记载，[⑤]但我们在这一年的《康奈尔大学校刊》“文理学院公告”中却找不到相关记录。所以我们无法确定周质平先生提供的成绩单中科目名称和课程编号能否与《康奈尔大学校刊》各卷中的课程大纲一一对应，而缺少这关键的一环，就不能形成完整的证据链。仅凭上述几种材料，难以作为考证这一问题的充分依据。

我的《胡适与〈洛克的“政府论两篇”研究〉》一文在 2014 年第 11 期《社会科学论坛》发表后，又引起了张书克博士的

① *Official Publications of Cornell University*, vol. Ⅰ, No.2. New York State College of Agriculture Announcement of Winter Courses 1910–11. September, 1910.

② *Official Publications of Cornell University*, vol. Ⅱ, No.4. New York State College of Agriculture Announcement 1910–11. February 15, 1911.

③ 胡适:《留学日记》(卷二)，见《胡适全集》(第 27 卷)，合肥:安徽教育出版社,2003 年，第 201 页。

④ *Official Publications of Cornell University*, vol. Ⅲ, No.12. Announcement of the College of Arts and Sciences 1912–13.

⑤ 胡适:《胡适口述自传》，唐德刚译注，桂林:广西师范大学出版社，2005 年，第 42 页。另见胡适:《留学日记》(卷二)，《胡适全集》(第 27 卷)，合肥:安徽教育出版社，2003 年，第 201 页。

质疑，张书克博士在2015年第4期《胡适研究通讯》上撰文认为，《洛克的〈政府论两篇〉研究》是1915年下半年胡适在哥伦比亚大学杜威的“社会政治哲学”课上所写的作业，手稿上的教师评语应为杜威所写。[①]张书克博士是根据北京大学胡适藏书中《政府论两篇》英文版的购买时间，来判断《洛克的〈政府论两篇〉研究》的写作时间的，但他显然没有见过胡适这篇文章的英文手稿，手稿上的教师评语并非杜威的笔迹，因此不可能是杜威所写，该文当然也就不会是在杜威课上的作业。胡适在美国留学时所读之书，有的是从图书馆借阅的，有的是直接买来阅读的，也有的是先从图书馆借阅，后来又购买保存的，因此，仅凭胡适的购书时间，并不足以作为证明他写作《洛克的〈政府论两篇〉研究》时间的充分证据。况且，中国社会科学院近代史研究所的胡适档案里，也是把这篇文章编在康奈尔大学档案目录下的，并非编在哥伦比亚大学的档案目录之下。由此，我更觉得有必要对胡适这些英文手稿的写作时间做个系统考证，否则，即便我们能够确定《洛克的〈政府论两篇〉研究》一文写于何时，而不能证明其他各篇的写作时间，也仍会产生此类聚讼不休的问题。

为此，我求助于康奈尔大学东亚图书馆馆长郑力人教授的助手卡罗尔·阿特金森女士（Carole E. Atkinson），希望她能

---

① 张书克：《也谈胡适 A Study of Locke's “Two Treatises on Government” 一文的写作时间》，载《胡适研究通讯》2015年第4期。

帮我查证相关信息。阿特金森女士给我传来了一份康奈尔大学2014年最新公布的胡适的“成绩单”（transcript），[①]这是胡适毕业100周年时，康奈尔大学官方公布的“成绩单”，尽管它的部分记载与其他材料有出入，但它却可以帮助我们确定周质平先生提供的成绩单与《康奈尔大学校刊》中的课程大纲之间的对应关系。其实，这份“成绩单”与其说是成绩单，不如说是胡适的选修课表，因为它虽然记录了各学年的选修科目、课程编号、课程名称及任课教授，却并没有公布各科成绩。该“成绩单”上还有一处明显的错误，它误把胡适1911—1912学年的选修课程记成了“1913—1913”年的，而把1912—1913学年的课程记成了“1911—1912”学年的。这个错误之所以显而易见，是因为胡适从1910年9月到康奈尔大学留学，直到1911年年底，有三个学期在农学院读书，除英文和德文两科外，他主要选修的都是农学课程，而1912年春学期他就转到了文理学院，主要选修的则是文学、哲学和政治经济学课程，我们只要把该“成绩单”里的选修课程跟周质平先生提供的成绩单对照一下，就能发现这个差错。这个错误应该是工作人员录入时的失误导致的，原始成绩单中先左右后上下排列的4个学年，被当成先上下后左右的排列次序录入了。虽然康奈尔大学公布的这份“成绩单”所载信息仍需进一步考辨，但无论如何，它可以与周质平先生提供的成绩单和《康奈尔大学校刊》课程大纲中的相关

---

① 见康奈尔大学图书馆网站 http：//rmc.library.cornell.edu/hushih/HuShihTranscript.pdf。

记载相互参证，使我们能够充分了解胡适在康奈尔大学时的选课情况，也使我们进一步考证胡适课业论文手稿的写作时间成为可能。

二

上述几种材料中记载的信息各有特点，也各有诸多需要考辨之处。第一，周质平先生提供的成绩单为康奈尔大学的原始档案影印件，其真实性不容怀疑，但由于它没有记载课程名称，我们无法判断其中各科目与《康奈尔大学校刊》课程大纲中的课程名称及课程简介之间的对应关系。第二，胡适《留学日记》中的相关记载都是上课当天所记，内容完全可信，但信息量太少，能够提供的数据十分有限。第三，《康奈尔大学校刊》中各学年的课程大纲，对各科目课程名称、任课教师、课时（学分）以及课程内容都做了简明的介绍，但其中的部分信息与胡适《留学日记》里的记载不一致，因而也就无法与周质平先生提供的成绩单完全对应。第四，康奈尔大学2014年最新公布的胡适“成绩单”是时隔多年以后整理发布的，虽然比较直观地列出了科目名称、课程编号、课程名称和任课教师等信息，但其中有多科课程名称和任课教师不仅与《康奈尔大学校刊》中的记载不相符，与胡适《留学日记》中的记载也不能吻合。第五，江勇振先生在《舍我其谁：胡适》（第一部“璞玉成璧”）中曾对相关问题做过一些考证，但江先生对部分材料的引述与原始材料本身也存有一定的出入，因而也不能不加辨析地予以采信。尽管上述材料都存在着这样或那样的不足，但经过仔细比较这些材料，我们仍可考证出胡适在康奈尔大学选课情况的完整信息。

为方便起见，我们先来比较一下周质平先生提供的成绩单与康奈尔大学最新公布的这份"成绩单"。周质平先生提供的成绩单原始表格是由康奈尔大学农学院印制的，左侧为印刷体的公共选修课、通识课程和农学专业课的科目名称，右侧手写的则是胡适各学期所选的科目、学分和成绩。他 1912 年春学期转入文理学院后，分数也记录在这张成绩单上。据《胡适口述自传》记载，康奈尔大学文理学院规定，"每个学生必须完成至少一个'学科程序'才成毕业"，一个"学科程序"为 20 学分，到他毕业时，"已完成了三个'程序'：哲学和心理学，英国文学，政治和经济学"，[①]其中至少有两个"学科程序"在 1913 年春学期已修完，因而他得以提前进入赛基哲学学院读研究生。1913 年秋学期至 1915 年他读的主要是研究生课程；但根据康奈尔大学的学制，他要到 1914 年 2 月才取得学士学位，6 月才正式毕业。[②]康奈尔大学公布的"成绩单"就是按照他 1914 年毕业，到 2014 年正好 100 周年计算的。他读

① 胡适：《胡适口述自传》，唐德刚译注，桂林：广西师范大学出版社，2005 年，第 49—50 页。

② 胡适：《留学日记》（卷四），见《胡适全集》（第 27 卷），合肥：安徽教育出版社，2003 年，第 334—335 页。

研究生时的成绩也都记载在周质平先生提供的这份成绩单上，1914—1915 年的成绩被记在“1911 年暑期班”下方空白处。现将该成绩单直接按原表格式翻译如下（见表一）。[①]

这份成绩单第一行第二列“11-17　1892”应为胡适生日，但记载有误，实为 1891 年 12 月 17 日；第二行中的容揆系容闳之弟，时任清政府驻美公使馆学监，负责庚款留学生的监管工作，胡适 1911 年 6 月 6 日《留学日记》里有“作书与容揆监督”的记载。[②]左侧印刷体栏目中，除“4a. 初级德文”和“4b. 高级德文”后面的两个“OK”与胡适有关外，其他信息均与他无关。右侧两大列记载的则是胡适在康奈尔大学 5 个学年的成绩，所记科目和成绩均为手写。其中，左列最后一行影印缺损；中间一大列“科目”下第 14、15 行，即 1914—1915 学年两门“政治学 88”，“分数”一栏为“P”，成绩单后面的备注说明是“Pass”；最后三行“体育”科目旁记有一个日期，但影印件年份不清晰，康奈尔大学的“体育”科目分为 Gym（Gymnastic）和 P. T.（Physical Training），这里所记的是 Gym 的成绩，P. T. 的成绩则被登记在第二页的附加信息里；右侧科目下的第 10 行“哲学 8”分数被记在“学分”栏中，且笔迹较模糊，而“分数”一栏则为空白。其他各栏目均清晰可辨。成绩单第二页上附有下

① 原成绩单见周质平：《胡适与韦莲司：情深五十年》，北京：北京大学出版社，1998 年，第 12—13 页。

② 胡适：《留学日记》（卷一），见《胡适全集》（第 27 卷），合肥：安徽教育出版社，2003 年，第 145 页。

胡　适	中国，上海	11–17 1892	授予学士学位 2/4/14	毕业于 1913–14	Ⅰ. × Ⅱ. × Ⅲ. Ⅳ. ×

父亲或监护人姓名地址：
容揆，华盛顿特区中国公使馆

最后就读学院：研究生院1914–15

科目	单位	分数
1. 英文 A B	3	
2a. 希腊语法	2	
2b. 色诺芬		
2c. 希腊语作文	1	
2d. 荷马		
3a. 拉丁语法	2	
3b. 恺撒		
3c. 拉丁语散文作文	1	
3d. 西塞罗		
3e. 维吉尔	1	
4a. 初级德文	2	OK
4b. 高级德文	1	OK
5a. 初级法文	2	
5b. 高级法文	1	
6a. 初级西班牙文	2	
6b. 高级西班牙文	1	
7. 古代史		
8. 现代史		

第一学年，1910–11

科目	编号	第一学期 学分	第一学期 分数	第二学期 学分	第二学期 分数
英文	1	4	80	4	88
植物学	1	3	82	1	80
生物学	1	3	75	3	82
德文	1、2	6	90	5	80
植物学	2			2	64
气象学	1			3	70
1911年暑期班					
化学	A	6	73		
1914–1915					
哲学	30	3	OK		
历史学	75	1	OK		
哲学	31			3	OK
政治学	88			2	P
政治学	88			②	P
体育（Gym）			--		--

第二学年，1911–12

科目	编号	第一学期 学分	第一学期 分数	第二学期 学分	第二学期 分数
地质学	1	3	75		
化学	6	5	85		
植物生理学	7	4	77		
果树栽培学	1	3	76		
英文	2			3	86
英文	38b			3	83
政治学	51			5	75
哲学	3			3	85
哲学	6			3	78
哲学	8			86？不清晰	
1912年暑期班					
演讲	A	5/2	87		
历史学	C	5/2	70		
历史学	D	5/2	80		
财政学	F	5/2	77		
体育（P.T.）			--		--

续表

科目	单位	分数		科目	编号	第一学期		第二学期			科目	编号	第一学期		第二学期	
						学分	分数	学分	分数				学分	分数	学分	分数
9. 美国史，公民教育				心理学	1	3	92				1913年暑期班					
10. 英国历史				哲学	4	3	76				教育学	B	5/2	85		
11. 初等代数 A	1			哲学	5	3	90	3	85		演讲与阅读	C	3/1	94		
12. 初等代数 B	1/2			哲学	7	3	76				英文	K	5/2	94		
13. 高等代数	1/2			政治学	62	2	88									
14. 平面几何	1			政治学	53a	3	82				哲学	19	2	90		
15. 立体几何	1/2			建筑学	30	1	65				哲学	20	2	90		
16. 平面三角	1/2		第三学年，1912–13	法文	1			6	80	第四学年，1913–14	哲学	26	3	--		
17. 物理学	1			英文	41			3	96		政治学	87	3	85	3	OK
18. 化学	1			英文	52			3	88		英文	52	3	OK		
19. 植物学	1			政治学	53b			3	85		哲学	37	2	--		
20. 脊椎动物学	1/2										哲学	16			1	78
20a. 无脊椎动物学	1/2										哲学	21			2	OK
21. 生物学	1										历史学	71			1	OK
22. 自然地理学	1			体育（Gym）	5/22/13?（年份不清晰）			○	90							
23. 农学				体育（Gym）				○	90							
24.（影印缺损）				体育（Gym）				○	80							

表一　胡适在康奈尔大学的成绩单

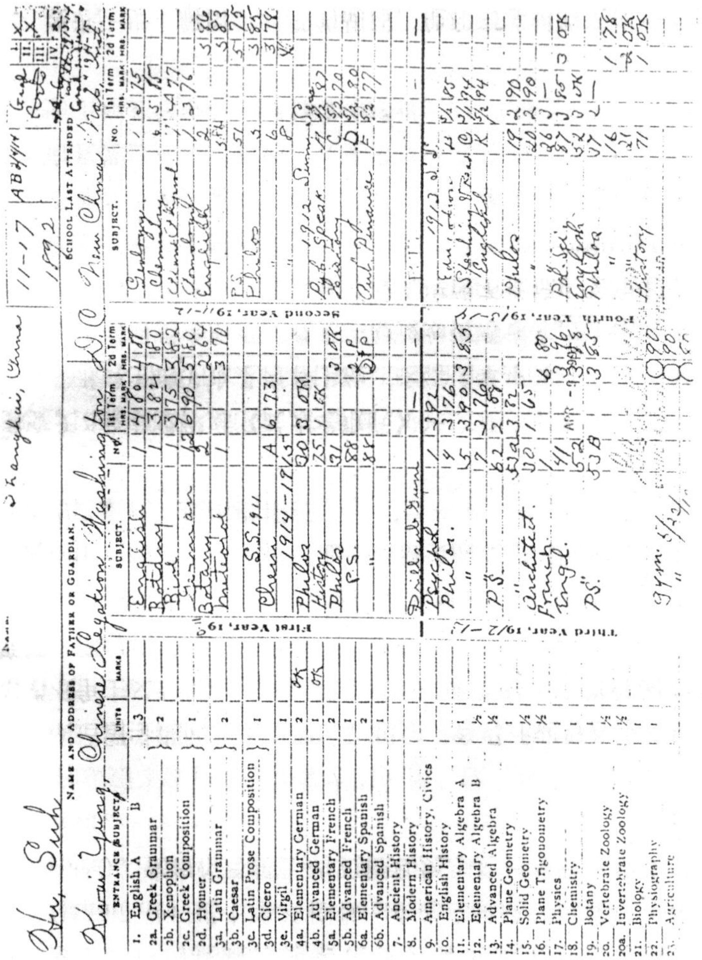
NAME AND ADDRESS OF FATHER OR GUARDIAN.
SCHOOL LAST ATTENDED
ENTRANCE SUBJECTS
UNITS
MARKS
1. English A　B
2a. Greek Grammar
2b. Xenophon
2c. Greek Composition
2d. Homer
3a. Latin Grammar
3b. Caesar
3c. Latin Prose Composition
3d. Cicero
3e. Virgil
4a. Elementary German
4b. Advanced German
5a. Elementary French
5b. Advanced French
6a. Elementary Spanish
6b. Advanced Spanish
7. Ancient History
8. Modern History
9. American History, Civics
10. English History
11. Elementary Algebra A
12. Elementary Algebra B
13. Advanced Algebra
14. Plane Geometry
15. Solid Geometry
16. Plane Trigonometry
17. Physics
18. Chemistry
19. Botany
20. Vertebrate Zoology
20a. Invertebrate Zoology
21. Biology
22. Physiography
23. Agriculture
First Year, 19
Second Year, 19
Third Year, 19
Fourth Year, 19
SUBJECT.
NO.
1st Term HRS. MARK
2d Term HRS. MARK

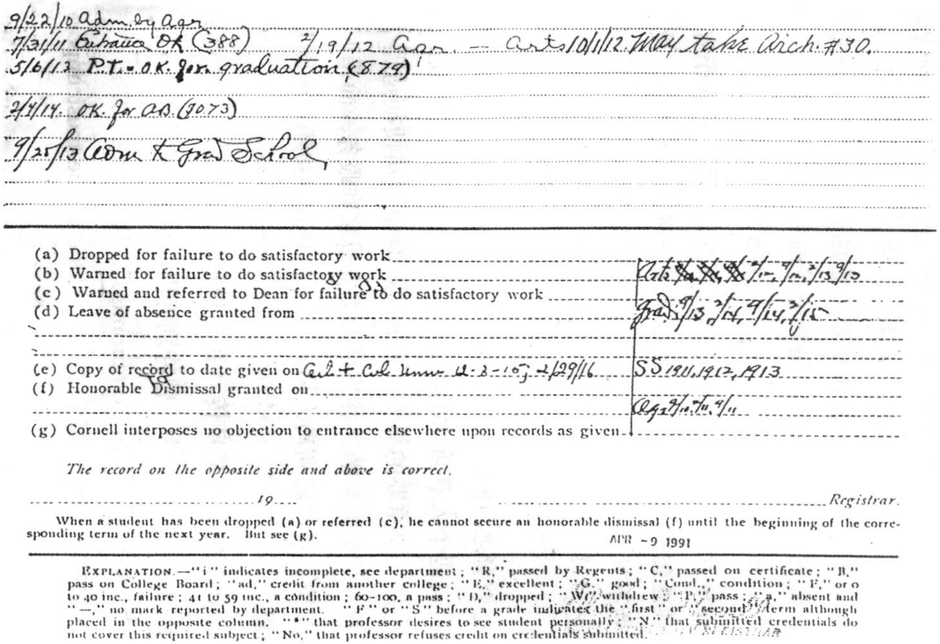

9/22/10 adm. by agr.
7/31/11 Entrance OK (388) 2/19/12 Agr. — Arts 10/1/12 May take Arch. #30.
5/6/13 P.T. = O.K. for graduation (8.79)
2/4/14 OK for AB (90.73)
9/25/13 Adm. to Grad School

(a) Dropped for failure to do satisfactory work
(b) Warned for failure to do satisfactory work
(c) Warned and referred to Dean for failure to do satisfactory work
(d) Leave of absence granted from

(e) Copy of record to date given on
(f) Honorable Dismissal granted on

(g) Cornell interposes no objection to entrance elsewhere upon records as given

SS 1911, 1912, 1913

The record on the opposite side and above is correct.

19 ...... Registrar.

When a student has been dropped (a) or referred (c), he cannot secure an honorable dismissal (f) until the beginning of the corresponding term of the next year. But see (g).

APR -9 1991

EXPLANATION.—"i" indicates incomplete, see department; "R," passed by Regents; "C," passed on certificate; "B," pass on College Board; "ad," credit from another college; "E," excellent; "G," good; "Cond.," condition; "F," or o to 40 inc., failure; 41 to 59 inc., a condition; 60–100, a pass; "D," dropped; "W," withdrew; "P," pass; "a," absent and "—," no mark reported by department. "F" or "S" before a grade indicates the "first" or "second" term although placed in the opposite column. "*" that professor desires to see student personally; "N" that submitted credentials do not cover this required subject; "No," that professor refuses credit on credentials submitted.

胡适在康奈大学的成绩单影印件

列备注信息:一、“1910年9月22日，由农学院录取”;二、“1911年7月31日，增选暑期班课程‘OK’”，“1912年2月19日，由农学院转入文理学院”，“1912年10月1日，同意增选‘建筑学30’”;三、1913年5月6日，“体育(P. T.)毕业成绩‘OK’”;四、“1914年2月4日，授予学士学位”;五、“1913年9月25日，被研究生院录取”。下面还有文理学院、研究生院、暑期班、农学院各学期的注册记录，以及对整个成绩档案的备注说明。

该成绩单对胡适各科成绩的记载较为详尽，不足之处在于，我们不知道那些科目究竟是什么课程。例如，他5年中选修的英文共6科、哲学14科，每科都应该有具体的课程名称，这张成绩单却未能反映出这一点。其他科目亦然。但康奈尔大学2014年最新公布的“成绩单”在一定程度上弥补了这个不足。现将这份“成绩单”上的学年次序错误纠正后，按原表格式翻译如下(见表二)。

时间	科目	编号	课程名称	教授
1910—1911年	英文	1	入门	斯特伦克
	植物学	1	植物的普通比较形态学和生理学	阿特金森
	生物学	1	普通生物学	倪丹/康斯托克
	德文	1	基础德文	斯塔夫
	德文	2	第二学期德文	斯塔夫
	植物学	2	高等植物的特殊形态学、分类学与生态学	罗利
	气象学	1	气象学与气候学	W. 威尔逊
1911年暑期班	化学	A	无机化学入门	布朗/萨瑟兰
1911—1912年①	地质学	1	动力地质学	冯·恩格林

① 原表误为1913—1913。

续表

时间	科目	编号	课程名称	教授
	化学	6	定性和定量分析	
	植物生理学	7	普通植物生理学	克努森
	果树栽培学	1	初级果树栽培学	C. 威尔逊
	英文	2	19世纪散文	
	英文	38b	18世纪诗歌	门罗
	政治学	51	经济学入门	卡默勒
	哲学	3	逻辑学	克雷登/炯司
	哲学	6	道德观念及其实践	梯利
	哲学	8	文艺复兴	哈蒙
1912年暑期班	演讲	A	演讲	艾弗雷特
	历史学	C	大英帝国发展史	达奇尔
	历史学	D	拿破仑时代	达奇尔
	政治学	F	财政学	卡默勒
1912—1913年①	心理学	1	哲学入门	梯利/炯司
	哲学	4	艺术：哲学与历史概论	哈蒙
	哲学	5	伦理学	梯利/炯司
	哲学	7	文艺复兴	哈蒙
	政治学	62	企业管理原理	精琪
	政治学	53a	政治制度	精琪
	建筑学	30	意大利艺术史	古特塞尔
	法文	1	初级法文	斯塔夫
	英文	41	1642年的戏剧	亚当斯
	英文	52	维多利亚时代的诗歌	诺瑟普
	政治学	53b	比较政治学	精琪
1913年暑期班	教育学	B	教育学史	德加谟
	公开演讲	C	即兴演讲	艾弗雷特
	英文	K	莎士比亚的悲剧	亚当斯
1913—1914年	哲学	19	近代哲学问题的发展	克雷登
	哲学	20	伦理学史：古代、中世纪和文艺复兴时期	哈蒙

① 原表误为1911—1912。

续表

时间	科目	编号	课程名称	教授
	哲学	26	伦理学进阶	梯利
	政治学	87	经济理论史	精琪
	英文	52	维多利亚时代的文学	诺瑟普
	哲学	37	伦理学讨论课	梯利
	哲学	16	德国哲学选读	哈蒙
	哲学	21	伦理学进阶	梯利
	历史学	71	历史的辅助科学	布尔
1914—1915年	哲学	30	经验论与唯理论	艾尔比
	历史学	75	历史学的方法	布尔
	哲学	31	康德的批判哲学	艾尔比
	政治学	88	价值与分配	约翰逊

表二　康奈尔大学 2014 年公布的胡适“成绩单”

以上表一和表二的差别显而易见。表一标明了每学期选修科目，表二只标明了各学年的科目；在“科目”一栏里，稍有不同的是，1912 年暑期班课程中，表二所记的“政治学 F”，课程名称为“财政学”，在表一的“科目”下被直接记录为“财政学”；表二 1913 年暑期班课程“公共演讲”，在表一里被记录为“演讲与阅读”。其他的细微差别还有，1910—1911 学年的“英文 1”“植物学 1”“生物学 1”“德文 1、2”及 1912—1913 学年的“哲学 5”、1913—1914 学年的“政治学 87”均为一学年的课程，表一中成绩被分别记在两个学期下面，表二则每科各记一次（“德文 1、2”因课程名称不同而被记为两科）；表一中 1914—1915 学年第二学期的“政治学 88”记了两次，表二则记了一次；表一里的“体育”科目也未体现在表二中。除了这几处差别，别的科目名称和课程编号均完全一致，两表中的其他信息则可形成互补。需要指出的是，根据《胡适口述自传》的记载，他在农学院读书时就曾选修过克雷登教授开的“哲学史”，[①]这门课没有体现在表二中，江勇振先生认为这可能是胡适旁听的一门课；[②]另据《留学日记》，1911 年 10 月至 1912 年 12 月，他旁听过康福教授的《圣经》课，[③]1912 年秋学期还旁听过布尔教授的“中古史”，[④]但这类旁听的课程均无成绩记载。

然而，对照表二中的任课教师信息与胡适《留学日记》里的相关记载，我们还会发现一些不同。例如 1912—1913 学年第一学期的“建筑学 30”，表二中课程名称为“意大利艺术史”，任课教师为古特塞尔教授，《留学日记》则记为“美术史”，任课教师是布劳纳教授；同一学期的“心理学 1”，表二中课程名称为“哲学入门”，任课教师为梯利教授[⑤]和时任哲学讲师的炯司先生，《留学日记》中的记载却是提区纳教授。《留学日记》里

① 胡适:《胡适口述自传》，唐德刚译注，桂林：广西师范大学出版社，2005 年，第 48 页。

② 江勇振:《舍我其谁：胡适》（第一部“璞玉成璧”），北京：新星出版社，2011 年，第 188—189 页。

③ 胡适:《留学日记》（卷一、卷二），见《胡适全集》（第 27 卷），合肥：安徽教育出版社，2003 年，第 188、190、192、206、210、213、219、222、225、228、232 页。另参见胡适:《胡适口述自传》，唐德刚译注，桂林：广西师范大学出版社，2005 年，第 39 页。

④ 胡适:《留学日记》（卷二），见《胡适全集》（第 27 卷），合肥：安徽教育出版社，2003 年，第 200 页。

⑤ Frank Thilly 中文译名众多，极易混淆。胡适在《留学日记》中译为“狄莱”，见《胡适全集》（第 27 卷），合肥：安徽教育出版社，2003 年，第 554 页；唐德刚在《胡适口述自传》中译为“索莱”，见《胡适口述自传》，唐德刚译注，桂林：广西师范大学出版社，2005 年，第 61 页；江勇振在《舍我其谁：胡适》中译为“狄理”，见江勇振:《舍我其谁：胡适》（第一部“璞玉成璧”），北京：新星出版社，2011 年，第 188、257 页。Frank Thilly 的巨著《西方哲学史》中译本出版时，他的名字被译为“梯利”，这个译名也最为中国读者所熟悉。见梯利著、伍德增补:《西方哲学史》，北京：商务印书馆，1995 年。

的课程名和任课教师均为上课当日所记，当然不会有误，况且，胡适还曾对任课教师做过简单介绍，他在1912年9月27日的日记里说："美术史一科甚有趣。教师Brauner先生工油画，讲授时以投影灯照古代名画以证之。"10月1日又记："上课：心理学。第一课讲师Prof. Titchener为心理学巨子之一，所著书各国争译之。"[①]我们下文再讨论"美术史"和"意大利艺术史"这两个课程名称，但显然表二记载的这两科任课教师并不准确；此外，"心理学1"科目下的"哲学入门"这个课程名称也颇令人费解。江勇振先生说"心理学1"是"提区纳教授跟另外几位教授合教的"，[②]胡适自己也说第一课教师是提区纳教授，这意味着该课程还有其他教师授课，然而即便是几位教师合开的课，也应该是提区纳教授与时任康奈尔哲学系心理学助理教授的韦尔德、博林、福斯特以及讲师鲁克米希[③]等人合开的，而不可能是哲学教授梯利和炯司先生。

胡适在美国留学7年，《留学日记》只记了5年左右，缺1910年8月至12月、1911年11月至1912年8月的内容，1913年1月至9月间也只记了4月份的一篇日记，他在康奈尔大学5年，日记大约只记了3年。这3年的日记里，提到选修课程和任课教师等内容的，只有1911年2—10月中的少数几处。1911

① 胡适：《留学日记》（卷二），见《胡适全集》（第27卷），合肥：安徽教育出版社，2003年，第200、201页。

② 江勇振：《舍我其谁：胡适》（第一部"璞玉成璧"），北京：新星出版社，2011年，第257页。

③ Cornell University Sage School of Philosophy. in *The Philosophy Review*, Edited by J. E. Creighton, Vol. XXI. No.6, Whole No.126. November, 1912. p.2.

年2月15日和8月29日日记提到气象学教授威尔逊、6月1日提到生物学教授倪丹先生，[①]均与表二中的记载一致。9月30日记“上课。听Prof. Strunk讲‘Tintern Abbey’甚有味”，10月2日又记“听Prof. Northup讲英文，谓欲作佳文，须多读书”。[②]这里的斯特伦克教授（Prof. Strunk）即表二中1910—1911学年给他上过两个学期“英文1：入门”的那位教师，而诺瑟普教授（Prof. Northup）在表二中并没有提到。斯特伦克教授这节课讲的是18—19世纪英国诗人华兹华斯的诗歌《丁登寺旁》（Tintern Abbey）；根据康奈尔大学文理学院的课程大纲，诺瑟普时任英文系助理教授，胡适日记中记载他讲的并非诗，而是文。那么，对照表一和表二，这两门课就应该是“英文38b：18世纪诗歌”和“英文2：19世纪散文”。10月6日胡适又记：“自今日为始，辍读演说及英文诗二课，而留英文散文一科。”[③]他这几个月日记里的日期旁边都注明了星期几，10月6日还曾记“今日为中秋节”，对照1911年的日历，他所记载的日期并没有错，这说明他的日记是原始记载，出版时并未调整过日期，况且他也没有必要对这些日记的日期进行调整。1911年9、10月份是胡适进入康奈尔大学的第三个学期，然而根据表一，这学期他并没有选修英文课，表一中“英文2”和“英文38b”均被登记在1912

① 胡适：《留学日记》（卷一），见《胡适全集》（第27卷），合肥：安徽教育出版社，2003年，第112、175、144页。

② 同上书，第184、185页。

③ 同上书，第186页。

年春学期，与日记所记不吻合。根据表二，“英文 38b”的任课教师是门罗博士，而非斯特伦克教授。那么，合理的解释就是，胡适在 1911 年秋学期本来选修了斯特伦克教授的“英文诗”和诺瑟普助理教授的“英文散文”，后来由于课业太重，便放弃了斯特伦克教授的“英文诗”，1912 年春学期又续修了门罗博士的“英文 38b：18 世纪诗歌”，而诺瑟普助理教授的“英文散文”应该就是“英文 2：19 世纪散文”，这门课是胡适 1911 年秋学期开始选修的，但表一中仅登记了 1912 年春学期的成绩。江勇振先生在《舍我其谁：胡适》（第一部“璞玉成璧”）中把这两门课记在 1912 年第二学期，即 1912 年秋学期，应未及辨正周质平先生提供的成绩单和胡适《留学日记》中的相关记载。

胡适 1911 年的日记仅记到 10 月 30 日，且内容极为简单，无法为我们提供更为详尽的信息。康奈尔大学胡适选课情况的原始档案已很难查找，除上述材料外，唯一可以参考的资料，就是《康奈尔大学校刊》中各学年的课程大纲了。《康奈尔大学校刊》恰好是在胡适入学的那一年（1910 年）创刊的，主要发布学校的通知、各院系的通知和课程公告、暑期班课程公告、入学和获得奖学金的试卷范本，以及各种奖学金的介绍等内容，各学院每年都有 1—2 期专刊。各学院专刊上的课程大纲中，均列出了全校公选课和本学院专业课科目名称、课程编号、课程名称、课时（学分）、任课教师，以及对课程内容和必读书目的简单介绍。其中，公选课为不同院系所开，例如英文课，就是由文理学院开设的，但全校学生都可以选修，因此这些课程在各学院的专刊上都是相同的；另外一些相对专业的课程，只有部分相关院系的学生可以选修，例如建筑学院的某些专业课，只有建筑学院和土木工程学院的学生可以选，其他学院的学生若要选修该课程，则须得到所在学院的同意并备案，才能取得学分；再如胡适 1911 年 10 月 2 日日记中曾记载："经济学第一课宣言农学院二年级生不许习此课，以人太多故也。"[①]当然还有一些只有高年级学生才能选修的课程，低年级的学生不能选修。在《康奈尔大学校刊》创刊最初两年，各学院专刊的编辑体例还不够统一，发布的课程信息也不全面，如农学院 1910 年 9 月和 1911 年 2 月发布的课程大纲里就未列出英文和德文课程，直到 1911 年 10 月发布的课程大纲里才补充了这两门课，但这两门课都是由文理学院开设的，我们可以从同一年的文理学院课程大纲中去获取相关信息。由于每年都会有教师调动、休假、退休或其他特殊情况，各学院每学年都会对部分课程进行调整，因此每学年发布的课程名称和编号都会有一些变化。了解这些情况，我们在比较《康奈尔大学校刊》课程大纲中的信息与表一、表二及胡适《留学日记》中的相关记载时，才能不出差错。

由于胡适 1910—1911 年选修的农学课程与本文考证的问题无关，我们这里不作探讨，表二中的记载与《康奈尔大学校刊》中的课程大纲不符的，我们将在数据汇总时直接纠正，不再另作说明；表二中的记载与胡适《留学日记》和《康奈尔大学校

① 胡适:《留学日记》(卷一)，见《胡适全集》(第 27 卷)，合肥：安徽教育出版社，2003 年，第 184—185 页。

刊》中的课程大纲一致的，也无须讨论。以下需要着重辨析的，是上述几种材料中记载不一致的地方，以期求得胡适在康奈尔大学选课情况的完整信息。确定了胡适在康奈尔大学各学期的选修课程，我们才能根据课程大纲中的说明和必读书目等信息，并结合《留学日记》里的记载，来考订他那些课业论文手稿的写作时间。

三

现在我们来逐年考订胡适1910—1915年各学期的选修课程。

首先是1910—1911学年的"英文1"和"德文1、2"两科。如前所述，本学年胡适在康奈尔大学农学院读书。根据表一，这两科都是一学年的课程；表二则注明"英文1"课程名称是"入门"，任课教授是斯特伦克，"德文1、2"分别为"初级德文"和"第二学期德文"，任课教授都是斯塔夫。虽然1910年9月和1911年2月出版的《康奈尔大学校刊》农学院课程大纲中均未列出这两科的课程名称和介绍，但由于这两科都是文理学院开的公选课，我们从1910年5月出版的"文理学院课程说明1910—11"中可以找到完整记载："英文1"为"入门课程"，任课教师为斯特伦克教授和助理教授普莱斯考特、亚当斯等人；表二中"德文1、2"的课程名称无误，但"德文1"任课教师为蒲柏助理教授、辛内克尔先生和安德鲁斯博士，"德文2"任课教师为辛内克尔先生、安德鲁斯博士和助理教授波希等人。[①]江勇振先生在《舍我其谁：胡适》（第一部“璞玉成璧”）中介绍这两门课时，用的是1912学年度的课程大纲，[②]内容与1910年的课程说明稍有不同。

1911—1912学年度，根据表一，他在1912年春学期选了“英文2”“英文38b”“政治学51”“哲学3”“哲学6”“哲学8”等6门课。根据表二，“英文2”为“19世纪散文”，任课教师不详；“英文38b”为“18世纪诗歌”，任课教师为门罗博士；“政治学51”为“经济学入门”，教师为卡默勒教授；“哲学3”为“逻辑学”，教师为克雷登教授和炯司先生；“哲学6”为“道德观念及其实践”，教师为梯利教授；“哲学8”为“文艺复兴”，教师为哈蒙教授。前文已经说过，根据《留学日记》，“英文诗”和“英文散文”本为1911年秋学期所选，但由于这学期“每日俱有实验课”，时间“竟不暇给”，所以“辍读演说及英文诗二课，而留英文散文一科”。[③]根据文理学院1911—1912学年的课程大纲，“英文2：19世纪散文”为一学年课程，由助理教授亚当斯、柯克先生和皮克博士合开，[④]尽管课程大纲中未提到诺瑟普

① *Official Publications of Cornell University*, vol. Ⅰ, No.A. College of Arts and Sciences Courses of Instruction 1910–1911. May, 1910. pp.8, 17.

② 江勇振：《舍我其谁：胡适》（第一部“璞玉成璧”），北京：新星出版社，2011年，第180页，注释④。

③ 胡适：《留学日记》（卷一），见《胡适全集》（第27卷），合肥：安徽教育出版社，2003年，第186页。

④ *Official Publications of Cornell University*, vol. Ⅱ, No.12. College of Arts and Sciences Courses of Instruction 1911–1912. June 15, 1911. p.18.

助理教授，但根据胡适日记，诺瑟普显然也讲授过其中部分内容。这门课每学期 3 学分，胡适只拿到了 1912 年春学期的学分，至于 1911 年秋学期这门课他是否也没修完，则不得而知。“英文 38b：18 世纪诗歌”也是一学年的课程，胡适放弃了 1911 年秋学期斯特伦克教授的课，1912 年春学期又续修了门罗博士的同一门课。

1912 年春学期胡适已转入文理学院，根据《康奈尔大学校刊》“文理学院课程说明 1911—12”，这学期的“政治学 51：经济学入门”任课教师为威尔科克斯教授，而非卡默勒教授；表二中“哲学 3：逻辑学”无误；“哲学 6：道德观念及其实践”为梯利教授和炯司先生合开的课，而不是表二记载的梯利教授一人所开；“哲学 8”也并非表二中哈蒙教授的“文艺复兴”，而是艾尔比教授的“19 世纪哲学和文学的关系”。[①]艾尔比教授这门课只有 1 学分，但表一中没有记学分，分数记录也不够清晰。表二中 1911—1912 学年的课程记录应该是根据“文理学院公告 1912—13”整理的，因为“文理学院公告 1912—13”中的各科课程名称和任课教师均与表二相同，表二之所以把胡适 1911—1912 学年的课程记成了“1913—1913”学年，显然也跟它用错了文献有关。那么，表二采用“文理学院公告 1912—13”中的数据来记载胡适 1911—1912 学年的课程，除了它记错了年份、用错了文献外，是否还有另一种可能，即 1911 年 6 月 15 日

① *Official Publications of Cornell University*, vol. Ⅱ, No.12. College of Arts and Sciences Courses of Instruction 1911-12. June 15, 1911. pp.18, 19, 23, 24, 37.

《康奈尔大学校刊》发布了“文理学院课程说明 1911—12”之后，到 9 月份开学前文理学院又对课程进行了调整，调整后的课程大纲刊登在“文理学院公告 1912—13”上了？因为接下来的 1912—1913 学年的课程就出现了这种情况。但这个假设并不成立，因为表一中有一条数据可以帮助我们确定 1911—1912 学年用的就是“文理学院课程说明 1911—12”中的课程大纲，而非“文理学院公告 1912—13”中的课程大纲。这条数据就是，表一记载的“政治学 51”为 5 学分，跟“文理学院课程说明 1911—12”中威尔科克斯教授的这门课完全相符；而在“文理学院公告 1912—13”中，卡默勒教授则计划开设两门“经济学入门”课，一门是“政治学 51a：经济学入门”，这是一学年的课程，每学期 3 学分，另一门是“政治学 51b：经济学入门”，这是第一学期的课程，5 学分。[①]胡适选的“政治学 51”虽然与卡默勒教授的后一门课学分数相同，但却是 1911—1912 学年第二学期选修的课，时间上与卡默勒教授的课程计划不吻合。因此表二中 1911—1912 学年的课程记载并不准确。事实上，“文理学院公告 1912—13”中卡默勒教授的这个课程计划后来并未执行，1912 年 9 月开学前，康奈尔大学文理学院修改了课程大纲，卡默勒教授的这两门课并没有出现在修改后的课程公告中。若不辨清这些问题，我们就不仅会误以为“英文 2：19 世纪散文”

① *Official Publications of Cornell University*, vol. Ⅱ, No.12. College of Arts and Sciences Courses of Instruction 1911–1912. June 15, 1911. p.37. *Official Publications of Cornell University*, vol. Ⅲ, No.12. Announcement of the College of Arts and Sciences 1912–13. June 15, 1912. p.31.

只是 1912 年春学期的课，也会误以为“哲学 8”就是哈蒙教授的“文艺复兴”，因而很容易让人联想到它与胡适“中国的文艺复兴”思想的关系。江勇振先生根据周质平先生提供的成绩单和《康奈尔大学校刊》“文理学院课程说明 1911—12”中的课程大纲来介绍胡适 1911—1912 学年第二学期的哲学课程时，却把它说成了 1911 年春学期的课程，并且漏掉了“哲学 8”这门课。[①]

1912 年暑期班胡适共选了 4 门课，根据表一，分别是“演讲 A”“历史学 C”“历史学 D”“财政学 F”。根据表二，“演讲 A”为“公共演讲”；“历史学 C”为“大英帝国发展史”；“历史学 D”为“拿破仑时代”；表一中的“财政学 F”，表二则记为“政治学 F：财政学”。根据《康奈尔大学校刊》1912 年暑期班公告，表一和表二中的“演讲 A”“历史学 C”和“历史学 D”均无误，但表一和表二所记的“财政学 F”均不准确，应为“经济与社会科学 F：财政与税收”，这门课是卡默勒教授所开。[②]

1912—1913 学年的课程，各种资料记载不合之处甚多，需要小心辨正。根据表一，1912 年秋学期胡适选修了“心理学 1”“哲学 4”“哲学 5”“哲学 7”“政治学 62”“政治学 53a”以及“建筑学 30”等 7 门课，1913 年春学期继续选了“哲学 5”和“法文 1”“英文 41”“英文 52”“政治学 53b”5 门课，其中，“哲学 5”

① 江勇振：《舍我其谁：胡适》（第一部“璞玉成璧”），北京：新星出版社，2011 年，第 256—257 页。

② *Official Publications of Cornell University*, vol. Ⅲ, No.7. Announcement of the Twenty-first Summer Session July 6 - August 16, 1912. April 1, 1912. pp.23-24.

是一学年的课程。根据表二，“心理学 1”为梯利教授和炯司先生合开的“哲学入门”，“哲学 4”为哈蒙教授的“艺术：哲学与历史概论”，“哲学 5”为梯利教授和炯司先生合开的“伦理学”，“哲学 7：文艺复兴”也是哈蒙教授开的，“政治学 62：企业管理原理”和“政治学 53a：政治制度”两门都是精琪教授的课，“建筑学 30”是古特塞尔教授开的“意大利艺术史”，“法文 1”是斯塔夫教授的“初级法文”，“英文 41”是亚当斯助理教授的“1642 年的戏剧”，“英文 52”是诺瑟普助理教授的“维多利亚时代的诗歌”，“政治学 53b”又是精琪教授开的“比较政治学”。

参照《康奈尔大学校刊》“文理学院公告 1912—13”中的记载，情况就变得相当复杂：第一，这学年没有“心理学 1”这门课，也没有梯利教授和炯司先生合开的“哲学入门”；第二，“哲学 4”与表二相符；第三，“哲学 5”为克雷登教授的“哲学史”，而不是表二所记的“伦理学”；第四，“哲学 7”为梯利教授与炯司先生合开的“伦理学”，而不是哈蒙教授的“文艺复兴”；第五，“政治学 62”和“政治学 53a”与表二相符；第六，“建筑学 30”不在“文理学院公告 1912—13”中，应为跨院系选修课，表一后面的备注页中记有 1912 年 10 月 1 日学院同意选修的备案信息，参考同年的建筑学院课程公告，这门课应为菲尔普斯助理教授所开的“绘画与雕塑史”，[①]而非古特塞尔教授的“意大利艺术史”；第七，“法文 1”课程并未刊登在各学院的课程公告中，而

① *Official Publications of Cornell University*，vol. Ⅲ，No.6. Announcement of the College of Architecture 1912-13，March 15，1912. p.13.

是刊登在《康奈尔大学校刊》的“学校综合通知”里，[①]根据《胡适口述自传》的记载，他的法文老师就是给他讲《圣经》课的康福教授，[②]而非表二中的斯塔夫教授；第八，“英文 41”“英文 52”和“政治学 53b”均与表二相符。[③]然而根据《留学日记》，胡适提到的 1912 年秋学期选修课程中，仅“哲学史”“美术哲学”和“伦理学”与上述记录相符，但均未记任课教师，“美术哲学”应该就是哈蒙教授的“艺术：哲学与历史概论”，而其他课程要么他没有提到，要么所记与表二和“文理学院公告 1912—13”中的记载均不相符。《留学日记》里提到布劳纳先生的“美术史”课程、提区纳教授的“心理学”课程，以及“美国政治”和“美国政党”两科（《胡适口述自传》中曾详细介绍过，这两科的任课教师为康奈尔大学政治系 1912 年新聘的山姆·奥兹教授），[④]然而这几门课程都没有出现在表二和“文理学院公告 1912—13”中，可见这两份材料中的记载都不准确。

之所以会出现表二、“文理学院公告 1912—13”和《留学日记》三种材料中的记载均不相符的情况，是因为 1912 年 6 月 15 日出版的《康奈尔大学校刊》发布“文理学院公告 1912—13”

① *Official Publications of Cornell University*, vol. Ⅲ, No.1. General Circular of Information 1912–13. January 1, 1912. p.11.

② 胡适：《胡适口述自传》，唐德刚译注，桂林：广西师范大学出版社，2005 年，第 49 页。

③ *Official Publications of Cornell University*, vol. Ⅲ, No.12. Announcement of the College of Arts and Sciences 1912–13. June 15, 1912. pp.20, 21, 32, 33, 17, 18.

④ 胡适：《留学日记》（卷二），见《胡适全集》（第 27 卷），合肥：安徽教育出版社，2003 年，第 200、201 页。胡适：《胡适口述自传》，唐德刚译注，桂林：广西师范大学出版社，2005 年，第 42 页。

之后，到9月份开学前，文理学院又修改了这学年的课程大纲，原本哲学系的哲学和心理学课程是合在一起编号的，这时被分开编号，政治系也对课程大纲进行了调整。但调整后的大纲并未在1912年秋学期重新发布，而是在1913年5月15日出版《康奈尔大学校刊》“文理学院公告1913—14”的同时，又出版了一份增刊，1912—1913学年的课程大纲即发布在增刊中，增刊内容与“文理学院公告1913—14”相同。也就是说，1912—1913学年实际开设的课程，跟下一学年的大纲是相同的，而当年的大纲则被废弃不用了。那么，根据“文理学院公告1913—14”增刊，前一学年各科的编号和名称就应该是：“心理学1：基础心理学”，教师为提区纳教授和助理教授韦尔德、鲁克米希、博宁、福斯特；“哲学4”仍为哈蒙教授的“艺术：哲学与历史概论”；“哲学5”为克雷登教授的“哲学史”；“哲学7”为梯利教授的“伦理学”；“政治学62”是金伯尔教授的“企业管理”；“政治学53a”是□□教授和塞比助理教授合开的“政治制度”（主讲教授临时空缺）；“建筑学30”这门课在“建筑学院公告1912—13”中教师为菲尔普斯助理教授，《留学日记》中则记为布劳纳教授，参照康奈尔大学当时的大多数课程情况，助理教授较少单独开课，一般都是和其他教授合开的，那么，这门课就只能理解为是由布劳纳教授和菲尔普斯助理教授合开的课，胡适只记了第一节课的任课教师；“法文1”已经说过，不赘；“英文41”和“英文52”均无变化；“政治学53b：比较政治学”是“政治学53a：政治制度”的延续，任课教师仍是□□教授和塞比助理教授。[①]

然而，在“文理学院公告1913—14”增刊中仍未见《留学日记》和《胡适口述自传》里提到的山姆·奥兹教授的“美国政治”和“美国政党”课；在表二和被废弃的“文理学院公告1912—13”中，“政治学53a”“政治学53b”和“政治学62”都是精琪教授的课，但在“文理学院公告1913—14”中，“政治学62：企业管理”的任课教师变成了金伯尔教授，而“政治学53a：政治制度”和“政治学53b：比较政治学”的主讲教授均临时空缺，只有助理教授塞比的名字。根据江勇振先生在《舍我其谁：胡适》（第一部“璞玉成璧”）中的介绍，政治学这几门课原本预定是由精琪教授开的，但精琪教授1912年转到纽约大学任教，于是康奈尔大学就在该年秋天新聘了山姆·奥兹教授来担任精琪教授的课。[②]问题在于，既然1912年9月康奈尔大学就已延聘山姆·奥兹教授担任精琪教授的课，为何1913年5月出版的《康奈尔大学校刊》“文理学院公告1913—14”中却没有列出任课教师？对此，合理的解释应该是，根据《胡适口述自传》中的介绍，山姆·奥兹教授原为克里弗兰市的一位革新派律师，他此前并未在大学里任教，尽管胡适认为他“是我平生所遇到的最好的教授之一”，[③]但在1913年5月，康奈尔大学可能尚未决

① *Official Publications of Cornell University*, vol. Ⅳ, No.11. Announcement of the College of Arts and Sciences 1913–14. May 15, 1913. pp.23, 20, 32, 31.

② 江勇振：《舍我其谁：胡适》（第一部“璞玉成璧”），北京：新星出版社，2011年，第252—256页。

③ 胡适：《胡适口述自传》，唐德刚译注，桂林：广西师范大学出版社，2005年，第42页。

定下一学年是否继续延聘山姆·奥兹教授，1912—1913学年他应该还处于试教阶段，所以暂未被列入“文理学院公告1913—14”教授名单。直到1914—1915学年，他的名字才被写进课程大纲，主讲“政治学60：美国政党制度”“政治学54b：国家行政管理”“政治学78b：宪政”等课程，1915—1916学年“政治学53a：政治制度”“政治学53b：比较政治学”也是他教的。在“文理学院公告1913—14”中，“美国政党制度”的科目编号是“政治学61a”，和同年的“政治学53a”“政治学53b”一样，教师也显示为空缺。这几门原为精琪教授承担，又因其调离而显示主讲教授空缺的课程，后来都是由山姆·奥兹教授承担的。

江勇振先生说他不能确定1912年秋学期“政治学53a”和“政治学62”究竟是精琪教授的课还是山姆·奥兹教授的课，他只是假定这两门课都是山姆·奥兹教授教的，“政治学62”就是后来的“政治学60：美国政党制度”。而我找到一条证据，可以证明江勇振先生的这个假定能够成立，只是山姆·奥兹教授的“美国政党制度”在1912年秋学期的对应科目应为“政治学61a”。在表一中，“政治学62”为2学分，“政治学53a”和“政治学53b”均为3学分；在“文理学院公告1912—13”中，精琪教授的“政治学53a：政治制度”“政治学53b：比较政治学”和“政治学62：企业管理原理”则都是3学分，这至少可以证明胡适成绩单中的“政治学62”不是精琪教授教的，精琪教授的名字也没有出现在1913年5月发布的课程大纲中，这说明1912—1913学年他已经离开了康奈尔大学，那么“政治学53a”

和“政治学53b”自然也就不可能是精琪教授的课。而“文理学院公告1913—14”中的“政治学61a：美国政党制度”以及后来注明为山姆·奥兹教授开的“政治学60：美国政党制度”都是2学分，另两门则为3学分，与表一中的学分相符。这能够说明1912年秋学期的“政治学61a：美国政党制度”就是山姆·奥兹教授开的，而这学期的“政治学53a：政治制度”和1913年春学期的“政治学53b：比较政治学”则是由他和塞比助理教授合开的，《留学日记》所说的“美国政治”即“政治学53a：政治制度”，而“美国政党”则是“政治学61a：美国政党制度”。至于金伯尔教授的“企业管理”课，由于它是第二学期的课程，与表一中1912—1913学年第一学期的“政治学62”时间不符，因此它便不可能是胡适选修的“政治学62”。综上，我们可以确定，1912年秋学期胡适本来选了精琪教授的“政治学62：企业管理原理”“政治学53a：政治制度”两门课，但由于精琪教授调离康奈尔大学，胡适就改选山姆·奥兹教授的“政治学61a：美国政党制度”和他与塞比助理教授合开的“政治学53a：政治制度”，但在胡适的成绩单上，“政治学61a:美国政党制度”仍被记成了“政治学62”;1913年春学期，他又续选了“政治学53b:比较政治学”。

1913年暑期班，根据表一，胡适选了3门课，分别是“教育学B”“演讲C”“英文K”。根据表二，“教育学B”为德加谟教授的“教育学史”；“演讲C”的科目名称为“公共演讲C”，课程名称为“即兴演讲”，教师为艾弗雷特助理教授；“英文K”为亚当斯助理教授的“莎士比亚的悲剧”。根据《康奈尔大学校刊》1913 年的暑期班公告，表二中“教育学 B”无误；“演讲”一科则为“演讲与阅读 C：即兴演讲”，“英文 K”无误。[①]

到 1913 年暑期班结束，胡适已修完哲学和心理学 22 学分，英国文学 22.5 学分，政治和经济学 15.5 学分，历史学 5 学分，演讲 5.5 学分，德文和法文 17 学分，教育学 2.5 学分，建筑学 1 学分，不算他之前修的 36 学分农学课程，仅文理学院的学分数就已远远超过规定的毕业学分要求，因此 1913 年秋学期他得以提前进入康奈尔大学赛基哲学学院读研究生。《胡适口述自传》中说，他毕业时已完成三个“学科程序”：哲学和心理学、英国文学、政治和经济学（每个“学科程序”为 20 学分）。事实上，在他读研究生之前，政治和经济学的学分数还不够一个“学科程序”，他 1913—1914 学年又选了 3 门政治学课程，到 1914 年毕业时，才修满政治和经济学“学科程序”要求的学分，但这并不影响他 1913 年秋学期以修完两个“学科程序”的资格提前攻读研究生。尽管他 1914 年 6 月 17 日参加完毕业典礼才算正式毕业，但 1913 年 9 月以后他选修的课程，主要则是赛基哲学学院的研究生课程。所谓赛基哲学学院（Sage School of Philosophy），即康奈尔大学哲学研究所，位于赛基大楼，教师和课程安排则仍归文理学院。

表一中 1912—1913 学年的下方还记有三行体育（Gym）成绩，旁边注明日期为 5 月 22 日，但年份影印有缺损，依据笔画

---

① *Official Publications of Cornell University*，vol. Ⅳ，No.7. Announcement of the Twenty-second Summer Session July 7 – August 15，1913. March 15，1913. pp.11，20.

走势判断，应该是1913年，况且1912—1913学年中的5月份也只能是1913年5月。但这三个分数可能不只是本学年的体育成绩，而应该是三个学年的成绩，因为前面两个学年均没有体育成绩记录，1913年春学期又正好是胡适进入康奈尔赛基哲学学院读研究生之前的最后一学期，这时把他的体育成绩汇总登记到成绩单上也是合理的。前文说过，康奈尔大学的体育科目分为Gym（Gymnastic）和P. T.（Physical Training）。P. T.只有一个毕业成绩，被登记在成绩单第二页的备注信息中，登记时间是1913年5月6日。下文我们对他的各科课程和成绩做汇总时，将把这些体育成绩记入相应的学年里。江勇振先生在《舍我其谁：胡适》（第一部“璞玉成璧”）中谈到胡适1912年秋学期的“建筑学30”这门课只得了65分时，曾强调说：“唯一能跟这个低分同病相怜的，是他1913年春天的一门体育课，也是65分。”[①]他在注释里注明的出处就是周质平先生提供的成绩单的第二页，然而周质平先生提供的成绩单第二页上写的却是“P. T. OK for graduation（879）”，这里的“879”应该是科目编号，并没有65分的记载。

1913—1914学年，根据表一，他在1913年秋学期选修了“哲学19”“哲学20”“哲学26”“政治学87”“英文52”“哲学37”6门课，1914年春学期继续选了“政治学87”及“哲学16”“哲学21”“历史学71”4门课，其中，“政治学87”是一学年的课程。根据表二，“哲学19”是克雷登教授的“近代哲

① 江勇振：《舍我其谁：胡适》（第一部“璞玉成璧”），北京：新星出版社，2011年，第259页。

学问题的发展”；“哲学 20”是哈蒙教授开的“伦理学史：古代、中世纪和文艺复兴时期”；“哲学 26”为梯利教授的“伦理学进阶”；“政治学 87”为精琪教授的“经济理论史”；“英文 52”是诺瑟普助理教授开的“维多利亚时代的文学”；“哲学 37”为梯利教授的“伦理学讨论课”；“哲学 16”是“德国哲学选读”，教师也是哈蒙教授；“哲学 21”同“哲学 26”，又是梯利教授的“伦理学进阶”；“历史学 71”是布尔教授的“历史的辅助科学”。这学年文理学院的课程和上年一样，用的都是 1913 年 5 月发布的“文理学院公告 1913—14”中的课程大纲。根据这份大纲，“政治学 87：经济理论史”任课教师为约翰逊教授，并非精琪教授；“哲学 21”课程名称为“近代伦理学史”、任课教师为艾尔比教授，而非梯利教授的“伦理学进阶”。除了这两科与表二不同外，其他均一致。[①]诺瑟普助理教授的“英文 52”也是一学年的课程，1913 年以前课程名称为“维多利亚时代的诗歌”，以后则改为“维多利亚时代的文学”，胡适先在 1913 年春选了第二学期课程，又在秋天补修了第一学期课程。

1914 年无暑期班课程。胡适在 6 月 29 日日记里写道：“黄监督（鼎）忽发通告与各大学，言赔款学生，非绝对必要时，不得习夏课。昨本校注册司抄此通告数份，令张挂世界学生会会所……此真可笑之举动！夫学生之不乐荒嬉而欲以暇时习夏课，

① *Official Publications of Cornell University*, vol. Ⅳ, No.11. Announcement of the College of Arts and Sciences 1913–14. May 15, 1913. pp.21, 22, 34, 17, 29.

政府正宜奖励之，乃从而禁止之，不亦骇人听闻之甚者乎？”[①]由于中国政府派驻美国负责管理留学生的监督黄鼎禁止庚款学生上暑期班，胡适虽然极不认同这种做法，但他却无法再去注册暑期班课程。

1914—1915 学年胡适共选了 4 门课，根据表一，1914 年秋学期他选的是“哲学 30”和“历史学 75”，1915 年春学期选的是“哲学 31”和“政治学 88”。根据表二，“哲学 30”是艾尔比教授的“经验论与唯理论”，“历史学 75”是布尔教授的“历史学的方法”，“哲学 31”是艾尔比教授的“康德的批判哲学”，“政治学 88”是约翰逊教授的“价值与分配”。“文理学院公告 1914—15”中的课程大纲与表二完全相同。[②]1915 年 9 月，胡适就结束了在康奈尔大学 5 年的学习生活，转学去了哥伦比亚大学。

现在，我们可以根据上述考订，将胡适在康奈尔大学的选修课程和成绩汇总如下（见表三）：

时间	科目	编号	课程名称	学分	分数	任课教师
1910年秋学期	英文	1	入门课程	4	80	斯特伦克、普莱斯考特、亚当斯、门罗等
	植物学	1	植物的普通比较形态学和生理学	3	82	阿特金森、麦卡利斯特、斯通、希金斯
	生物学	1	普通生物学	3	75	尼达姆、康斯托克
	德文	1	初级德文	6	90	蒲柏、辛内克尔、安德鲁斯

① 胡适：《留学日记》（卷四），见《胡适全集》（第 27 卷），合肥：安徽教育出版社，2003 年，第 344 页。

② *Official Publications of Cornell University*，vol. Ⅴ，No.10. Announcement of the College of Arts and Sciences 1914–15. May 1，1914. pp.21，29，22，33.

续表

时间	科目	编号	课程名称	学分	分数	任课教师
1911年春学期	英文	1	入门课程	4	88	斯特伦克、普莱斯考特、亚当斯、门罗等
	植物学	1	植物的普通比较形态学和生理学	1	80	阿特金森、麦卡利斯特、斯通、希金斯
	生物学	1	普通生物学	3	82	尼达姆、康斯托克
	德文	2	第二学期德文	5	80	辛内克尔、安德鲁斯、波希
	植物学	2	高等植物的特殊形态学、分类学与生态学	2	64	罗利
	气象学	1	气象学与气候学	3	70	W. 威尔逊
	体育（Gym）				90	
1911年暑期班	化学	A	无机化学入门	6	73	布朗、萨瑟兰
1911年秋学期	地质学	1	动力地质学	3	75	恩格林
	化学	6	定性和定量分析	5	85	莱蒙、乌里奇、吉本斯、扬特、博伊斯
	植物生理学	7	普通植物生理学	4	77	克努森、麦库尔
	果树栽培学	1	初级果树栽培学	3	76	C. 威尔逊、安东尼
	英文	2	19世纪散文			诺瑟普、亚当斯、柯克、皮克
1912年春学期	英文	2	19世纪散文	3	86	诺瑟普、亚当斯、柯克、皮克
	英文	38b	18世纪诗歌	3	83	门罗
	政治学	51	经济学入门	5	75	威尔科克斯
	哲学	3	逻辑学	3	85	克雷登、炯司
	哲学	6	道德观念及其实践	3	78	梯利、炯司
	哲学	8	19世纪哲学和文学的关系	1	86?	艾尔比
	体育（Gym）				90	
1912年暑期班	演讲	A	演讲	5/2	87	艾弗雷特
	历史学	C	大英帝国发展史	5/2	70	达奇尔
	历史学	D	拿破仑时代	5/2	80	达奇尔
	经济与社会科学	F	财政与税收	5/2	77	卡默勒
1912年秋学期	心理学	1	基础心理学	3	92	提区纳、韦尔德、鲁克米希、博宁、福斯特
	哲学	4	艺术：哲学与历史概论	3	76	哈蒙
	哲学	5	哲学史	3	90	克雷登
	哲学	7	伦理学	3	76	梯利

续表

时 间	科目	编号	课程名称	学分	分数	任课教师
1912年秋学期	政治学	61a	美国政党制度	2	88	奥兹
	政治学	53a	政治制度	3	82	奥兹、塞比
	建筑学	30	绘画与雕塑史	1	65	布劳纳、菲尔普斯
1913年春学期	哲学	5	哲学史	3	85	克雷登
	法文	1	初级法文	6	80	康福
	英文	41	1642年的戏剧	3	96	亚当斯
	英文	52	维多利亚时代的诗歌	3	88	诺瑟普
	政治学	53b	比较政治学	3	85	奥兹、塞比
	体育（Gym）				80	
	体育（P. T.）		毕业成绩		OK	
1913年暑期班	教育学	B	教育学史	5/2	85	德加谟
	演讲与阅读	C	即兴演讲	3/1	94	艾弗雷特
	英文	K	莎士比亚的悲剧	5/2	94	亚当斯
1913年秋学期	哲学	19	近代哲学问题的发展	2	90	克雷登
	哲学	20	伦理学史：古代、中世纪和文艺复兴时期	2	90	哈蒙
	哲学	26	伦理学进阶	3	--	梯利
	政治学	87	经济理论史	3	85	约翰逊
	英文	52	维多利亚时代的文学	3	OK	诺瑟普
	哲学	37	伦理学讨论课	2	--	梯利
1914年春学期	政治学	87	经济理论史	3	OK	约翰逊
	哲学	16	德国哲学选读	1	78	哈蒙
	哲学	21	近代伦理学史	2	OK	艾尔比
	历史学	71	历史的辅助科学	1	OK	布尔
1914年秋学期	哲学	30	经验论与唯理论	3	OK	艾尔比
	历史学	75	历史学的方法	1	OK	布尔
1915年春学期	哲学	31	康德的批判哲学	3	OK	艾尔比
	政治学	88	价值与分配	2	P	约翰逊

表三　胡适在康奈尔大学的课表与各科成绩校正汇总

四

在得出上述完整、可靠的胡适选修课表后，我们就可以根据《康奈尔大学校刊》中各学年的课程大纲，以及胡适《留学日记》中的相关记载，来对他的课业论文手稿的写作时间进行考证了。

首先是英国文学论文。在11篇手稿中，除《西敏寺》一文为介绍威斯敏斯特教堂的历史和建筑风格的文章外，其余都是对作家作品的评论。《狄更斯的〈双城记〉》和《〈哈姆莱特〉，一个没有英雄的悲剧》这两篇文章所论述的作品无须介绍，其他文章讨论的作家作品分别为：亚历山大·蒲柏（1688—1744年）和托马斯·格雷（1716—1771年）都是18世纪英国著名诗人；《亨斯洛日记》的作者菲利普·亨斯洛（约1550—1616年）是伊丽莎白时代最显要的剧场经理，他的日记详细记载了当时伦敦戏院的演出剧目、剧本价格和演员薪酬，胡适的文章讨论的是《亨斯洛日记》的史料特点；《怀念集》和《圣杯》的作者阿尔弗雷德·丁尼生（1809—1892年）是维多利亚时代最受欢迎的诗人，《圣杯》是丁尼生根据历史上流传的亚瑟王故事所写的长篇叙事诗，吉娜薇则是这部叙事诗中亚瑟王的妻子；《亚历山大和坎帕斯比》是伊丽莎白时代“大学才子派”戏剧家约翰·李利（1554—1606年）的作品；托马斯·胡德（1799—1845年）

是英国19世纪幽默诗人。我们已知胡适的《狄更斯的〈双城记〉》《〈哈姆莱特〉，一个没有英雄的悲剧》《蒲柏诗歌研究》和《托马斯·格雷》这4篇文章写作时间不晚于1912年，而其他各篇写于何时，则没有文献记载。

根据康奈尔大学文理学院的课程大纲，1910—1911学年的“英文1：入门课程”课程说明和必读书目为“学习英国文学代表作，包括三个莎士比亚戏剧、五部近代小说，以及选定的抒情诗和散文。写作练习辅以阅读训练，兼及明确写作规范。该课程是学生选择本学院其他课程的基础”。[①]1911—1912学年的“英文2：19世纪散文”课程说明非常简单，只有“阅读指定风格的英文散文，作文练习并讨论”一句。[②]1912年春学期的“英文38b：18世纪诗歌”课程说明为“18世纪英国诗歌史，学习蒲柏、汤姆森、格雷、戈德史密斯、彭斯，阅读一些次要诗人的作品；学习浪漫主义运动的开端”。[③]1912—1913学年的“英文41：1642年的戏剧”课程说明为“一学年课程……第一学期：学习戏剧起源，传奇、道德剧、幕间节目，第一个常规喜剧和悲剧。第二学期：学习伊丽莎白时代的社会和剧场，李利、皮尔、基德、格林、马洛、琼森、博蒙特和弗莱彻的经典戏剧，

---

① *Official Publications of Cornell University*, vol. Ⅰ, No.A. College of Arts and Sciences Courses of Instruction 1910–1911. May, 1910. p.17.

② *Official Publications of Cornell University*, vol. Ⅱ, No.12. College of Arts and Sciences Courses of Instruction 1911–12. June 15, 1911. p.18.

③ Ibid., p.19.

指定阅读其他代表性的剧作家”，[①]这门课虽然是一学年的课程，但胡适只选修了1913年春学期的课。关于“英文52”，前文已经说过，这门课在1913年春学期之前，课程名称为“维多利亚时代的诗歌”，1913年秋学期以后则改为“维多利亚时代的文学”，“维多利亚时代的诗歌”课程介绍为“学习丁尼生、布朗吟、马修·阿诺德、克拉夫、威廉·莫里斯、斯温伯恩、罗赛蒂等人的代表作，学习维多利亚时代诗歌的特征”，[②]“维多利亚时代的文学”课程介绍为“讲授主流文学趋势和时代特征，学习主要的诗人和一些伟大散文作家的作品”，[③]这门课胡适先选修了1913年春学期的“维多利亚时代的诗歌”，又跨学年选修了1913年秋学期的“维多利亚时代的文学”。1913年暑期班的“英文K：莎士比亚悲剧”课程介绍为“学习以莎士比亚最佳悲剧为代表的戏剧艺术，选定实时检查的作品为《哈姆莱特》《奥赛罗》《李尔王》和《麦克白》。课本选用A. C. 布兰德利的《莎士比亚悲剧》”。[④]

---

① *Official Publications of Cornell University*, vol. Ⅲ, No.12. Announcement of the College of Arts and Sciences 1912–13. June 15, 1912. p.17. 尽管康奈尔大学文理学院1912–1913年的课程大纲后来被废弃不用，但在1913–1914年的课程大纲中，这门课的课程介绍与1912–1913中完全相同。见 *Official Publications of Cornell University*, vol. Ⅳ, No.11. Announcement of the College of Arts and Sciences 1913–14, Supplement. May 15, 1913. p.16.

② *Official Publications of Cornell University*, vol. Ⅲ, No.12. Announcement of the College of Arts and Sciences 1912–13. June 15, 1912. p.18.

③ *Official Publications of Cornell University*, vol. Ⅳ, No.11. Announcement of the College of Arts and Sciences 1913–14, Supplement. May 15, 1913. p.17.

④ *Official Publications of Cornell University*, vol. Ⅳ, No.7. Announcement of the Twenty-second Summer Session July 7 – August 15, 1913. March 15, 1913. p. 20.

对照上述课程介绍，我们可确定《蒲柏诗歌研究》和《托马斯·格雷》两文为1912年春学期“英文38b：18世纪诗歌”课上的作业，《亚历山大和坎帕斯比》为1913年春学期“英文41：1642年的戏剧”课上所作，《丁尼生的〈怀念集〉第54—57首》《圣杯》和《吉娜薇》则都是1913年春学期“英文52：“维多利亚时代的诗歌”课上所写。顺便说一下，胡适1914年5月获康奈尔大学“卜朗吟征文奖金”的《论英诗人卜朗吟之乐观主义》，[①]可能也是“英文52”这门课上所作的论文。剩下还需进一步考辨的是，《狄更斯的〈双城记〉》《〈哈姆莱特〉，一个没有英雄的悲剧》《亨斯洛日记》《托马斯·胡德》和《西敏寺》这5篇文章。

据胡适《留学日记》记载，他开始读狄更斯《双城记》的时间为1911年2月6日，但后来却搁下了，直到8月15日才读完。[②]显然，这部小说是为1911年春学期的“英文1：入门课程”而读的，因为该课程要求阅读“三个莎士比亚戏剧、五部近代小说，以及选定的抒情诗和散文”。这学期的英文课，胡适作了多篇关于莎士比亚戏剧和培根散文的论文，其中不乏“颇得教师称许”的文章，加之他平时考试成绩较好，所以这

① A Defense of Browning's Optimism，见《胡适全集》(第35卷)，合肥：安徽教育出版社，2003年，第24—54页。另参见胡适：《留学日记》(卷四)，见《胡适全集》(第27卷)，第307—308页。

② 胡适：《留学日记》(卷一)，见《胡适全集》(第27卷)，合肥：安徽教育出版社，2003年，第109、170、171页。

学期的英文课他得以免考，[1]这可能是他没有急于在学期结束前读完《双城记》并提交论文的原因。他的日记里未记载《狄更斯的〈双城记〉》一文为何时所写，根据手稿中标注的年代，此文写作时间不晚于1912年，因而我们可以推定，此文应为1911年8月胡适读完《双城记》之后所作。这个暑假他除了选修一门暑期班的化学课程外，还读了司各特的《尼格尔的家产》、大仲马的《侠隐记》(又名《三剑客》)、乔治·艾略特的《织工马南》等小说，另作有长文《康乃耳传》。

胡适选修的英文课程中，大纲指定阅读莎士比亚戏剧的有“英文1：入门课程”和“英文K：莎士比亚悲剧”，后者为1913年暑期班课程。我们已知《〈哈姆莱特〉，一个没有英雄的悲剧》写作时间在1912年之前，因此它不可能是为“英文K：莎士比亚悲剧”所写。《留学日记》1911年4月15日记载：“作一文论Hamlet，未毕。”16日又记：“续作‘Hamlet’论，写成之。”[2]这篇“Hamlet”论无疑就是《〈哈姆莱特〉，一个没有英雄的悲剧》。胡适《留学日记》中还有一篇论《哈姆莱特》的长文，是1912年9月25日晚去戏园观看南君夫妇(Southern and Marlowe)演的《哈姆莱特》戏剧后所写的日记，主要评论南君夫妇的演技和剧本的删节特点，并非专论莎士比亚戏剧，且该文为中文所作，这篇日记虽然作于1912年，但它显然与1911

① 胡适：《留学日记》(卷一)，见《胡适全集》(第27卷)，合肥：安徽教育出版社，2003年，第131—132、145页。

② 同上书，第129、130页。

年 4 月 16 日完成的“Hamlet”论无关，也与《〈哈姆莱特〉，一个没有英雄的悲剧》这篇英文手稿无关。

胡适的《亨斯洛日记》是一篇讨论该日记史料特点的文章，他列举了《亨斯洛日记》中记载的 1591 年 12 月 31 日至 1592 年 1 月 31 日之间上演的各剧目演出次数、剧本的价格及亨斯洛支付给演员的报酬，以这一个月的史料来揭示伊丽莎白时代的戏剧演出状况，文末有教师评语说他“选取的条目很有意思”，评语的笔迹与《亚历山大和坎帕斯比》一文后面的教师评语相同。参照 1913 年春学期“英文 41：1642 年的戏剧”这门课的课程说明，可知该课程虽然主要是学习 1642 年的戏剧，但也涉及伊丽莎白时代的社会和剧场等知识，胡适此文内容与之完全吻合。反观胡适选修的其他课程，大纲中均未涉及伊丽莎白时代的戏剧演出问题。因此我们可以确定，在 1913 年春学期的“英文 41”这门课上，他除了写有《亚历山大和坎帕斯比》一文，还写了这篇《亨斯洛日记》，两篇文章后面的评语均为该课程任课教师亚当斯助理教授所写。

托马斯·胡德虽然只活了 46 岁，但他却是跨越乔治四世时代和维多利亚时代两个时期的诗人，他的代表作《衬衫之歌》《叹息桥》都是维多利亚时代早期的重要诗作，胡适在文章中说，早在 1908 年《衬衫之歌》被翻译成中文作为“新纪元”丛书第一本出版时，他就对胡德的作品产生了兴趣。[①] 1913 年春学期的“英文 52：维多利亚时代的诗歌”课程大纲中并未要求读胡

① Thomas Hood，见《胡适全集》(第 35 卷)，合肥：安徽教育出版社，2003 年，第 60 页。

德的诗歌，这个学期胡适写了《丁尼生的〈怀念集〉第54—57首》《圣杯》《吉娜薇》等文章，他的成绩是88分。1913年秋学期的“英文52：维多利亚时代的文学”大纲则并未写明要求读哪些诗人和作家的作品，胡适的《托马斯·胡德》这篇长文很可能是1913年秋学期这门课上的作业，这时他已进入康奈尔大学赛基哲学学院念研究生，他的英文水平也有了很大提高，教师在文末的评语中盛赞此文的文采、主题、逻辑安排和判断表达，给予了极高的评价。无论如何，胡适此文作于1913年的“英文52”课上当属无疑。

还有一篇《西敏寺》，前文已经说过，这是一篇介绍伦敦威斯敏斯特教堂的历史和建筑风格的文章。胡适《留学日记》记载，1911年5月6日他开始读艾迭生与斯提尔编的《旁观报》论文集，5月10日，“读《旁观报》，中有‘Westminster Abbey’ and ‘Visions of Mirzah’二篇，余极爱之。”[①]这是胡适《留学日记》里唯一一次提到威斯敏斯特教堂。西敏寺是英国历代国王登基加冕的地方，也是众多历史文化名人的长眠之所。胡适读的这篇“Westminster Abbey”是约瑟夫·艾迭生（1672—1719年）的名篇《墓园沉思》（又译《西敏寺内的遐想》），而《旁观报》论文集则是他1911年春学期“英文1：入门课程”的阅读材料之一。因此，这篇文章很可能是胡适读完《墓园沉思》之后，又查阅有关西敏寺的资料所写的文章，写作年代应为1911年。

---

① 胡适：《留学日记》（卷一），见《胡适全集》（第27卷），合肥：安徽教育出版社，2003年，第136、137页。

其次是5篇哲学论文。我们已知《康德的国际伦理法则》写于1915年3月14日,《康德〈纯粹理性批判〉中的先验分析论》写于1915年5月26日，这两篇文章显然是为1915年春学期艾尔比教授的“哲学31：康德的批判哲学”课所作。《洛克的〈政府论两篇〉研究》我已经在《胡适与〈洛克的“政府论两篇”研究〉》一文中论证过，认为它写于1914年下半年艾尔比教授的“哲学30：经验论与唯理论”课上，虽然张书克博士持不同看法，但我仍坚持这一观点。这里需要补充的是，康奈尔大学文理学院1913—1914学年课程大纲中的“哲学30”曾指定阅读博恩版的两卷本《洛克作品集》，这个版本主要包括《人类理解论》和《自然哲学原理》等著作，但不包括《政府论两篇》,[①] 而在1914—1915学年的课程大纲中，则没有再指定阅读这个版本[②]，因此胡适完全可以选择在1914年秋学期先读《政府论两篇》，到1915年2、3月份再去阅读《人类理解论》。[③]

接下来需进一步考辨的两篇文章是《柏拉图的〈普罗泰戈拉篇〉》和《约翰·密尔论正义:〈功利主义〉第五章研究》。对照康奈尔大学文理学院的课程大纲，我们首先可以排除“哲学

① *Official Publications of Cornell University*, vol. Ⅳ, No.11. Announcement of the College of Arts and Sciences 1913–14, May 15, 1913. p.22. 指定阅读的《洛克作品集》为: Bohn's Standard Library. *The Works of John Locke. Philosophical Works*. In Two Volumes. London : George Bell and Sons, York Street, Covent Garden. 1875 & 1876.

② *Official Publications of Cornell University*, vol. Ⅴ, No.10. Announcement of the College of Arts and Sciences 1914–15, May 1, 1914. pp. 21–22.

③ 参见席云舒:《胡适与〈洛克的“政府论两篇”研究〉》，载《社会科学论坛》2014年第11期。

3”“哲学4”和“哲学8”，因为“逻辑学”“艺术：哲学与历史概论”和“19世纪哲学和文学的关系”3门课显然与这两篇论文无关；“哲学31：康德的批判哲学”也无须再讨论。剩下的10门哲学课中，可能与《柏拉图的〈普罗泰戈拉篇〉》有关的只有两门课，一是克雷登教授的“哲学5：哲学史”，二是哈蒙教授的“哲学16：德国哲学选读”。“哲学5”的课程说明为“主要对象是那些希望了解思想史及哲学观念对文明发展所发挥的影响的学生，从古希腊至今的哲学思辨史，各个哲学体系及其所属时代的科学与文明之间的关系，及其在社会、政治和教育问题上的应用；本世纪的思辨问题，尤其是进化论观念的哲学意义及其重要性。将不时地指定阅读材料，但没有教材”。①这门课含有古希腊哲学的内容，当然应该包括柏拉图和“智者派”哲学。“哲学16”的课程说明为“本课程的主要目的是帮助学生获得德国哲学术语方面的知识和翻译哲学论文的能力，教材将采用文德尔班的《柏拉图》”。②文德尔班是德国新康德主义学派的代表人物，他的《哲学史教程》是最有影响的哲学史教科书之一。哈蒙教授这门课选用的教材是文德尔班的《柏拉图》，这本书是文德尔班研究柏拉图的生平和思想的一部带有普及性的著作，据江勇振先生在《舍我其谁：胡适》（第一部“璞玉成璧”）中介绍，哈蒙教授曾为文德尔班的这本书写过一篇书评，盛赞此书为“第一流德国

① *Official Publications of Cornell University*, vol. Ⅳ, No.11. Announcement of the College of Arts and Sciences 1913–14, Supplement. May 15, 1913. p.20.

② Ibid., May 15, 1913. p.21.

学术论文的代表作，反映了当代研究的精华”。[1]既然“哲学5”和“哲学16”这两门课都有涉及柏拉图的内容，那么胡适的《柏拉图的〈普罗泰戈拉篇〉》究竟是为哪门课写的呢？这就需要做进一步分析。首先，这两门课的目的不同，“哲学5”是为了让学生了解哲学问题的发展及其对文明的影响，以及哲学史上的思辨问题，而“哲学16”是为了让学生掌握德国哲学术语和翻译哲学论文的能力，胡适此文主要是讨论柏拉图《普罗泰戈拉篇》中的思辨问题，与前者的要求更为契合；其次，在克雷登教授主编的《哲学评论》杂志上，每期都会刊登多篇哲学系研究生的论文，其中有一个栏目是针对各课程指定阅读材料的评论，指定的阅读材料多为各种哲学期刊近期发表的论文，这些论文目录也都刊登在《哲学评论》上，胡适1914—1915年就在该刊发表过10篇哲学短论，其中有两篇评德文论文《亚里士多德对“非物质性”的理解》和《歌德的自然哲学思辨》的文章，应该都是哈蒙教授这门课上的作业，《亚里士多德对“非物质性”的理解》的评论中就涉及了德国哲学术语的翻译，但《柏拉图的〈普罗泰戈拉篇〉》一文并未涉及任何德国哲学术语和翻译问题，因此这篇文章不可能是为“哲学16”这门课所写。克雷登教授的“哲学史”是一学年的课程，其中涉及柏拉图和古希腊哲学的部分应为1912年秋学期所学内容，如果胡适此文确为克雷登教授的“哲学史”课上所作，那么它应该写于1912

① 江勇振：《舍我其谁：胡适》（第一部“璞玉成璧”），北京：新星出版社，2011年，第261页。

年秋。

关于《约翰·密尔论正义:〈功利主义〉第五章研究》，我们知道，约翰·密尔的《功利主义》是19世纪英国功利主义伦理学名著，他在这本书里系统论述了“最大多数人的最大幸福”这一功利主义原理，该书第五章讨论的是“功利与正义的联系”。胡适选修过的伦理学课程有“哲学6：道德观念及其实践”“哲学7：伦理学”“哲学21：近代伦理学史”“哲学26：伦理学进阶”“哲学37：伦理学讨论课”，这些课程中，只有“哲学21”是艾尔比教授开的，其他都是梯利教授开的；哈蒙教授的“哲学20”虽然也是伦理学课程，但它研究的是“古代、中世纪和文艺复兴时期”的伦理学，显然跟密尔的功利主义伦理学无关，因此亦可排除。除伦理学课程外，克雷登教授的“哲学19：近代哲学问题的发展”也可能与胡适这篇文章有关。然而在上述几位教授中，只有欧内斯特·艾尔比教授是研究英国功利主义哲学的专家，他著有《英国功利主义的起源》《英国功利主义史》等著作；在胡适选修的哲学课程大纲中，也唯有“哲学21”的课程说明强调“重点关注英国伦理学发展史，同时阐明伦理学逐渐分化为哲学学科中一门独立科学的过程”，[1]因此，胡适的《约翰·密尔论正义:〈功利主义〉第五章研究》只能是1914年春学期为艾尔比教授的“哲学21：近代伦理学史”这门课所作。

最后是两篇政治学论文《美国国家与社会政治研究》和

① *Official Publications of Cornell University*, vol. Ⅳ, No.11. Announcement of the College of Arts and Sciences 1913–14, May 15, 1913. pp. 21–22.

《众议院议长政治权力的发展》。在胡适选修的政治经济学课程中，“政治学 51：经济学入门”“经济与社会科学 F：财政与税收”“政治学 87：经济理论史”和“政治学 88：价值与分配”都是经济学的内容，与这两篇文章无关。剩下三门“政治学 61a：美国政党制度”“政治学 53a：政治制度”和“政治学 53b：比较政治学”都是山姆·奥兹教授的课。如前所述，1912—1913 学年实际使用的是 1913—1914 学年的课程大纲，大纲中“政治学 61a”的课程说明为“学习美国政党的演变，关于政府机构、选举法、政党代表大会、政党领导层秘密会议、候选人初选会、政党的司法控制”，[①]“政治学 53a”的说明为“政治学概论，专门参照美国政府”，[②]“政治学 53b”的说明为“主要研究欧洲国家的政治制度，延续‘53a’之后的课程内容”。[③]显然，“政治学 53b”也与胡适这两篇论文无关。那么，这两篇文章就只能是为“政治学 61a”或“政治学 53a”而写的了，这两门课都是 1912 年秋学期的课程，无论它们是为哪门课所作，都应作于 1912 年秋学期。如果需要进一步确定，则《美国国家与社会政治研究》无疑是“政治学 53a：政治制度”课上的作业，而《众议院议长政治权力的发展》及其“序言”应该是“政治学 61a：美国政党制度”课上的论文，

① *Official Publications of Cornell University*, vol. Ⅳ, No.11. Announcement of the College of Arts and Sciences 1913-14, Supplement, May 15, 1913. p. 31.

② Ibid., p. 30.

③ Ibid.

因为议会制度正是美国政党政治的主要形式。这两篇手稿后面的教师评语为同一人的笔迹，应均为山姆·奥兹教授所写。

五

经过以上考证，我们可以得出本文结论了。中国社会科学院近代史研究所和台北“中央研究院”胡适纪念馆保存的18篇胡适课业论文手稿中，作于1911年的有《〈哈姆莱特〉，一个没有英雄的悲剧》《狄更斯的〈双城记〉》和《西敏寺》，作于1912年的有《蒲柏诗歌研究》《托马斯·格雷》《柏拉图的〈普罗泰戈拉篇〉》《美国国家与社会政治研究》《众议院议长政治权力的发展》，作于1913年的有《丁尼生的〈怀念集〉第54—57首》《圣杯》《吉娜薇》《亨斯洛日记》《亚历山大和坎帕斯比》《托马斯·胡德》，作于1914年的有《约翰·密尔论正义:〈功利主义〉第五章研究》和《洛克的〈政府论两篇〉研究》，作于1915年的有《康德的国际伦理法则》《康德〈纯粹理性批判〉中的先验分析论》。通过胡适在康奈尔大学留学时期的选修课程和这些课业论文手稿，我们可以清楚地了解到，他曾系统地接受过16—19世纪英国文学和自古希腊以来的西方哲学教育，后来又在哥伦比亚大学跟随杜威学习“实验主义”哲学，在此过程中，他逐渐形成自己的思想，成了他1917年以后在国内倡导“文学革命”和“中国的文艺复兴运动”的基础。

当然这些只是胡适在康奈尔大学读书期间留下了手稿的英文课业论文，这个时期他还在《中国留美学生月报》等刊物发表过多篇英文论文，这些公开发表的文章不在本文的考证范围。此外，他的《留学日记》和手稿中还记载了一些他在康奈尔大学时期写过的课业论文，如前文提到的《奥菲利亚》《亚当·斯密的税收原则》等，但由于没有留下手稿，本文便无从考证了。

最后，我要特别感谢康奈尔大学东亚图书馆的卡罗尔·阿特金森女士！若没有她给我传来2014年康奈尔大学官方公布的胡适“成绩单”，我将难以完成本文的考证工作。

（原载《关东学刊》2017年第1期）

胡适的哲学方法论及其来源

一、研究胡适哲学方法论的意义

我们研究胡适思想，不能不了解他的哲学方法论背景。他的“中国的文艺复兴”思想蕴含的问题十分丰富，涉及的领域也非常广泛：既包括对历史问题的看法，也包括对中国现代化问题的看法；既包括“文学革命”“整理国故”、知识生活与学术生活，也包括民主的生活观、科学的方法和科学的态度；既包括对古今之变的认识，也包括对东西之辩的看法。他的很多观点，看上去似乎充满了矛盾。譬如他对程朱理学的态度，欧阳哲生先生在《中国的文艺复兴》一文中提到，胡适在1923年4月3日的日记里特别列举了宋代学术文化的诸项成就，欧阳先生指出：“胡适如此表露其对‘宋学’的好感，尚未见载他公开发表的中文文字，他在1928年发表的《几个反理学的思想家》一文所表述的观点与此文更是南辕北辙。”[①]周质平先生在《胡适英文

① 欧阳哲生：《中国的文艺复兴》，见《探寻胡适的精神世界》，北京：北京大学出版社，2012年，第276页。

笔下的中国文化》中也认为："胡适在中英文两种著作中，对中国文化的态度有着一些微妙的不同。一般来说，胡适在英文著作中对中国文化少了一些批评，多了一些同情和回护。"[①]这种对于宋代理学和中国传统文化的不同态度，似乎都显示了胡适思想中的某种矛盾。再如，他几乎在同一时期既倡导"文学革命"又倡导"整理国故"，其中，"文学革命"被认为是进步的，它开创了中国文学的新局面，而"整理国故"常常被认为是保守的，是钻故纸堆。他的这种"矛盾"，有时也被描述为"理智上面向未来，而情感上面向传统"的困境。[②]任剑涛先生在《重思胡适》一书的"导言"里更是列举了胡适思想中的若干矛盾。[③]这些所谓"矛盾"，会让人觉得胡适的很多观点只是"基于庸见和常识"，"不过因应'中国问题'有感而发，随时鸣放，即放即收，本无所谓体系，更不以追求浩玄的理论旨趣

---

① 周质平：《胡适英文笔下的中国文化》，见《胡适英文文存》，北京：外语教学与研究出版社，2012年，第1页。

② 美国学者列文森在《儒教中国及其现代命运》中首先用"理智上想与中国思想疏远，但感情上又要认同中国思想"来描述康有为等清末改革派人士，后来又沿着这个思路分析了"五四"前后中国思想界的倾向。见列文森：《儒教中国及其现代命运》，郑大华、任菁译，北京：中国社会科学出版社，2000年，第67、93—121页。李泽厚先生在《启蒙与救亡的双重变奏》中援引列文森的这个观点来描述包括严复、林纾、梁启超、鲁迅、胡适等在内的近现代思想家："列文森认为他们是理智上面向未来（西方），情感上回顾传统（中国）。"见李泽厚：《中国现代思想史论》，天津：天津社会科学院出版社，2003年，第13页。许纪霖先生在《胡适：新观念背后的旧灵魂》一文中进而认为："对胡适这样一个在观念上鼓吹'全盘西化'的人来说，他的心态结构又多多少少依然是'全盘儒化'的。这种自我间的矛盾和冲突在不同的程度上也许属于整个近代中国知识分子……他们摆脱不了列文森所揭示的那种理智上接受西方，情感上面向传统的困境。"见许纪霖：《大时代中的知识人》，北京：中华书局，2007年，第26页。

③ 任剑涛主编：《重思胡适》，北京：中央编译出版社，2015年，第2页。

为目标”。[①]

而事实上，在胡适看来，无论是程朱理学，还是整个儒家学说或中国传统文化，都不是铁板一块、一成不变的整体，而是包含了诸多问题和不同要素的，其中既有积极因素，也有消极因素。胡适正是用他的实验主义方法，把传统思想中的各种因素分别总结出来，指出哪些是我们需要加以复兴和弘扬的，哪些是我们需要加以摒弃和克服的。譬如，孔子、孟子的学说中都体现了人本主义（以人为本）、理性主义（崇尚理智）的思想，先秦百家争鸣的诸子学说又体现了一种自由精神，[②]而程朱理学则体现了对以佛教为代表的中古宗教的怀疑与批判精神，[③]这种人本主义、理性主义、自由精神和怀疑精神正是我们需要去加以复兴和弘扬的精神；但传统思想中又有“罢黜百家，独尊儒术”这种反自由的精神，又有“三纲五常，三从四德”这些非人本主义的思想，又有“祖述尧舜，宪章文武”这种扼制理性精

① 许章润:《基于庸见的法意——胡适之先生关于宪政与法制的看法》，见任剑涛主编:《重思胡适》，北京：中央编译出版社，2015 年，第 25 页。许先生这里指的是胡适的宪政与法制思想，但类似的观点，在研究胡适其他思想的论文和著述中也较为普遍。

② 胡适英文论著里讲中国传统思想中的“人本主义”“理性主义”，他用的英文单词是“humanistic”和“intellectualistic”，他在中文著作中多是讲“以人为本”“崇尚理智”，但有时也会从英文直译为“人本主义”“理智主义”。参见胡适：The Intellectual Renaissance in Modern China，见《胡适全集》（第 38 卷），合肥：安徽教育出版社，2003 年，第 646—647 页；另见《谈谈中国思想史》，见《胡适全集》（第 8 卷），第 474—475 页。

③ 参见胡适：The Chinese Renaissance，见《胡适全集》（第 35 卷），合肥：安徽教育出版社，2003 年，第 636—637 页；另见《日记 1923 年》，见《胡适全集》（第 30 卷），第 5 页；The Chinese Renaissance，见《胡适全集》（第 37 卷），第 132—133 页；Chinese Renaissance from One Thousand A.D. to the Present Day（1956 年加州大学十次演讲，第五讲），见台北胡适纪念馆手稿档案，编号：HS-NK05-203-008。

神自由发展的“道统”，尤其是中古宗教时期，以佛教为代表的宗教信仰几乎完全阻断了先秦诸子百家自由争鸣的精神，传统文化中的这些消极因素正是我们应该加以警惕和摒弃的。然而对于传统文化中的这些积极因素和消极因素，胡适认为并非只是要简单地扬弃，并非只是取其精华、去其糟粕，而是要通过大量史料的考证，归纳出中国思想史的一个发展规律。胡适认为，这个规律就是：秦代以前的古典时期，是一个以人为本、崇尚理智、思想自由的时期；秦代废除私学，汉代独尊儒术，思想文化趋于一统，尤其是从东汉直到宋代以前佛教广泛传播的近千年时间，是一个中古宗教时期，这个时期中国思想走向了先秦诸子学说百家争鸣的反面；宋代以后，随着书刊印刷的普及和程朱理学的出现，先秦古典传统得到了一定程度的复兴。[①]但由于中古信仰的因袭力量，以及宋代以来的古典复兴运动只是一种自发的运动，缺乏知识界的自觉倡导，[②]因此直到清末，虽然经过了宋代、明代、清代三个阶段的“文艺复兴”，但这种人本主义、理性主义和自由精神的复兴运动都未能取得成功。而肇始于1917年的“五四”新文化运动，从作为新文化运动领袖之一的胡适的角度看，就是要用实验主义方法，把宋代以来的“中

① 胡适：Chinese Thought，见《胡适全集》（第38卷），合肥：安徽教育出版社，2003年，第662页；The Intellectual Renaissance in Modern China，见《胡适全集》（第38卷），第645页；Chinese Thought，见《胡适全集》（第39卷），第220页；Chinese Renaissance from One Thousand A.D. to the Present Day（1956年加州大学十次演讲，第一讲），见台北胡适纪念馆手稿档案，编号：HS-NK05-203-004。

② 参见胡适：The Chinese Renaissance，见《胡适全集》（第37卷），合肥：安徽教育出版社，2003年，第77页。

国的文艺复兴运动”由自发的运动转变为自觉的运动，通过知识界在思想文化领域的自觉倡导和试验，为中国未来的社会政治秩序建立一个非政治的思想文化上的基础。[①]

然而胡适所倡导的“中国的文艺复兴运动”，又不仅仅是要恢复先秦的古典传统，他既重视古典传统中的积极因素，也重视经由宋代理学发展起来的怀疑精神、批判精神和思想独立的精神，但他更重视经由明末和清代的考证学而发展起来的科学精神。这种精神上承古典时期的传统，下启中国未来的现代化道路。他对程朱理学的批评，主要是由于程朱理学后来被定为一尊，“权威再一次取代了自由独立的思想”，[②]再者，程朱理学的“格物穷理”方法，虽然本身是具有科学性的，但宋代的理学家用这种方法来证明“理一分殊”的“天理”，就失去其科学性了。[③]宋代学者的怀疑与批判精神后来又被清代汉学家用来反

① 参见胡适:《我的歧路》，见《胡适全集》(第2卷)，合肥：安徽教育出版社，2003年，第467、475页。另见 The Chinese Renaissance，见《胡适全集》(第35卷)，第658页；The Renaissance in China，见《胡适全集》(第35卷)，第164页；Cultural Rebirth in China Outlined，in *The Trans-Pacific*（东京），Vol. XIV，No. 20，May 14，1927，p.13。

② 胡适：The Chinese Renaissance，见《胡适全集》(第35卷)，合肥：安徽教育出版社，2003年，第636、637、639页。

③ 程朱理学的“格物穷理”是通过若干个别事物，来归纳出它们的一般原理；但“理一分殊”则是从一个作为“第一原因”的“天理”出发，来演绎万事万物的原理。以“格物穷理”来证明“理一分殊”之“理”，意味着运用有限归纳来证明无限事物的原理。莱布尼茨在《人类理智新论》中曾指出，经验主义的归纳方法“有限不能证明无限，过去不能证明未来”，因此，以“格物穷理”来证明“理一分殊”之“理”，是没有科学性的。参见莱布尼茨:《人类理智新论》(上册)，陈修斋译，北京：商务印书馆，1982年，第4页。胡适在《清代学者的治学方法》等文章中也曾多次指出这一点。胡适:《清代学者的治学方法》，见《胡适全集》(第1卷)，合肥：安徽教育出版社，2003年，第366页。

对宋学，胡适认为，“中国旧有的学术，只有清代的‘朴学’确有‘科学’的精神”。[①]但清代考证学只是局限于经学与小学的考证，未能扩展到自然科学等更加广阔的领域中去，另一方面，考证学方法只适用于研究已知材料，对于未知的领域，则显得无能为力。因此，胡适倡导实验主义的科学方法，这种方法既适用于自然科学，又适用于人文社会科学；既适用于研究已知的材料，又可以通过实验来获取新的数据，以证明人们对于未知问题的假设。如果说人本主义、理性主义、自由主义和科学精神构成了胡适思想的内涵，那么实验主义方法则是形成这些思想的基本条件。他试图以此为现代中国奠定一个自由的、民主的、科学的思想文化基础，这不仅需要从中国的古典传统中发现其思想的源流，更需要通过这些源流，来指明历史进化的方向，其目标则是引导中国走向现代化。

同样，“文学革命”和“整理国故”也不是相互独立，更不是相互矛盾的两件事。“整理国故”并不局限于文学方面，而是指研究“中国的一切过去的文化历史”，[②]其中当然也包含文学。就文学而言，他的“整理国故”包括《白话文学史》研究、古典小说考证研究、《红楼梦》研究，甚至也包括选注《词选》。他1919年的一篇题为“A Literary Revolution in China”(“中国的文

① 胡适:《清代学者的治学方法》，见《胡适全集》(第1卷)，合肥：安徽教育出版社，2003年，第371、370、363—364、373页。

② 胡适:《〈国学季刊〉发刊宣言》，见《胡适全集》(第2卷)，合肥：安徽教育出版社，2003年，第7页。

学革命"）的英文文章中，有一节叫作"历史的辩护"，他指出，早在14世纪，包括元杂剧、哲学谈话录和章回小说，都开始采用通俗的口语来书写，"中国当时正在逐步形成活的文学"。[①]他在1927年的Cultural Rebirth in China Outlined（《中国文化的再生概述》）中又说："我们只是简单地用两种方法来阐明了新的发展趋势、新运动的精神和中国的文艺复兴。这两种方法就是历史的方法和实验的方法。"[②]"历史的方法"是通过历史向人们指出，古文的传统不能代表中华民族的文艺精神，与这种死去的传统同时，还有一种不断发展的活的语言贯穿着20个世纪，与古文齐头并进；"实验的方法"则是用活的口语对文学的所有分支形式进行试验，"看看这种已经创作出伟大文学作品的语言，是否依然能够为现代中国创造出伟大的作品。"因此，"文学革命"与文学领域的"整理国故"的关系，可以说是一种"实验的证明"与"历史的证明"的关系。而更为重要的是，胡适通过其"历史的方法"，还发现了中国文学发展的一个规律，即中国的文学史是一个双重演变、双重进化的文学史，一方面是上层的贵族士大夫的文言的文学，另一方面是下层的民间的口语文学，这两条线索的文学史是并行发展的，[③]古代以文言的文学为正宗，

① 胡适：A Literary Revolution in China，见《胡适英文文存》（一），北京：外语教学与研究出版社，2012年，第5页。

② Hu Shih：Cultural Rebirth in China Outlined，in *The Trans-Pacific*（东京），Vol. XIV，No. 20，May 14，1927，p.13。

③ 参见胡适：《中国文艺复兴运动》，见《胡适的声音》，桂林：广西师范大学出版社，2005年，第251页。

但中国文学现代化的基因却不在文言的文学中，而在民间的口语文学中。其实，胡适不只是在倡导“文学革命”时运用了这两种方法，他论述思想史问题时，用的也是“历史的方法”，而他探讨中国的现代化问题时，用的则都是“实验的方法”。那么什么是“历史的方法”，什么是“实验的方法”？这两种方法之间究竟是怎样的关系？这也需要我们去了解他的哲学方法论背景。若不了解他的这个背景，我们就很可能会误以为他在历史问题上和在中国现代化问题上的观点是割裂的，因而也是“矛盾”的。

胡适思想中始终贯穿着方法的自觉。他 1917 年完成的博士论文，题目叫“The Development of the Logical Method in Ancient China”，他在 1917 年 5 月 4 日《留学日记》里自译为“中国古代哲学方法之进化史”，[①]1922 年该书由亚东图书馆出版时，他又自译书名为“先秦名学史”，这个译名被印在英文版的封面上，也被他记在 1922 年 7 月 11 日的日记里，现行中译本即沿用了后一个译名，这个译名虽然更简洁，但未能突出该书所着重讨论的“哲学方法之进化”这个核心问题。[②]从他的博士

① 胡适:《留学日记》(卷十六)，见《胡适全集》(第 28 卷)，合肥:安徽教育出版社,2003 年，第 555 页。

② 胡适在《先秦名学史》“前言”后面的“附注”中说:“我所认定的每一部哲学史的最主要部分——逻辑方法的发展。”见《胡适全集》(第 5 卷)，合肥：安徽教育出版社，2003 年，第 5 页。这句话的英文原文为:“I consider to be the most essential part in every history of philosophy，—the development of logical method.”见《胡适全集》(第 35 卷)，第 302 页。根据胡适 1917 年 5 月 4 日日记自译，“logical method”一词可直接译为“方法”。该书并非论述先秦的“逻辑学史”，而是论述中国古代哲学的方法发展史，“先秦名学史”这个译名，意思更接近于“先秦的逻辑学史”，反而遮蔽了“方法之进化”这个核心问题。

论文内容来看，可知他早年在美国留学时期就已十分注重哲学方法论的研究。他在1919年2月出版的《中国哲学史大纲》（卷上）的“导言”里，又专门讨论了“审定史料之法”和“整理史料之法”；写于1919年的《清代汉学家的科学方法》（后改题目为《清代学者的治学方法》）又讨论了清代考证学的归纳、演绎之法；1923年的《〈国学季刊〉发刊宣言》中则详细讨论了“整理国故”的方法。此外，他直接以“方法”为题的中英文论著还有：The Application of the Methods of Historical Research to the Writing of a History of Ancient Chinese Philosophy（《中国古代哲学史著作中历史研究法的运用》，1915年）[①]、《研究社会问题底方法》（1920年）[②]、《“研究国故”的方法》（1921年）[③]、《歌谣的比较的研究法的一个例》（1922年）[④]、《思想的方法》（1925年）[⑤]、《治学的方法与材料》（1928

① 胡适：The Application of the Methods of Historical Research to the Writing of a History of Ancient Chinese Philosophy，见《胡适全集》（第35卷），合肥：安徽教育出版社，2003年，第164—175页。

② 胡适：《研究社会问题底方法》，见《胡适全集》（第21卷），合肥：安徽教育出版社，2003年，第213—228页。

③ 胡适：《“研究国故”的方法》，见《胡适全集》（第13卷），合肥：安徽教育出版社，2003年，第43—46页。

④ 胡适：《歌谣的比较的研究法的一个例》，见《胡适全集》（第2卷），合肥：安徽教育出版社，2003年，第825—832页。

⑤ 胡适：《思想的方法》，见《胡适全集》（第7卷），合肥：安徽教育出版社，2003年，第505—509页。

年）[①]、《治学方法》（1928 年）[②]、《治学方法》（1932 年）[③]、《评论近人考据〈老子〉年代的方法》（1933 年）[④]、《考证学方法之来历》（1934 年）[⑤]、《校勘学方法论——序陈垣先生的〈元典章校补释例〉》（1934 年）[⑥]、《治学方法》（1935 年）[⑦]、《考据学的责任与方法》（1946 年）[⑧]、《禅宗的方法——道不可告，告即不得》（1952 年）[⑨]、《治学方法》（1952 年）[⑩]、Ch'an（Zen）Buddhism in China：Its History and Method（《禅宗在中国：它的历史和方法》，

① 胡适：《治学的方法与材料》，见《胡适全集》（第 3 卷），合肥：安徽教育出版社，2003 年，第 131—143 页。

② 胡适：《治学方法》，见《胡适全集》（第 20 卷），合肥：安徽教育出版社，2003 年，第 556—559、577—584、584—593、650—693、665、654 页。

③ 胡适：《治学方法》，见《胡适全集》（第 20 卷），合肥：安徽教育出版社，2003 年，第 577—584 页。

④ 胡适：《评论近人考据〈老子〉年代的方法》，见《胡适全集》（第 4 卷），合肥：安徽教育出版社，2003 年，第 114—139 页。

⑤ 胡适：《考证学方法之来历》，见《胡适全集》（第 13 卷），合肥：安徽教育出版社，2003 年，第 129—136 页。

⑥ 胡适：《校勘学方法论——序陈垣先生的〈元典章校补释例〉》，见《胡适全集》（第 4 卷），合肥：安徽教育出版社，2003 年，第 147—161 页。

⑦ 胡适：《治学方法》，见《胡适全集》（第 20 卷），合肥：安徽教育出版社，2003 年，第 584—593 页。

⑧ 胡适：《考据学的责任与方法》，见《胡适全集》（第 13 卷），合肥：安徽教育出版社，2003 年，第 543—554 页。

⑨ 胡适：《禅宗的方法——道不可告，告即不得》，见《胡适全集》（第 9 卷），合肥：安徽教育出版社，2003 年，第 762—763 页。《胡适全集》里注"本文写作日期未详"；根据《胡适之先生年谱长编初稿》，本文作于 1952 年 7 月 13 日。见胡颂平编著：《胡适之先生年谱长编初稿》（六），台北：联经出版事业公司，1984 年，第 2215—2217 页。

⑩ 胡适：《治学方法》，见《胡适全集》（第 20 卷），合肥：安徽教育出版社，2003 年，第 650—693 页。

1953 年）[①]、《历史科学的方法》（1958 年）[②]、The Scientific Spirit and Method in Chinese Philosophy（《中国哲学里的科学精神和方法》，1959 年）[③]、《科学精神与科学方法》（1959 年）[④]、The Development of a Scientific Method in Chinese Intellectual History（《中国思想史中科学方法的发展》，1962 年）[⑤]……可以说，他对方法的研究始终贯穿在哲学、史学和文学等各门学科的科学研究中。此外，他并不直接以"方法"为题，但涉及研究方法的论著则更多。他在 1919 年的《实验主义》中着重讨论了杜威的实验主义方法，晚年的《口述自传》中也有一章专门讨论"青年期逐渐领悟的治学方法"。这些文章和著作，虽然并不全都是论述哲学方法论问题，他讨论较多的是科学方法在各门具体学科研究中的运用，但在它们背后，都有一个哲学方法论的背景。通过对他的哲学方法论以及由此形成的历史观点的研究，我们会发现他的思想总体上并不矛盾，反而是前后一致的。

胡适的哲学方法论主要有三个来源，分别是中国传统的考

① 胡适：Ch'an（Zen）Buddhism in China：Its History and Method，见《胡适全集》（第 39 卷），合肥：安徽教育出版社，2003 年，第 361—402 页；中译文见《胡适全集》（第 9 卷），第 306—330 页。

② 胡适：《历史科学的方法》，见《胡适全集》（第 13 卷），合肥：安徽教育出版社，2003 年，第 652—654 页。

③ 胡适：The Scientific Spirit and Method in Chinese Philosophy，见《胡适英文文存》（二），北京：外语教学与研究出版社，2012 年，第 394—426 页。中译文见《胡适全集》（第 8 卷），合肥：安徽教育出版社，2003 年，第 483—513 页。

④ 胡适：《科学精神与科学方法》，见《胡适全集》（第 8 卷），合肥：安徽教育出版社，2003 年，第 178—184 页。

⑤ 胡适：The Development of a Scientific Method in Chinese Intellectual History，见《胡适全集》（第 39 卷），合肥：安徽教育出版社，2003 年，第 618—628 页。

证学方法、赫胥黎的进化论哲学及其"存疑主义"方法，以及杜威的实验主义哲学。胡适早年即受传统考证学方法和赫胥黎的进化论哲学影响较深。他在《四十自述》里说，他1910年参加庚款官费留美考试时，国文科试题作的就是一篇考据文章，那张卷子得了一百分。[①]1911年5月，他在康奈尔大学读书时，写了一篇《〈诗〉三百篇言字解》；1914年8月2日，他又用英文写了一篇《莱昂内尔·贾尔斯〈敦煌录〉注解》；1916年6月7日，作了《尔汝篇》；9月1日又作了《吾我篇》。他的这几篇文章，用的都是中国传统的考证学方法，也就是他后来所说的"清代汉学家的科学方法"。[②]纵观胡适一生的学术研究，可以说考证学方法是贯穿始终的，无论是他后来的古典小说考证研究、佛教史研究、《水经注》疑案考证，还是各种史学研究中，他所运用的都是这种传统的考证方法。而胡适最早读赫胥黎的《天演论》，是他在上海澄衷学堂念书的时候，1906年上半年，他就写过一篇作文，题目叫《物竞天择适者生存试申其义》。[③]他1917年完成的博士论文《先秦名学史》中，就有一节讨论先秦诸子的"自然进化论"；1919年2月出版的《中国哲学史大纲》（上卷）又有一节"庄子时代的生物进化论"。他的进化论思想，

① 胡适:《四十自述》，见《胡适全集》（第18卷），合肥：安徽教育出版社，2003年，第97、58页。

② 胡适的《清代学者的治学方法》1919年11月在《北京大学月刊》发表时原题目为"清代汉学家的科学方法"。胡适:《清代学者的治学方法》，见《胡适全集》（第1卷），合肥：安徽教育出版社，2003年，第363页，注释①。

③ 胡适:《物竞天择适者生存试申其义》，见《胡适全集》（第21卷），合肥：安徽教育出版社，2003年，第1—3页。

不仅体现在哲学史著作中，在他倡导“文学革命”的论著中，也体现了这一思想。例如在1917年所写的《历史的文学观念论》一文中，他提出“一时代有一时代之文学”，[①]这即是后来他在《口述自传》里所说的“一部中国文学史也就是一部活文学逐渐代替死文学的历史”。[②]此外，他在讨论中国思想史问题时，也多持有这种进化论思想。可以说，进化论的哲学思想，他也是“终身持之”的。他从赫胥黎那里学到的，除进化论思想外，还有赫胥黎的“存疑主义”方法。但对胡适一生影响最大的，无疑是杜威的实验主义哲学，用他自己的话说：“杜威教授当然更是对我有终身影响的学者之一。”[③]胡适自己的哲学根本，就是他从杜威那里接受的实验主义哲学，但他并没有全盘照搬杜威的哲学思想，他所接受的“实验的方法”，是杜威哲学的精华部分，余英时先生说：“胡适对杜威的实验主义只求把握它的基本精神、态度和方法，而不墨守其枝节。”[④]更重要的是，胡适从中国传统的考证学方法、赫胥黎的进化论哲学及其“存疑主义”方法，以及杜威的实验主义哲学中，找到了三者根本的一致性，并将其转化为自己的哲学方法论基础。因此，胡适的实验主义方法，也进一步发展和完善了杜威的哲学方法论。

---

① 胡适：《历史的文学观念论》，见《胡适全集》(第1卷)，合肥：安徽教育出版社，2003年，第30页。

② 胡适：《胡适口述自传》，唐德刚译注，桂林：广西师范大学出版社，2005年，第97、102、123、144、187页。

③ 胡适：《胡适口述自传》，唐德刚译注，桂林：广西师范大学出版社，2005年，第97页。

④ 余英时：《中国近代思想史上的胡适》，见《重寻胡适历程——胡适生平与思想再认识》，桂林：广西师范大学出版社，2004年，第197页。

二、中国传统考证学方法的影响

在胡适晚年的《口述自传》中，他用了整整一章的篇幅来介绍他“青年期逐渐领悟的治学方法”。他把“青年期逐渐领悟的治学方法”概括为两点，一是他的“怀疑的倾向”，二是他从清代“汉学”那里学来的考证学方法。他把考证学方法称为“考订古文字真义的‘归纳法’”，[①]他的《〈诗〉三百篇言字解》《尔汝篇》和《吾我篇》就采用了这种归纳法。但他认为这种考证学方法并非起源于清代，而是起源于宋代，他在1919年的《清代学者的治学方法》中评价程朱理学的治学方法时，就说“程、朱的格物论注重‘即物而穷其理’，是很有归纳精神的”。[②]朱熹“格物穷理”的方法是“今日格一事，明日格一事”，试图通过个别事物中的“理”，来贯通万事万物的最高天理。这种通过若干个别的、特殊事物中的“理”，来归纳出哲学的最高原理的方法，与培根所说的“归纳法”具有一定的相似性。从程朱理学的格物论中看出它的“归纳精神”，可以说也是胡适的一个发现，只是这种归纳法在宋代理学家那里尚不够成熟，也没有成为自觉的方法，直到清代学者那里，才把它发展成为科学的考证方法。

① 胡适:《胡适口述自传》，唐德刚译注，桂林:广西师范大学出版社，2005年，第123页。

② 胡适:《清代学者的治学方法》，见《胡适全集》(第1卷)，合肥:安徽教育出版社，2003年，第370页。

归纳法是17世纪以来英国经验主义哲学的根本方法。培根在《新工具》里率先提倡科学的归纳法，用它来反对亚里士多德的三段论。培根所说的归纳法并不是指简单的枚举，他认为“人类智力还有一种独特的、永久的错误，就是它较易被正面的东西所激动，较难被反面的东西所激动”，因此，仅凭简单的枚举就会忽视反面的例子，他说：“对于发现和论证科学方术真能得用的归纳法，必须以正当的排拒法和排除法来分析自然，有了足够数量的反面事例，然后再得出根据正面事例的结论。”所谓排拒法和排除法，即把归纳的对象限定在一定的范围之内，把各种反面的因素排除掉。例如，湖里有一千只天鹅都是白的，就据此得出“天鹅是白的”这个结论，这就没有以正当的排拒法和排除法来分析自然；但如果说“健康的成年天鹅都能飞”，这就运用了正当的排除法，把不健康和未成年的天鹅排除掉了。培根主张这种归纳法不仅要用于发现原理，也要用于形成概念，“其应用不应仅在证明和发现一些所谓第一性原则，也应用于证明和发现较低的原理、中级的原理，实在说就是一切的原理。”[①]与之相对的是演绎法，欧洲近代哲学的演绎推论来自笛卡尔的《谈谈方法》，笛卡尔的演绎法也不同于亚里士多德的三段论，他批评说“三段论式和大部分其他法则只能用来向别人说明已知的东西”；[②]他主张从一个不证自明的原因（他称之为“自然之

---

① 培根：《新工具》，许宝骙译，北京：商务印书馆，1984年，第24、89页。

② 笛卡尔：《谈谈方法》，王太庆译，北京：商务印书馆，2000年，第15、16页。

光”或“天赋的灵明”）出发，先推论到一个不可再推的第一原因（最后之因）上去，再从这个第一原因出发，来演绎出万事万物的原理。这就是胡适在《先秦名学史》开篇所说“欧洲大陆和英格兰的近代哲学就是以《方法论》和《新工具》开始的”[①]的缘由。自培根和笛卡尔以后，欧洲哲学就逐渐形成了两大派别，即英国经验论和大陆唯理论。英国经验论强调从经验事实中归纳出具体事物的原理，认为大陆唯理论所说的那种“第一原因”是任何人都经验不到的，因而也是不可信的；[②]大陆唯理论则认为英国经验论的那种归纳方法是有限的归纳，而有限的归纳不能证明无限，过去发生的事也不能证明未来，只有从一个第一原因出发的判断才是全称判断，才能包括无限事物的原理。[③]这两派哲学的论争形成了欧洲近代哲学的经验主义传统和形而上学传统。所谓形而上学，又称第一哲学，即探讨万事万物的第一原因的哲学。经验主义注重经验事实的证明，唯理主义则注重逻辑的推理证明，[④]他们都反对中世纪经院

---

① 胡适:《先秦名学史》，见《胡适全集》(第5卷)，合肥:安徽教育出版社,2003年，第6页。《方法论》这个译名，是《先秦名学史》的译者翻译错了，应该译为《谈谈方法》。笛卡尔在1637年3月给Mersenne的信里写道:“……我并不命名为《方法论》，而名之为《谈谈方法》，这就等于《关于方法的引言或意见》，以表明我并不打算讲授这种方法，只想谈谈它。”见笛卡尔:《谈谈方法》，王太庆译，北京:商务印书馆，2000年，第1页。

② 参见休谟:《人类理解研究》，关文运译，北京:商务印书馆，1957年，第10、40—41页。

③ 参见莱布尼茨:《人类理智新论》(上册)，陈修斋译，北京:商务印书馆，1982年，第4、42页。

④ 王太庆先生在《谈谈方法》的“代序”《笛卡尔生平及其哲学》中曾指出:“从方法上说，培根用的是描述科学的方法，笛卡尔用的是理论科学的方法。”见笛卡尔:《谈谈方法》，王太庆译，北京:商务印书馆，2000年，第xviii页。

哲学中广泛运用的亚里士多德三段论式推理方法。他们反对三段论式推理，本质上都是反对中世纪经院哲学遗留下来的宗教学说，[①]但由于两者方法不同，因而渐行渐远。在这两大哲学传统中，胡适显然并不认同唯理主义一派，他在《先秦名学史》中谈到《庄子》的进化论思想时，就说："这一进化论否认在因果关系的系列中有所谓最后的原因……关于最后原因的论证，必然导致无限的倒退，所以是站不住的。"[②]他在1922年的《五十年来之世界哲学》中评价达尔文的思想时，也说："他在思想史的最大贡献就是一种新的实证主义的精神。他打破了那求'最后之因'的方法，使我们从实证的方面去解决生物界的根本问题。"[③]可见胡适较早就反对唯理主义的形而上学观点和方法。

但他在《清代学者的治学方法》中又说："研究欧洲学术史的人知道科学方法不是专讲方法论的哲学家所发明的，是试验室里的科学家所发明的……即如世人所推为归纳理论的始祖的培根，他不过曾提倡知识的实用和事实的重要，故略带着科学的精神。其实他所主张的方法，实行起来，全不能实用，决不能当'科学方法'的尊号。"他认为培根等人把演绎法看得太轻了，他说："近来的科学家和哲学家渐渐的懂得假设和证验都是科学

① 参见王太庆：《笛卡尔生平及其哲学》，见笛卡尔：《谈谈方法》，王太庆译，北京：商务印书馆，2000年，第ⅷ、xv页。

② 胡适：《先秦名学史》，见《胡适全集》（第5卷），合肥：安徽教育出版社，2003年，第142页。这里的"最后的原因"即是指不可再推的"第一原因"。

③ 胡适：《五十年来之世界哲学》，见《胡适全集》（第2卷），合肥：安徽教育出版社，2003年，第355、358页。

方法所不可少的主要分子，渐渐地明白科学方法不单是归纳法，是演绎和归纳相互为用的……时而由个体事物到全称的通则，时而由全称的假设到个体的事实，都是不可少的。”[①]这里已经可以见出他的实验主义观点和传统的经验主义观点的区别了，传统的经验主义是不重视“假设”这道程序的，甚至片面地强调归纳法，而忽视演绎法的应用，但是在胡适的实验主义方法中，归纳法和演绎法是同样重要的，只不过演绎不是从所谓万事万物的“第一原因”出发，而是从一个假设的通则出发的，这个通则并非什么“最后之因”，而是从若干个别的经验事实中归纳出来的一般原理或一般假设。胡适说“通则的应用，就是演绎法”，[②]所谓通则的应用，即是把一个全称的通则应用到个别事例中去。

由此，胡适概括了清代考证学方法的四条根本观念：（1）研究古书，并不是不许人有独立的见解，但是每立一种新见解，必须有物观的证据。（2）汉学家的“证据”完全是“例证”。（3）举例作证是归纳的方法。举的例不多，便是类推（analogy）的证法。举的例多了，便是正当的归纳法（induction）了。类推与归纳，不过是程度的区别，其实它们的性质是根本相同的。（4）汉学家的归纳手续不是完全被动的，是很能用“假设”的……他们所以能举例作证，正因为他们观察了一些个体的例之后，脑中先已有了一种假设的通则，然后用这通则所包含的例来证同类的例。因此胡适得出结论说：“故他们的方法是归纳和演绎

① 胡适：《清代学者的治学方法》，见《胡适全集》（第1卷），合肥：安徽教育出版社，2003年，第363—364页。

② 同上书，第373页。

同时并用的科学方法。”[①]这四条根本观念是胡适从清代考证学当中概括出来的，他举了大量的例子来说明这些观念，这意味着，清代的考证学虽然没有提出归纳法和演绎法这两个概念，但考证学所用的例证，正是培根所说的“事例”，清代学者在音韵学、校勘学等领域发现的各种通则，正是培根所说的“较低的原理”和“中级的原理”，考证学中被证伪的材料，也正同于培根所说的“排除法”。因此，清代汉学家所用的考证方法，首先就是归纳法，但他们在运用归纳法的同时，还能够运用假设，把从部分例证中归纳出来的通则演绎到其他事例中去。从这个角度来看，清代汉学家所用的归纳法和演绎法，跟欧洲近代哲学家用来建构他们的哲学体系的那种方法是一样的。胡适对于培根的批评，主要集中于两点：第一，归纳法并不是培根发明的，而是科学家在长期的科学实验里发明的，培根只是率先倡导了这种方法，有些学者把归纳法看成是培根的发明，这是不对的；[②]第二，培根强调归纳法的应用，却没有足够重视演绎法的应用，所以是不完善的。胡适并非反对培根所说的归纳法，而是强调在运用归纳法的同时，也要重视演绎法的运用；甚至对于形成科学的一般原理而言，对通则的“假设”比事实的“求证”还更

① 胡适：《清代学者的治学方法》，见《胡适全集》（第1卷），合肥：安徽教育出版社，2003年，第373页。

② 胡适还曾在1926年的《介绍几本新出版的史学书》中批评陈衡哲《西洋史》中所说的“直到勿兰息斯·培根（Francis Bacon）时，科学方法才得到了一个大革命”，胡适认为这个说法是错的，他说：“科学方法的改善是科学家逐渐做到的，与培根无关；没有一个科学家是跟培根学方法的。”胡适：《介绍几本新出版的史学书》，见欧阳哲生编：《胡适文集》（10），北京：北京大学出版社，1998年，第753页。

重要，如果没有对通则的“假设”，那么“求证”也就失去了目的，因为一切事实的“求证”，都是为了证明“假设”的通则成立与否。当然，仅有假设是不够的，只有能够被证明的假设才能成为科学的原理。

清代考证学方法并不是从欧洲近代哲学那里学来的。考证学当时被称为“汉学”，意味着它承接的是汉代郑玄等人的传统，而胡适认为宋儒“格物穷理”的方法比汉儒的方法更加接近于归纳法，只是宋儒的目的“并不在今日明日格的这一事”，而是“要想‘不役其知’，以求那豁然贯通的最后一步”，[①]探究事物的原理，人的认知却不受外物的牵役，“格物”只为了追求那终极天理，这就失去了它的科学性。[②]他说，自1640年以降，整个时代被普遍认为是汉学时代，出于对宋明思想家主观思考的不满，

① 参见胡适:《清代学者的治学方法》，见《胡适全集》(第1卷)，合肥:安徽教育出版社，2003年，第366、370页。

② 胡适说:“丢了具体的物理，去求那‘一旦豁然贯通’的大彻大悟，决没有科学。”胡适:《清代学者的治学方法》，见《胡适全集》(第1卷)，合肥:安徽教育出版社，2003年，第366页。从“日格一事，而穷其理”的角度看，宋儒的“格物穷理”的确是有“归纳”的精神的，但程朱理学的“理一分殊说”却不是经验论的，而是形而上学的。经验主义的归纳法要从若干经验事实中归纳出事物的一般原理，那么宋儒所说的人的认知不受外物牵役（不役其知）就是不可能的，因为不去探究事物本身，当然就不可能发现事物自身的原理。其次，经验主义的归纳法所要发现的事物的最高原理，跟宋儒所说的那种万事万物的最高天理也是不同的，前者是原理来自事物本身，而后者却是“理”在“物”外，万物中的“理”只是同一个天理的“分殊”。再次，经验主义的归纳法并不只是应用于发现事物的最高原理，而是“也应用于证明和发现较低的原理、中级的原理”，但在宋儒那里，却只有“理一”的“分殊”，万事万物中的“理”和外在于事物的最高天理只是同一个“理”，程朱理学并不承认事物中有其他的较低的原理和中级的原理。当然，经验主义的归纳法也不完全是科学的，只有从个别事物中归纳出一般的通则和根据假设的通则来进行演绎的方法相互运用，才是科学的方法。因此，宋儒“格物穷理”的方法虽然具有归纳的精神，但并不是成熟的科学的方法。

学者们开始从古字书和古注疏中寻找客观证据，这些古书很多都源自汉代，这是“汉学”一词的基本含义，“回到汉学”仅仅是清代汉学家“打倒宋学”的一个口号，其实他们自身的科学造诣已经远远超过了汉儒，也完全意识到汉儒的缺点。他认为这个意义上的古典学术的复苏，只是一种反抗中古文化的表达形式。[①]因此，清代考证学并不仅仅是汉代学术方法的简单回归，而是对宋儒的反抗和超越。这种反抗与超越，与欧洲文艺复兴和宗教改革时期古典学术的复兴非常相似，文艺复兴呼吁回到古希腊罗马，宗教改革呼吁回到《圣经》，回到耶稣基督，表达的同样是对教会的反抗。[②]但清代学者的考证学方法并非取自欧洲哲学，胡适在1923年的《中国的文艺复兴时代》中，列举了戴震、段玉裁、钱大昕、孔广森、王念孙等人在古文献领域的突出贡献之后，还特别指出：“当今在世的学者中，我们要提到章炳麟，作为最后的国学大师，他的科学造诣并不是来自西学的影响。”[③]况且，清代的汉学家能够很好地运用假设的通则，他们对归纳法和演绎法的运用，也并不逊色于欧洲近代哲学家。因而归纳法和演绎法，无论是作为哲学方法论还是作为一般学术研究的方法，都不存在发明权的问题，它是人类思维的一种

① 胡适：The Chinese Renaissance，见《胡适全集》(第35卷)，合肥：安徽教育出版社，2003年，第642页。

② 同上书，第642—643页。另参见胡适：《中国古代哲学史》“导言”，见《胡适全集》(第5卷)，合肥：安徽教育出版社，2003年，第203页。

③ 胡适：The Chinese Renaissance，见《胡适全集》(第35卷)，合肥：安徽教育出版社，2003年，第639页。

通用方法。因此，胡适所说的清代考证学的归纳和演绎方法是“确有‘科学’的精神”的方法，就并非是拿西方概念来套用中国的传统学术，而是他以其开阔的学术视野，发现了中西方哲学方法中的一致性。同样，胡适以“中国的文艺复兴”来指称唐宋以来的几次人本主义（以人为本）、理性主义（崇尚理智）与自由精神（怀疑精神、批判精神与思想独立精神）的再生运动，也不是简单地拿西方概念来套用中国近古以来思想发展的历史，而是从中国思想史自身的发展演变中归纳出来的一般规律。当然，他在论述这一规律时，的确曾受到过西方思想史的启发。

胡适自己也并非直到写《清代学者的治学方法》时才领悟到传统考证学的这种归纳与演绎方法的，他早在1911年5月写《〈诗〉三百篇言字解》时，就已经运用了这种方法，那时候他在康奈尔大学学农学，还没有开始学习西方哲学，这说明他掌握这种方法，完全是从清代考证学那里学来的。但清代学者并不试图通过这些方法去寻找知识的总原理，而只是注重运用这些方法来求得具体的知识真实；清代汉学家所更加关注的，是经学和小学研究中的那些“较低的原理”和“中级的原理”，而不是哲学的最高原理。无论是清代汉学家还是胡适自己，都没有把这两种方法应用在建构某种哲学体系上，而是用在了古典学术的考证上。也许戴震可以算个例外，戴震的《孟子字义疏证》体现了清代学者中少有的建构自己哲学体系的努力，尽管他这部哲学著作采取的也是清代汉学家的考证学形式。这也正是胡适高度评价戴震哲学的原因。胡适在英文著作中，把清代汉学家的这种根据例证来进行归纳的考证学方法称为“evidential investigation”（有证据的探讨），[①]亦即他所说的“每立一种新见解，必须有物观的证据”。而这种“无征则不信”的“有证据的探讨”，正是中国传统考证学的根本所在。

三、赫胥黎的进化论与“存疑主义”方法的影响

胡适1906年在上海澄衷学堂念书的时候，就读过赫胥黎的《天演论》，并写过一篇作文《物竞天择适者生存试申其义》，他在《四十自述》里谈到这篇中学时代的作文时说：“这种题目自然不是我们十几岁小孩子能发挥的，但读《天演论》，做‘物竞天择’的文章，都可以代表那个时代的风气。”[②]他后来的论著里却很少阐述赫胥黎《天演论》中的思想，或许是因为1898年严复译赫胥黎《天演论》出版后，曾风行一时，时人都非常熟悉的缘故。胡适说：“《天演论》出版之后，不上几年，便风行到全国，竟做了中学生的读物了……在中国屡次战败之后，在庚子、辛丑大耻辱之后，这个‘优胜劣败，适者生存’的公式确是一种当头棒喝，给了无数人一种绝大的刺激。几年之中，这

① 胡适：《胡适口述自传》，唐德刚译注，桂林：广西师范大学出版社，2005年，第102、122页。

② 胡适：《四十自述》，见《胡适全集》（第18卷），合肥：安徽教育出版社，2003年，第58页。

种思想像野火一样，延烧着许多少年人的心和血。”①《天演论》对胡适的影响无疑是很大的，甚至连他的名字都出自赫胥黎的这本书。虽然他后来很少直接论述《天演论》，但他的很多论著中，却都反映了赫胥黎《天演论》中的进化论思想。

赫胥黎的思想对胡适的影响主要在两个方面，一是“存疑主义”方法，二是由这种方法得出的历史进化规律。胡适曾在多种论著中反复提到赫胥黎的“存疑主义”治学方法。他在1952年的一篇题为“治学方法”的演讲中，引用了赫胥黎的一段话，里面有一句是“假如我在实验室做解剖、做生理学试验的时候，遇到一个小小的困难，我必须要严格地不信任一切没有充分证据的东西，我的工作才可以成功”。②胡适还在《五十年来之世界哲学》（1922年）、《我们对于西洋近代文明的态度》（1926年）等多篇文章中都引用过这段话，他在1917年为他的博士论文《先秦名学史》所写的“前言”中，也表达过类似的意思，他说：“我始终坚持这一原则：如无充分的理由，就不承认某一著作，也不引用某一已被认可的著作中的段落。”③所谓“严格地不信任一切没有充分证据的东西”，就是赫胥黎所说的“存疑主义”。胡适引赫胥黎的话说：“只有那证据充分的知识，方才可以信仰，凡没有充分证据的，只可存疑，不当信仰。”④他解释说：“无论是

① 胡适：《四十自述》，见《胡适全集》（第18卷），合肥：安徽教育出版社，2003年，第58页。

② 胡适：《治学方法》，见《胡适全集》（第20卷），合肥：安徽教育出版社，2003年，第665页。

③ 胡适：《先秦名学史》，见《胡适全集》（第5卷），合肥：安徽教育出版社，2003年，第3页。

④ 胡适：《五十年来之世界哲学》，见《胡适全集》（第2卷），合肥：安徽教育出版社，2003年，第358页。

在科学上的小困难，或者是人生上的大问题，都得要严格地不信任一切没有充分证据的东西：这就是科学的态度，也就是做学问的基本态度。”[①]赫胥黎的“存疑主义”也是胡适学术思想上“宁可疑而过，不可信而过”[②]、“宁疑古而失之，不可信古而失之”[③]的“疑古”态度的主要来源。当然，“疑古”是为了“考信”，是为了求得充分可信的证据。在“严格地不信任一切没有充分证据的东西”的基础上，赫胥黎重视从已知的可信证据推导出未知的原因或原理的方法，胡适曾在写于1955—1956年的《丁文江的传记》和《四十年来中国文艺复兴运动留下的抗暴消毒力量》这两篇文章中介绍过赫胥黎的“沙狄的方法”，唐德刚在《胡适口述自传》中译为“萨迪法则”。[④]沙狄是伏尔泰小说里的古代巴比伦学者，“他在树林里散步，看见沙上有动物走过留下的痕迹，就断定那是一只生产了不久的母狗，耳朵是长的，一只脚是微跛的。他又看见了树林里地上的马蹄印痕和两旁树枝树叶的情形，他就断定那跑过的马是一匹头等善驰的马，身高五尺，尾长三尺半，马蹄细小，蹄上戴有银套。”所谓“沙狄的方法”，就是这种从已知的事实来推知未知事实或原因的方

① 胡适：《治学方法》，见《胡适的声音》，桂林：广西师范大学出版社，2005年，第117页。另见《胡适全集》（第20卷），合肥：安徽教育出版社，2003年，第665页。

② 胡适：《日记1921年》，见《胡适全集》（第29卷），合肥：安徽教育出版社，2003年，第393页。

③ 胡适：《致顾颉刚》（书信，1921年），见《胡适全集》（第23卷），合肥：安徽教育出版社，2003年，第297页。

④ 参见胡适：《胡适口述自传》，唐德刚译注，桂林：广西师范大学出版社，2005年，第98、102—103页。

法，胡适称之为“循果以推因”的方法。[①]当这种方法被运用到历史规律的研究中时，也被称为“历史的方法”。赫胥黎正是运用这种方法，从历史的证据中归纳出他的“物竞天择”原理的。

我们知道，笛卡尔的哲学也主张怀疑，他甚至主张对一切稍有可疑之处的事情统统加以怀疑，他说：“凡是我没有明确地认识到的东西，我决不把它当成真的接受……除了清楚分明地呈现在我心里、使我根本无法怀疑的东西以外，不要多放一点别的东西到我的判断里。”[②]因此笛卡尔的哲学也被称为“怀疑论”哲学。他这句话，看上去跟赫胥黎的观点也有相似之处，其实不然。赫胥黎的“存疑主义”是为了使知识建立在充分可信的事实证据之上，而笛卡尔的怀疑，则是为了找出一个无法怀疑的、不证自明的原因，找出那种所谓“天赋的灵明”。比如他说，我什么都不相信，什么都怀疑，但唯一不能怀疑的，就是“我在怀疑”这件事，因此，“我在怀疑”就是不证自明的，就是“自然之光”。由此推论，既然我在怀疑，就不能怀疑有一个怀疑者存在；既然我在思想，就不能怀疑有一个思想者存在，那么，“我思”就是“我在”的第一个原因。[③]笛卡尔把这种并非出自感官

① 参见胡适：《四十年来中国文艺复兴运动留下的抗暴消毒力量》，见耿云志主编：《胡适论争集》（下卷），北京：中国社会科学出版社，1998年，第2830—2831页。另见《丁文江的传记》，见《胡适全集》（第19卷），合肥：安徽教育出版社，2003年，第457—458页。

② 笛卡尔：《谈谈方法》，王太庆译，北京：商务印书馆，2000年，第16页。

③ 参见笛卡尔：《第一哲学沉思集》，庞景仁译，北京：商务印书馆，1986年，第23页；《谈谈方法》，王太庆译，北京：商务印书馆，2000年，第27页。

的清楚明白的认识称为“理性”，“理性”认知当然首先来自普遍的怀疑；但笛卡尔的“理性”概念并不是指人自身的理性能力，而是一种“天启”理性。他又说：“我既然在怀疑，我就不是十分完满的，因为我清清楚楚地见到，认识与怀疑相比是一种更大的完满。”“我”能够认识到自己是不完满的，但却可以想到比自己更完满的东西，那么这个更完满的观念显然就不可能来自我自己，因为“说比较完满的产生于比较不完满的……其不通实在不下于说无中生有”，那就只能说，“把这个观念放到我心里来的是一个实际上比我更完满的东西，它本身具有我所能想到的一切完满”，干脆说，它就是上帝。[①]笛卡尔就是这样来论证“上帝存在”的，而“上帝存在”就是万事万物的“最后之因”（即“第一原因”）。[②]不过笛卡尔的“上帝”概念已不同于天主教的上帝，而仅仅是一个表象着全知、全能、全善、绝对完满的天赋观念。[③]然而，笛卡尔的这种推论，是纯粹的逻辑演绎，是拿不出什么经验证据的。这种拿不出事实证据的推论，在赫胥黎看来就是不可信的。英国经验主义和大陆唯理主义虽然都反对中世纪陈腐的经院哲学，但二者方法不同，因此各自建构的哲学体系也不同。赫胥黎强调“拿证据来”，正是英国经验主义哲学的一个根本主张，也是它与大陆唯理主义形而上学

① 笛卡尔：《谈谈方法》，王太庆译，北京：商务印书馆，2000年，第28、29页。另参见《第一哲学沉思集》，庞景仁译，北京：商务印书馆，1986年，第37—47页。

② 参见笛卡尔：《第一哲学沉思集》，庞景仁译，北京：商务印书馆，1986年，第51页。

③ 参见王太庆：《笛卡尔生平及其哲学》，见笛卡尔：《谈谈方法》（代序），北京：商务印书馆，2000年，第XV页。

的区别之处。无论是达尔文的生物进化论，还是赫胥黎的“天演论”，都是建立在充分的经验证据基础上的，都是通过大量事实证据归纳出来的进化论一般原理。赫胥黎的“天演论”是一种通过充分严格的事实证据归纳出来的人类历史进化原理，而他得出这个原理的方法，就是“循果以推因”的“沙狄的方法”，就是“严格地不信任一切没有充分证据的东西”的“存疑主义”方法。

这里，我们已经可以看出赫胥黎的“存疑主义”方法与经验主义的归纳方法之间的关系了，归纳法正是建立在充分的经验证据基础上的，没有充分可信的事实证据，就谈不上归纳。我们已经讨论过，中国传统的考证学方法也是通过大量的例证进行归纳的方法，并且能够在归纳的同时运用假设的通则来进行演绎，考证学中的“例证”，与赫胥黎所说的“充分证据”其实是同一回事。因此，赫胥黎的“存疑主义”方法，本质上跟我们清代考证学方法是一致的。胡适在《丁文江的传记》一文里曾明确说过，所谓“沙狄的方法”，“翻成中国话，这就是‘考据’的方法”。[①]不同的仅仅在于，赫胥黎不但把这种方法运用到历史进化规律的研究当中，而且把它运用到生物学、医学等自然科学的研究中，而我们清代汉学家则仅仅把它应用在经学、小学等古典学术考证方面。胡适在《实验主义》一文中曾指出：“进化观念在哲学上应用的结果，便发生了一种‘历史

---

① 胡适：《丁文江的传记》，见《胡适全集》（第19卷），合肥：安徽教育出版社，2003年，第458页。

的态度'（the genetic method）。怎么叫'历史的态度'呢？这就是要研究事物如何发生，怎样来的，怎样变到现在的样子：这就是'历史的态度'。"[①]要研究历史上的事物如何发生、如何发展，都需要依据充分严格的事实证据，这种"历史的态度"强调论从史出，而非以论代史，赫胥黎主张的，正是这种"有证据的探讨"。

赫胥黎《天演论》中的核心思想，当然是"物竞"与"天择"。"物竞者，物争自存也，以一物以与物物争，或存或亡，而其效则归于天择。天择者，物争焉而独存，则其存也，必有其所以存，必其所得于天之分，自致一己之能，与其所遭值之时与地，及凡周身以外之物力，有其相谋相剂者焉。夫而后独免于亡，而足以自立也。而自其效观之，若是物特为天之所厚而择焉以存也者，夫是之谓天择。"赫胥黎进一步解释说："自递嬗之变迁，而得当境之适遇，其来无始，其去无终，曼衍连延，层见迭代，此之谓世变，此之谓运会。运者以明其迁流，会者以指所遭值……运常然也，会乃大异。"[②]意思是说，物种生存竞争中的胜败存亡，效果在于自然选择，物种随自然的变迁而优胜劣汰，自然规律是恒常的，但自然选择的结果却不同，顺应自然规律的事物才能生存下来，不能顺应自然规律的，则最终要

① 胡适：《实验主义》，见《胡适全集》（第1卷），合肥：安徽教育出版社，2003年，第282页。

② 赫胥黎：《天演论》，严复译，北京：商务印书馆，1981年，第2—3、5页。

被淘汰。“道在尽物之性，而知所以转害而为利。”[①]不仅物种的天演规律如此，人类历史的“治化怨败”也是如此，能“尽物之性”的学说、信仰、风俗、制度会被保留下来，反之则要被淘汰。由此他反对人类之间和国家之间的战争，战争不仅不能“尽人之性”，也不是“天择”(自然选择)，而是“人择”。他说：“人择之术，可行诸草木禽兽之中，断不可用诸人群之内。姑无论智之不足恃也，就令足恃，亦将使恻隐仁爱之风衰，而其群以涣。”[②]也就是说，在人类与其他物种的生存竞争中，人类可以对草木禽兽等施以影响、加以选择，但却不能把物种之间生存竞争的手段加诸自己的同类。可见赫胥黎的进化论思想跟“社会达尔文主义”的“弱肉强食”思想是不同的。

赫胥黎的天演进化学说奠定了胡适哲学思想的底色。胡适批评唐以前大乘佛教的“苦行”“焚身供养”和禁欲主义，批评宋代以来的缠足等摧残妇女身心的旧俗，正是因为它们不仅不能“尽人之性”，反而扼杀人的天性。他对程朱理学的评价，之所以会出现巨大反差，也是出于他的进化论观念。在他各种论述“中国的文艺复兴”的论著中，都把宋代理学的出现看成是进入“中国文艺复兴时期”的重要标志，他说：“程颐提倡格物致知，张载提倡善疑，皆前古所不敢道。这种精神，至朱熹而大成。”[③]他甚至说：“朱熹，这位宋儒中最伟大的人，则是批

① 赫胥黎:《天演论》，严复译，北京：商务印书馆，1981年，第93页。

② 同上书，第35页。

③ 胡适:《日记1923》，见《胡适全集》(第30卷)，合肥：安徽教育出版社，2003年，第5页。

判精神最为显著的化身。”[①]但他又批评说:“不幸而后来朱学一尊,向之从疑古以求得光明的学者,后来皆被推崇到一个无人敢疑的高位……朱熹本可以作中国的培根、笛卡尔,而不幸竟成了中国的圣汤姆(St. Thomas Aquinas [圣托马斯·阿奎那])!”[②]“这些大思想家通过怀疑和批判探寻到光明,不幸的是,他们很快就被官方认可、被民众崇拜,他们自己的学说被逐步接受,但却没有遇到任何的怀疑!权威再一次取代了自由独立的思想,批判的时代在墨守宋代伦常的奴性中走向尾声。”[③]可见,他这里肯定的是程朱理学的怀疑精神和批判精神,程朱理学的出现,正是来自对中古佛教的怀疑与挑战;但后来程朱理学又被定为一尊,成了新的信仰,成了禁锢人们思想的枷锁时,就该受到批判了。再如,他说“一部中国文学史也就是一部活文学逐渐代替死文学的历史”,一种文学语言形式,在它诞生之初,是最接近当时人们的口头语言的,但人们的口头语言在不断地发展变化,历史变迁之后,文学却还在模仿那种千百年前的古代书面语,这些模仿的文学就是“死文学”,就不能“尽文学之性”了,它必将为更加贴近人们自己时代生活语言的文学形式所替代。赫胥黎的进化论哲学,不仅

① 胡适:The Chinese Renaissance,见《胡适全集》(第35卷),合肥:安徽教育出版社,2003年,第636页。

② 胡适:《日记1923》,见《胡适全集》(第30卷),合肥:安徽教育出版社,2003年,第5页。

③ 胡适:The Chinese Renaissance,见《胡适全集》(第35卷),合肥:安徽教育出版社,2003年,第637页。

奠定了胡适"文学革命"思想的理论基础，也奠定了他有关中国思想文化现代化理论的基础。

四、胡适论杜威哲学的革命性

胡适在1930年的《介绍我自己的思想》中说："我的思想受两个人的影响最大：一个是赫胥黎，一个是杜威先生。赫胥黎教我怎样怀疑，教我不信任一切没有充分证据的东西。杜威先生教我怎样思想，教我处处顾到当前的问题，教我把一切学说理想都看作待证的假设，教我处处顾到思想的结果。"[①]胡适最初接触杜威一派的实验主义哲学，是他在康奈尔大学时期参加的"批杜"讨论中。[②]他在1915年5月9日的日记里引述了一段"实效主义"的大旨："天下无有通常之真理，但有特别之真理耳。凡思想无他，皆所以解决某某问题而已……思想所以处境，随境地而易，不能预悬一通常泛论，而求在适用也。"[③]

① 胡适：《介绍我自己的思想——〈胡适文选〉自序》，见《胡适全集》（第4卷），合肥：安徽教育出版社，2003年，第658页。

② 仅1914—1915年期间，康奈尔大学哲学系克雷登教授（J. E. Creighton）主编的《哲学评论》（*The Philosophical review*）杂志就发表过20余篇批评杜威的文章，这段时间胡适在该刊发表过10篇哲学评论摘要，但他并未加入对杜威哲学的批评。参见 *The Philosophical review*，vol. XXIII（1914），vol. XXIV（1915），Edited by J. E. Creighton，New York and Lancaster Longmans，Green，& Co.；另参见胡适：《胡适口述自传》，唐德刚译著，桂林：广西师范大学出版社，2005年，第97—98页。

③ 胡适：《留学日记》（卷九），见《胡适全集》（第28卷），合肥：安徽教育出版社，2003年，第121页。

这时他尚未使用“实验主义”这一名词，直到1919年3月，他为杜威来华演讲做铺垫而在北洋政府教育部会场演讲《实验主义》时，才把皮尔士、詹姆士和杜威一派哲学统称为“实验主义”，“实验主义”一词译自杜威的“Experimentalism”。[①] 他在1915年这天的日记里表达了对“实效主义”的好感：“今世‘实效主义’（Pragmatism）之持论未尝无可取者。”我们从他这一时期的其他著述中还可见出他对形而上学的不满，1915年3月，他写了一篇《康德的国际伦理法则》，讨论康德的《永久和平论》，5月又写了一篇《康德〈纯粹理性批判〉中的先验分析论》。1915年3月28日，他在给韦莲司的信里说：“康德有关伦理的文章写得明白易懂。但他其他的文章——尤其是他的三《批判》（Critiques）——是非常难读的，一般人来做这项研究，实在没有什么好处。”[②]从《康德〈纯粹理性批判〉中的先验分析论》一文和胡适读书笔记[③]里的相关内容来看，他对康德《纯粹理性批判》的理解是比较透彻的，但康德哲学也是一种形而上学理论，康德把人的感性直观能力和知性能力作为自然形而上学的“第一原因”，把人的自由能力作为道德形而上学的“第一原因”，因此康德的哲学是一种二元论的形而上

① 参见胡适：《五十年来之世界哲学》，见《胡适全集》（第2卷），合肥：安徽教育出版社，2003年，第372页。另参见《实验主义》，见《胡适全集》（第1卷），合肥：安徽教育出版社，2003年，第278页。

② 周质平编译：《不思量自难忘——胡适给韦莲司的信》，合肥：安徽教育出版社，2001年，第54页。

③ 见胡适1916年的英文读书笔记手稿，中国社会科学院近代史所胡适档案，档案号E-62-9。

学体系。胡适对实验主义和形而上学的不同态度，在这一时期已表现得较为明显。他在《〈留学日记〉自序》和晚年的《口述自传》里说过，他1915年暑假就系统地读了杜威的著作；[①]他从康奈尔转学哥大，也许还有其他因素起作用，[②]但从他在美国留学时期的思想倾向本身来看，我们不能不承认他的这个思想的内在原因更为根本。

胡适1915年9月转学到哥大后，选修过杜威的“论理学之宗派”和“社会政治哲学”两门课，[③]1917年在杜威的指导下完成博士论文《先秦名学史》。杜威1919年5月来华做为期两年的讲学，大都是胡适担任翻译；胡适一生所做的介绍杜威思想的文章和演讲，比杜威另外两位著名的中国弟子蒋梦麟和陶行知要多得多。在1919年的《实验主义》一文中，胡适把杜威哲学的根本观念概括为三点：“（1）经验就是生活，生活就是对付人类周围的环境。（2）在这种应付环境的行为之中，思想的作用最为重要；一切有意识的行为都含有思想的作用；思想乃是应付

---

① 参见胡适：《〈留学日记〉自序》，见《胡适全集》（第27卷），合肥：安徽教育出版社，2003年，第104页。另见《胡适口述自传》，唐德刚译注，桂林：广西师范大学出版社，2005年，第98页。

② 江勇振在《舍我其谁：胡适（第一部“璞玉成璧”，1891—1917）》中说，胡适离开康奈尔大学，其中一个重要原因是他1915年未能申请到下学年度的塞姬奖学金。但江先生却认为，胡适在1915年暑假“根本就没有好好读过杜威的著作”。“塞姬奖学金”是康奈尔大学哲学系的奖学金，用于资助哲学系研究生。康奈尔大学哲学系又叫“Russell Sage School of Philosophy”，唐德刚在《胡适口述自传》中将“Sage”译为“塞基”，其基金是由罗素·塞基家族捐资设立的。见江勇振：《舍我其谁：胡适（第一部“璞玉成璧”，1891—1917）》，北京：新星出版社，2011年，第266—273、297页。另见胡适：《胡适口述自传》，唐德刚译著，桂林：广西师范大学出版社，2005年，第61页。

③ 参见胡适：《胡适口述自传》，唐德刚译著，桂林：广西师范大学出版社，2005年，第98页。

环境的工具。(3)真正的哲学必须抛弃从前种种玩意儿的‘哲学家的问题’，必须变成解决‘人的问题’的方法。”[①]杜威认为，近代哲学对于“经验”的见解都是错的，“一切理性派和经验派的争论，唯心唯实的争论，都只是由于不曾懂得什么叫作经验。”杜威认为旧派哲学对于“经验”的见解有五种错误：一、旧派人说经验完全是知识；二、旧说以为经验是心境的，里面全是“主观性”；三、旧说于现状之外只是承认一个过去，以为经验的元素只是记着经过了的事；四、旧式的经验是专向个体的分子的；五、旧派的人把经验和思想看作绝相反的东西。[②]

要想理解杜威这些观点的含义，我们还需要回顾一下欧洲近代哲学的经验论与唯理论这两大传统和康德的先验论哲学。诚如杜威所说：“过去讨论过而现在继续加以讨论的这些问题，只有在它们自己的背景中才成为真正的问题。”[③]我们以洛克、休谟、莱布尼茨和康德为例。洛克和休谟是英国经验主义哲学的杰出代表，莱布尼茨是大陆唯理主义哲学的重要代表，而康德当然是先验论哲学的集大成者。他们的哲学，目的都是为了探

① 胡适：《实验主义》，见《胡适全集》(第1卷)，合肥：安徽教育出版社，2003年，第304页。这段话是胡适的概括，刘放桐先生认为：“胡适的这个概括大体上抓住了杜威经验概念的基本含义。”见刘放桐：《杜威的经验概念重释》，载《江海学刊》2013年第1期。

② 胡适：《实验主义》，见《胡适全集》(第1卷)，合肥：安徽教育出版社，2003年，第301—302页。杜威原文出自《哲学复兴的需要》(*The need for a recovery of philosophy*, 1917)，见《杜威全集·中期著作》(第10卷)，王成兵、林建武译，上海：华东师范大学出版社，2012年，第5—6页。

③ 杜威：《哲学复兴的需要》，见《杜威全集·中期著作》(第10卷)，王成兵、林建武译，上海：华东师范大学出版社，2012年，第4页。

求人类知识和道德（政治）的总原理。欧洲哲学的“知识”概念要从苏格拉底说起，唐德刚先生在《胡适口述自传》译注里概括说，苏格拉底认为世事之所以有善有不善，是因为“有知”与“无知”，“他认为‘知’是‘行’的先决条件。‘知’里有善而无恶；有恶之‘知’，就不是真‘知’。‘无知’则‘行’必失其准则。”[①]唐德刚先生这个概括精炼而且准确。虽然“知识”概念后来几经变化，但在17世纪培根和笛卡尔以来的欧洲近代哲学中，哲学家们无不是从探求知识和道德的总原理，来寻找人类认识世界的规律和道德实践的法则的。也许可以形象地说，开启欧洲近代哲学之门的钥匙，正是培根那句“知识就是力量”。针对笛卡尔的“天赋观念”说，洛克认为，人心中并没有所谓天赋的原则，人类的知识都来自“感觉的经验”和“反省的经验”。“感觉的经验”是指“我们的感官，在熟悉了特殊的可感的物象以后，能按照那些物象刺激感官的各种方式，把各种事物的清晰知觉传达于人心”；“反省的经验”则是指“我们在运用理解以考察它所获得的那些观念时，我们还知觉到自己有各种心理活动。我们的心灵在反省这些心理作用，考究这些心理作用时，它们便供给理解以另一套观念”。[②]前者叫作“外部经验”，后者叫作“内部经验”。休谟也认为，“思想中的一切材料都是由外

① 参见唐德刚:《胡适口述自传》译注，见《胡适口述自传》，桂林：广西师范大学出版社，2005年，第113页。

② 洛克:《人类理解论》(上册)，关文运译，北京：商务印书馆，1959年，第69页；2012年第7次印刷，第74页。

部的或内部的感觉来的”，[①]他把这两种知觉称为“印象”和“观念”，“印象”是指“我们的较活跃的一切知觉，就是指我们有所听，有所见，有所触，有所爱，有所憎，有所欲，有所意时的知觉”，而“观念”则是指“在反省上述的那些感觉和运动时我们所意识到的一些较不活跃的知觉”。[②]可见休谟所说的“印象”和“观念”跟洛克所说的“感觉的经验”和“反省的经验”是基本相同的。我们不必展开讨论他们的哲学体系，仅从他们对“经验”概念的定义上，就可以知道，他们是从形成人类知识的原因上去寻找总的知识原理之根据的，在他们看来，“感觉的经验”和“反省的经验”就是人类知识得以形成的根本原因。培根在《新工具》的开篇也说过，“凡不知原因时即不能产生结果”，“凡在思辨中为原因者在动作中则为法则”。[③]大陆唯理论更是从原因上来寻求知识原理的根据的，他们主张从万事万物的“第一原因”上去寻求知识的确定性根据。莱布尼茨说：“人们称为自然的光的东西，是假定着一种清楚的认识，并常常是认为对事物本性的考虑，它不是别的，无非是对我们心灵的本性和对这些无须向外寻求的天赋观念的认识。”[④]这种“天赋观念”是一个不证自明的原因，正如笛卡尔论证“上帝存在”那样，从这个原因一直往前推，就能推到一个不可再推的“第一原因”上去，

---

① 休谟：《人类理解研究》，关文运译，北京：商务印书馆，1957年，第21页。

② 同上书，第20页。

③ 培根：《新工具》，许宝骙译，北京：商务印书馆，1984年，第8页。

④ 莱布尼茨：《人类理智新论》（上册），陈修斋译，北京：商务印书馆，1982年，第42页。

再从这个“第一原因”出发，来演绎万事万物的原理。莱布尼茨的《人类理智新论》就是针对洛克的《人类理解论》而写的，他逐段批驳了洛克的观点，尤其批驳了经验主义的归纳法，[①]而强调那种来自“天赋观念”的推论和从“第一原因”出发的演绎法。但莱布尼茨的观点后来又受到休谟等人的激烈批评。

康德曾把欧洲哲学中有关形而上学的论争形容为一个战场：“在这个战场上还从来没有一个武士能够夺得哪怕一寸土地，基于自己的胜利而建立起一种稳定的占领。”[②]康德说在过去的哲学中，都是把直观看作是必须遵照对象的性状的。比如洛克认为，在感觉的经验之前，人的心灵就像一块白板，感觉的经验是由对象“印”在人的心灵这块白板上的。这是他有名的“白板论”。[③]但是客体对象是怎样把感觉的经验“印”在我们的心灵这块白板上的呢？康德认为这根本就“看不出人们怎样才能先天地对对象有所知晓”。[④]再如休谟说：假如有一个

① 莱布尼茨说：“印证一个一般真理的全部例子，不管数目怎样多，也不足以建立这个真理的普遍必然性，因为不能得出结论说，过去发生过的事情，将来也永远会同样发生。”见莱布尼茨：《人类理智新论》（上册），陈修斋译，北京：商务印书馆，1982 年，第 4 页。

② 康德：《纯粹理性批判》，《康德著作全集》（第 3 卷），李秋零译，北京：中国人民大学出版社，2004 年，第 10 页。

③ “白板论”又译“白纸论”。参见洛克：《人类理解论》（上册），关文运译，北京：商务印书馆，1959 年，第 68 页；2012 年第 7 次印刷，第 73 页。另见该书的中译本前言《洛克和他的“人类理解论”简介》，第 1—2 页。

④ 康德：《纯粹理性批判》，《康德著作全集》（第 3 卷），李秋零译，北京：中国人民大学出版社，2004 年，第 11 页。康德这句话的意思是说，如果像洛克那样认为“感觉的经验”是由客体对象“印”在我们的心灵这块白板上的，那么这种情形就是“直观必须遵照对象的性状”，人的直观能力就是被动的，而不是主动的，因此人不能“先天地对对象有所知晓”。在康德看来，人既是认知的主体，也是道德实践的主体。只有从人的纯粹能力出发，来直观并思维客体对象的表象，我们才能获得知识原理。康德的很多观点背后都有学术史的背景，若不了解其背后的学术史，就很难理解康德的观点是针对什么问题而言的。

具有极强的理性官能和反省官能的人突然跑到世界上来，那么他只能看到一长串的物象连续下去，各种物象前灭后生，但除此之外，他并不能进一步发现别的东西，他一开始并不能借任何推论达到因与果的观念，因为一切自然作用进行时所凭的那些特殊能力并不曾呈现于他的感官。因此休谟认为，推论的作用并不是来自理性，而是来自不断重复而产生的习惯。[1]休谟的这个观点，主要是针对唯理主义认为一切知识都依赖于理性推论的观点而言的。康德指出："休谟主要是从形而上学的一个单一的然而是很重要的概念，即因果连接概念（以及由之而来的力、作用等等派生概念）出发的。他向理性提出质问，因为理性自以为这个概念是从它内部产生的。他要理性回答他：理性有什么权利把事物想成是如果一个什么事物订立了，另外一个什么事物也必然随之而定立；因为因果概念的意思就是指这个说的。休谟无可辩驳地论证说：理性绝不可能先天地并且假借概念来思维这样一种含有必然性的结合。"[2]这种情形，就是康德所说的，无论是英国经验主义还是大陆唯理主义，都还没有能够"基于自己的胜利而建立起一种稳定的占领"。

康德说："哥白尼在假定整个星群都围绕观察者旋转，对天体运动的解释就无法顺利进行之后，试一试让观察者旋转而星体静止，是否可以更为成功。"显然，哥白尼把"地心说"转变为"日心说"之后，他成功了。康德也像哥白尼那样，把"直

① 参见休谟：《人类理解研究》，关文运译，北京：商务印书馆，1957 年，第 40—41 页。
② 康德：《未来形而上学导论》，庞景仁译，北京：商务印书馆，1978 年，第 6 页。

观必须遵照对象的性状”反转过来，让“对象（作为感官的客体）必须遵照我们的直观能力的性状”，这样，“就可以清楚地想象这种可能性”。[①]因此，康德从对理性的纯粹能力的批判入手，来建立他的自然形而上学和道德形而上学体系。[②]理性的纯粹能力包括感性直观能力、知性能力和自由能力。康德认为，人的感性直观能力和自由能力是人的先验能力。所谓先验能力，是指逻辑上先于经验而又必须运用于经验的能力，这些先验能力也都是人的先天能力。[③]人通过自身先天的感性直观能力从客体对象那里获取表象，又通过知性能力（十二种范畴能力）来整理这些感性杂多的表象，从而将这些经过知性范畴整理的表象原理化。而人类的道德法则则是奠基于人的先验自由能力，

① 康德：《纯粹理性批判》，《康德著作全集》（第3卷），李秋零译，北京：中国人民大学出版社，2004年，第11页。

② 所谓理性的纯粹能力，是指人无须与客体对象发生任何关系时，自身就具有的能力，是不包含任何经验质料内容的纯粹能力。比如我们的看的能力、听的能力和思维的能力，并不依赖于所看、所听、所思的对象才有，即使在没有接触任何客体对象的情况下，我们也仍然具有这些能力。人的这种既不依赖于经验对象而存在，也不包含任何经验内容的能力，正因其仅涉及理性自身，而不涉及对象的差别，所以是理性的纯粹能力。

③ 在康德那里，人的先验能力都是先天能力，都是我们生来就具有的能力；但并非所有先天概念都是先验概念，例如上帝和灵魂，它们是先天概念，但却不是先验概念。知性能力虽然也是人的纯粹能力，但却不是人的先验能力。康德的纯粹知性概念即范畴概念，包括三种量的范畴、三种质的范畴、三种关系的范畴和三种模态的范畴。康德认为，直观的性状是占空间，人可以通过视觉、听觉、触觉等先验的感性直观能力直接从对象事物那里获取表象，但思维的性状是占时间，思维总是有先有后，必须经过一个时间的过程，因此人类的思维能力绝不是先验的。如果说人有先验的知性能力，则无异于是说，人可以不用经过一个思维的过程，就能知道必须经过一个思维过程才能知道的东西。显然人并不具有这种先验的知性能力，只有全知全能的上帝才会具有这种能力。纯粹知性概念和“范畴表”见康德：《纯粹理性批判》，《康德著作全集》（第3卷），李秋零译，北京：中国人民大学出版社，2004年，第87—88页。

正因为人有先验自由能力，既可以行善也可以作恶，所以才必须建立道德实践的法则。康德把人类知识和道德的原因归结于两种不同的先验能力，那么这两种先验能力，就是知识和道德赖以形成的“第一原因”。康德通过把“直观必须遵照对象的性状”反转过来，让“对象必须遵照我们的直观能力的性状”的“书斋里的哥白尼革命”，不仅解决了休谟所批评的大陆唯理主义那种因果关系的推论从何而来的问题，也解决了英国经验主义未能很好解决的“知识何以由经验开始”的问题。他说：“尽管我们的一切知识都以经验开始，它们却并不因此就都产生自经验。”[①]意思是说，人类的一切知识虽然都是由经验开始的，但经验却是由我们的感性直观能力和知性能力作用于客体对象时才得以形成的，而感性直观能力和知性能力是理性的纯粹能力，它本身并不包含任何经验质料，所以从根本上说，我们的一切知识都产生自我们的感性直观能力和知性能力自身及其对客体对象的作用。当然，康德这里的理性概念与笛卡尔的理性概念是不同的，康德的理性概念是人的能力概念，理性能力是人自身的纯粹能力；而笛卡尔的理性概念却是一种并非出自人的感官的逻辑认知，它最终要推论到一个外在于人的“第一原因”上去。

这里需要注意的是，虽然康德的先验论哲学超越了英国经验主义和大陆唯理主义彼此对立的思维模式，但他同样是从“原

① 康德：《纯粹理性批判》，《康德著作全集》（第3卷），李秋零译，北京：中国人民大学出版社，2004年，第26页。

因”上去探求知识原理和道德法则的。因此，在探究知识和道德得以形成的“原因”上，英国经验主义、大陆唯理主义和康德的先验论哲学是一致的，他们探究的结果，就形成了欧洲近代哲学的知识论（自然哲学）和伦理学（道德哲学）。[①]

但杜威与康德不同，他的“书斋里的哥白尼革命”比康德更为彻底，他不再是着眼于考察形成人类知识和道德的原因，而是着眼于思想的结果，把哲学的关注点从“原因”转移到“结果”上来。胡适在《五十年来之世界哲学》中转引杜威引自詹姆士的话说：“詹姆士总论实验主义的方法是‘要把注意之点从最先的物事转移到最后的物事；从通则转移到事实，从范畴转移到效果’。”[②]这不仅是詹姆士的观点，也是杜威的观点。杜威认为：“一般的观念，要‘兑现’为经验中的特殊对象和性质；‘原则’最终要服从于事实，而不是相反；经验后果而不是先天的基

① 胡适在美国留学时，就写过 A Study of Locke's 'Two Treatises on Government'(《洛克的〈政府论两篇〉研究》)、Kant's Principles of International Ethics (《康德之国际道德学说》)、The Argument of the Transcendental, Analytic in Kant's Critique of Pure Reason (《康德〈纯粹理性批判〉中的先验分析论》) 等哲学论文，此外他还做了大量读书笔记，在 1915 年和 1916 年的两本读书笔记里，记载了他阅读霍布斯的《利维坦》、洛克的《人类理解论》、莱布尼茨的《人类理智新论》、康德的《纯粹理性批判》、塞缪尔·亚历山大的《道德秩序和进步》等哲学著作的内容（见中国社会科学院近代史所胡适档案，档案号 E-62-9、E-62-2）；他 1920 年、1921 年也曾经在北京大学系统地讲授过培根、笛卡尔、霍布斯、洛克、贝克莱、休谟、卢梭、斯宾诺莎、莱布尼茨、康德等人的哲学（胡适：《日记 1920 年》《日记 1921 年》，见《胡适全集》第 29 卷，合肥：安徽教育出版社，2003 年，第 119、139、184、191、453、454、457、458、461、472、473、476、478 页）。他对上述西方近代哲学问题的发展也都是相当熟悉的。

② 参见胡适：《五十年来之世界哲学》，见《胡适全集》(第 2 卷)，合肥：安徽教育出版社，2003 年，第 373 页。杜威原文见《实用主义所说的“实践的”是什么意思》，《杜威全集·中期著作》(第 4 卷)，陈亚军、姬志闯译，上海：华东师范大学出版社，2012 年，第 76 页。

础，才是制约和保证的要素”；[1]“实在”和“真理”的意义都“必须在效果的基础上被确定”。[2]这种从“原因”到“结果”的转移，正是杜威哲学的革命性所在。与传统经验主义和形而上学的“原因论”相反，杜威的实验主义是一种“效果论”哲学，它颠覆了经验主义和形而上学的共同基础。[3]传统的经验主义和形而上学把哲学的关注点放在形成知识原理和道德法则的“原因”上，是为了寻求知识和道德得以形成的原始根据，同时也是寻求一种不变的终极真理和永恒实在，他们把“真理”看成是与“实在”相符合的东西。而实验主义哲学把关注点放在“效果”上，就不能承认这种不变的真理和实在了，因为真理和实在不再处于思想的源头上，而是处在思想的末端，真理必须能经得住实际效果的检验，实在也不再处于哲学的“第一原因”上，而是始终处于我们不断的改造之中，始终处于“未完成”状态。因此胡适说：“实验主义决不承认我们所谓‘真理’就是永远不变的天理；他只承认一切‘真理’都是应用的假设；假设的真不真，全

① 杜威：《实用主义所说的“实践的”是什么意思》，《杜威全集·中期著作》（第4卷），陈亚军、姬志闯译，上海：华东师范大学出版社，2012年，第77页。

② 杜威：《皮尔士的实用主义》，《杜威全集·中期著作》（第10卷），王成兵、林建武译，上海：华东师范大学出版社，2012年，第75页。

③ 其实这种从“原因”到“结果”（“效果”）的转移，自边沁和密尔的功利主义哲学就已经开始了，密尔的功利主义伦理学就是从“效果”上来提出其“最大多数人的最大幸福原理”的。参见密尔（旧译穆勒）《功利主义》一书中关于“动机”与“后果”的讨论。见约翰·穆勒：《功利主义》，徐大建译，上海：上海人民出版社，2008年，第18、27页。但密尔并未动摇传统经验主义方法论的基础。直到皮尔士、詹姆士和杜威的实验主义哲学，用“实验的方法”取代传统经验主义的归纳法，才改变了经验主义的方法论。胡适在《先秦名学史》《中国哲学史大纲》《戴东原的哲学》等著作中，曾多次提到密尔的“最大多数人的最大幸福原理”，也许正是因为密尔的功利主义哲学与杜威的实验主义血缘较近的缘故：他们都是着眼于“效果”的。

靠他能不能发生他所应该发生的效果。这就是'科学试验室的态度'。""实在是一个很服从的女孩子，她百依百顺地由我们替她涂抹起来，装扮起来。'实在好比一块大理石到了我们手里，由我们雕成什么像。'"[①]因此，这种把关注点放在"效果"上的实验主义哲学观点，跟传统形而上学的观点是完全不同的。实验主义哲学的真理论和实在论主要是由詹姆士表述的，杜威也曾经试图指出形而上学探究问题的一条新途径，这个途径不同于传统形而上学的那种探究万物起源的"第一原因"，而是要引导人们去探究事物的"终极特质"或"不可简约的特质"。[②]但胡适却并不强调这种真理论和实在论，也没有全盘接受杜威所说的这种形而上学探究问题的新途径，这也体现了他对杜威哲学的有选择性的吸收，他最为重视的是杜威的实验主义的方法论。

现在我们回到杜威的"经验"概念上来。把哲学的关注点放在"原因"上，"经验"就是人的感性直观能力和思维能力作用于客体对象而形成的观念，就是客体向我们提供的东西，就是知识的起点，是人对客体对象的主观认识，"经验"就是思维的质料。而把哲学的关注点放在"效果"上，那么一切"经验"都要取决于它的"效果"，这种效果是不可能通过直观和思维来达到的，它是在生活的各种互动关系中、在对未知领域或未来生活

① 胡适：《实验主义》，见《胡适全集》（第1卷），合肥：安徽教育出版社，2003年，第280、298页。

② 杜威：《形而上学探究的主题》，见《杜威全集》（中期著作，第八卷），上海：华东师范大学出版社，2012年，第3—11页。

的试验中形成的，所以“经验”也就不再仅仅是思维的对象，不再仅仅是知识的来源，而成了“我对付物，物对付我的法子”，成了“一个活人对于自然的环境和社会的环境所起的一切交涉”，成了“现在的里面怀着将来的活动”。[①]换句话说，在“原因论”哲学中，作为思维的质料的“经验”是一种既成观念或已经发生了的事，首先它本身就是一种知识，其次在形成知识原理的过程中，作为“原因”的经验概念不会因知识原理的结果而增加或减少;而在杜威的“效果论”哲学中,“经验”则是用来证明“效果”的证据，为了证明一个“假设”的真与不真（效果），我们不仅可以从历史材料中去寻找既成的经验证据，还可以通过“实验”来制造新的经验证据，“经验”必须为待证的“假设”或“效果”服务，而“效果”本身又会随着时间、环境的变化而变化，因此作为证据的“经验”就不可能是一成不变的，它也始终随着时代环境和物我关系的变化而变化。

因此，胡适指出:“杜威在哲学史上是一个大革命家。为什么呢？因为他把欧洲近世哲学从休谟（Hume）和康德（Kant）以来的哲学根本问题一齐抹煞，一齐认为没有讨论的价值。一切理性派和经验派的争论，一切唯心论和唯物论的争论，一切从康德以来的知识论，在杜威的眼里，都是不成问题的争论，都可

① 胡适:《实验主义》，见《胡适全集》（第1卷），合肥：安徽教育出版社，2003年，第301、303页。刘放桐先生将杜威的“经验”概念概括为“有机体和环境的互动，做和受的统一”，这个概括跟胡适这里所说的意思是一样的。见刘放桐:《杜威的经验概念重释》，载《江海学刊》2013年第1期。

以'不了了之'。"[①]因为杜威把哲学的关注点从思维的起点转移到思维的末端，从"原因"转移到"结果"，恰恰抽掉了传统经验论和唯理论各自赖以立足的基础，使经验论、唯理论及先验论哲学那种知识来自"感觉的经验"与"反省的经验"还是知识来自于"第一原因"的推论的争论都失去了意义。正是在这个意义上，胡适才认为，在杜威的实验主义哲学面前，一切有关"理性派"和"经验派"的争论，以及从康德以来的知识论，都不再有讨论的价值。

五、胡适对实验主义方法的发展

休谟和康德等人的哲学，都认为经验是思维的质料，思维的推理作用或习惯的连接作用是独立于经验对象的，康德更是把直观能力和知性能力看成是理性的纯粹能力，看成是不包含任何经验质料的能力。而杜威则认为，经验里面本身就包含了无数推论，"没有一种有意识的经验没有推论的作用"，[②]因为

① 胡适:《实验主义》，见《胡适全集》(第1卷)，合肥：安徽教育出版社，2003年，第300—301页。刘放桐先生认为胡适的这个说法偏离了杜威的原意，他说："杜威与其说是取消这些问题，不如说是要求超越对这些问题的特定解决方式；与其说是反对经验论和唯理论，不如说是要求超越它们的二元论等片面性。"见刘放桐:《杜威的经验概念重释》，载《江海学刊》2013年第1期。刘先生虽然详细阐明了杜威"经验"概念的存在论、认识论、方法论、实践论和价值论意义，但他并没有解释杜威是如何"超越对这些问题的特定解决方式"及如何"超越它们的二元论等片面性"的，也没有为我们指明杜威的实验主义"效果论"哲学与传统的"原因论"哲学有何根本不同。

② 胡适:《实验主义》，见《胡适全集》(第1卷)，合肥：安徽教育出版社，2003年，第302页。

杜威的经验概念已经不再是直观和思维作用于客体对象而形成的知识，而是人们通过实验的方法不断地去探索“结果”的过程中获取的数据，这些数据都必须为假设的通则服务，因此其中必然包含着无数推论的作用。胡适说：“杜威说的思想是用已知的事物作根据，由此推测出别种事物或真理的作用。这种作用，在论理学书上叫做‘推论的作用’（inference）……这种思想有两大特性：（1）须先有一种疑惑困难的情境做起点。（2）须有寻思搜索的作用，要寻出新事物或新知识来解决这种疑惑困难。”[①] 由此，杜威把思想过程分为五步：（一）疑难的境地；（二）指定疑难之点究竟在什么地方；（三）假定种种解决疑难的方法；（四）把每种假定所涵的结果，一一想出来，看哪一个假定能够解决这个困难；（五）证实这种解决使人信用；或证明这种解决的谬误，使人不信用。[②]这就是胡适最为重视的杜威“思想过程五步说”，亦即实验主义的方法论，胡适在《口述自传》里把它称为“实证思维术”，并早在1921年补充完成的《清代学者的治学方法》第八节中就把它归纳成了一条公式，即“大胆的假设，小心地求证”。

胡适指出，在杜威的“思想过程五步说”中，“从第一步到第三步，是偏向归纳法的，是先考察眼前的特别事实和情形，然后发生一些假定的通则；但是从第三步到第五步，是偏向演

① 胡适：《实验主义》，见《胡适全集》（第1卷），合肥：安徽教育出版社，2003年，第306页。

② 同上书，第307页。

绎法的，是先有了通则，再把这些通则所含的意义一一演出来，有了某种前提，必然有某种结果：更用直接或间接的方法，证明某种前提是否真能发生某种效果。”[①]这种“假设”与“求证”的方法，就是“实验的方法”，“假设”要提出假定的解决问题的办法，提出假定的通则，而“求证”则要通过充分严格的事实证据，把先前假设的通则证明出来。胡适说这就是科学家在试验室里用的方法，科学家遇到科学研究上的疑难问题时，总是先假定一个通则，然后通过大量的科学实验所获得的数据，来证明或证伪它。“实验就是制造适当的‘因’，去追求想象中的‘果’。”[②]这种证明，需要充分可信的事实证据为基础。清代的汉学家在做古音考证时，用的就是这种方法，达尔文、赫胥黎在做科学研究时，用的也是这种方法。但对这种思想方法的表述，则要数杜威的理论最为系统，杜威不仅提出了一套思想的方法，更重要的是，杜威把整个哲学的关注点从“原因”转移到“效果”上，建立了一套完整的实验主义哲学体系。唯其把哲学的关注点放在“效果”上，才不满足于传统经验论把“经验”仅仅看成是过去已经发生过的事，仅仅看成是人类已有的知识，才会通过实验的方法来获取新的经验数据，向人类未知的领域拓展我们的知识，从而“制因以求果”，来证明我们对于未知领域或未来生活所提出的假设能否成为现实。实验主义的“效果论”哲学及其方法，不只

---

① 胡适:《实验主义》，见《胡适全集》(第1卷)，合肥：安徽教育出版社，2003年，第311页。

② 胡适:《胡适口述自传》，唐德刚译注，桂林：广西师范大学出版社，2005年，第187页。

适用于对已有知识的研究，它的“实验的方法”，更是我们获取未来知识的最为有效的方法。胡适说：“杜威对有系统思想的分析帮助了我对一般科学研究的基本步骤的了解……在那个时候，很少人（甚至根本没有人）会想到现代的科学法则和我国古代的考据学、考证学，在方法上有其相通之处。我是第一个说这句话的人；我之所以能说出这话来，实得之于杜威有关思想的理论。”①

胡适对于杜威实验主义哲学的“效果论”及其方法是充分认同的，他并没有误读杜威的思想，也没有必要抛开杜威的哲学再去另建一套哲学体系，况且这个工作也未必是他的擅长。他只要把握实验主义哲学“效果论”这个大旨和“实验的方法”，把它运用到一般的科学研究中去，那就足够了。但胡适对杜威的“实验的方法”又是有所发展、有所完善的，并且往往有创造性的运用。他并没有使用皮尔士和詹姆士的“实用主义”（Pragmatism）概念，也没有使用杜威的“工具主义”（Instrumentalism）概念，而是另用“实验主义”概念来做杜威一派哲学的总名，亦可见出他的创造性所在，他说：“‘实验主义’（Experimentalism）虽然也注重实际的效果，但他更能点出这种哲学所最注意的是实验的方法。实验的方法就是科学家在试验室里用的方法。”②他对杜威哲学方法论的发展表现在，他把中国传统的考证学方法、赫胥黎的“沙狄的方法”和杜威的“实验的方法”结合起来，如果说“制

① 胡适：《胡适口述自传》，唐德刚译注，桂林：广西师范大学出版社，2005年，第102页。

② 胡适：《实验主义》，见《胡适全集》（第1卷），合肥：安徽教育出版社，2003年，第278页。

因以求果”的“实验的方法”是杜威方法论的要旨，那么“循果以推因”的“沙狄的方法”则是赫胥黎方法的精髓，胡适把两者结合起来，不仅将其运用于古典学术考证等科学研究领域，也运用于对中国如何走向现代化的研究领域，一方面“循果以推因”，从中国的古典传统中寻找出人本主义、理性主义、自由精神等历史发展的内在动因，以及阻碍中国走向现代化的原因，一方面又“制因以求果”，通过“文学革命”“白话文运动”等实验，从思想文化上为中国的现代化奠定一个基础。正是他对这种“实验的方法”的发展、完善和创造性地运用，为中国现代学术研究和思想文化现代化进程开辟了道路。他说：“历史科学（historical sciences）和实验科学（experimental sciences）的不同之点，只是历史科学里的‘证据’无法复制。历史科学家只有去寻找证据，他们不能［用实验方法］来创制或重造证据。在实验科学里科学家们可以［用实验方法］来制因以求果。这种程序便叫作实验……二者的基本法则是相通的——那就是去做有证据的探讨。”[①]我们看到，在胡适这里，中国传统的考证学方法、赫胥黎的“存疑主义”治学方法，以及他从杜威那里学来的“实验的方法”，三者根本上是一致的。前文所引的《中国文化的再生概述》一文中，他所说的在倡导“文学革命”时运用的“历史的方法”和“实验的方法”，本质上就是同一种方法。

人们向来认为“大胆的假设，小心地求证”是胡适思想的根

① 胡适：《胡适口述自传》，唐德刚译注，桂林：广西师范大学出版社，2005年，第187页。

本方法，这固然没错，1952 年 12 月，胡适自己在台湾大学的演讲《治学方法》中也重申过这个说法，[①]但 1955 年以后，他对于“制因以求果”的“实验的方法”和“循果以推因”的“历史的方法”的系统表述，显然要比“大胆的假设，小心地求证”这十个字来得更加完备。“大胆的假设，小心地求证”是他对杜威的“思想过程五步说”的简明概括，虽然这个方法与赫胥黎的“沙狄的方法”并不违背，但其中并未包含赫胥黎的“沙狄的方法”；而他 1955 年以后的这个表述，则是把杜威的方法和赫胥黎的方法统一了起来，形成了内涵更为丰富的实验主义方法论。这种“循果以推因”和“制因以求果”的方法是胡适晚年对于自己一生治学方法的一个新的总结，他一生的学术研究，运用的都是这种方法，并非直到晚年才开始运用这种方法。但由于胡适晚年的这个表述，分散在《四十年来中国文艺复兴运动留下的抗暴消毒力量》《丁文江的传记》和《胡适口述自传》等论著中，其中最完整的表述是在《四十年来中国文艺复兴运动留下的抗暴消毒力量》中，而这篇文章胡适却只留下了一份残稿，仅被耿云志先生主编的《胡适论争集》(下卷)收录过一次，其他各种公开出版的文集中均无收录，因此该文的传播并不广泛，也很少引起学界的注意。随着我们对胡适哲学方法论研究的进一步深入，将来我们讨论胡适的哲学方法论和治学方法时，应把“循果以推因，制因以求果”这十个字放到“大胆的假设，小心地求证”同等甚至

① 胡适:《治学方法》，见《胡适全集》(第 20 卷)，合肥：安徽教育出版社，2003 年，第 654 页。

更加重要的位置上来。

方法不仅能够决定一门哲学的基础，也能决定一般学术研究的成绩。康德曾经指出：一切理性知识，要么是质料的，与某一对象有关；要么是形式的，它自身仅涉及知性的形式，涉及理性自身，一般地涉及思维的普遍规律，而不涉及对象的差别。[①]康德认为形式的哲学就是逻辑学。当然，逻辑学也是方法学，即运用逻辑方法来处理具体的经验质料。但方法却并不局限于逻辑，比如在实验的方法中，由实验所取得的经验数据来归纳出一般的原理或通则，这是归纳逻辑，但实验的过程却不属于逻辑；再如，现代政治哲学中所讲的程序正义，程序本身也是一种形式方法，但它却不完全是逻辑方法。胡适所说的“循果以推因”的“历史的方法”和“制因以求果”的“实验的方法”都是思维的形式，它本身并不含有特定的经验质料，因而它和归纳法、演绎法一样，都是一般性的方法，可以用来研究和处理各种不同的经验质料，无论是在自然科学的研究中，还是在社会科学的研究中，这种方法都是普遍适用的。人类思维的对象总是因地域、民族、文化及具体质料的不同而千差万别，但思维的形式却是最具普遍性的。如归纳、演绎之法，不仅是西方哲学的通用方法，即使在我们先秦诸子学说中，也是常见的方法，老子论证“有之以为利，无之以为用”

---

① 参见康德：《道德形而上学原理》，苗力田译，上海：上海人民出版社，2005 年，第 1 页；另参见《康德全集》（第 4 卷），李秋零译，北京：中国人民大学出版社，2005 年，第 394 页。

的方法[①]、孔子的“能近取譬”的方法，[②]都是朴素的归纳法。因此，胡适用“循果以推因，制因以求果”的实验主义方法来研究中国的文化历史，并不会因为这种方法来自赫胥黎和杜威，因而存在水土不服、适用范围不当的问题，相反，正是这种科学的、有系统的形式方法，使他的研究极大地推动了中国思想文化的现代化发展。

在杜威哲学的诸种论述中，胡适抓住“效果论”和“实验的方法”，不能不说是抓住了杜威哲学的精髓。人类历史上的伟大思想家和学术上卓有贡献者，无不强调方法的重要性和方法的自觉，胡适也不例外。胡适是哲学专业出身，他对方法的重视远胜于一般的批评者。需要注意的是，在通常的理解中，人们往往把实验主义的“效果论”仅仅当成是一种实用的效果，尤其是人们一直习惯于把杜威的哲学翻译成“实用主义”或“工具主义”，这常常导致一些人对这个概念仅作庸俗的功利化理解。其实，从根本上说，实验主义的“效果论”哲学彻底颠覆了传统的经验论、唯理论和先验论等“原因论”哲学，带来了西方现代哲学史上的一次重大革命，这才是它的意义之所在。实验主义的“效果论”自然也强调实用的效果，但在根本上，它是指把哲

---

① 见《老子》，第十一章：“三十辐共一毂，当其无，有车之用。埏埴以为器，当其无，有器之用。凿户牖以为室，当其无，有室之用。故有之以为利，无之以为用。”从前面所举的三个例子来归纳出后面的一条通则，这是朴素的归纳法。

② 见《论语·雍也》：“夫仁者，己欲立而立人，己欲达而达人。能近取譬，可谓仁之方也已。”“能近取譬”即用眼前的事例来打比方，打一个比方则是类推，打几个比方来说明一个道理，就是归纳的方法。

学基本问题，从探究人类知识和道德的“原因”上，转移到思想的“结果”上，把哲学的关注点从思想的源头转移到思想的末端，它所强调的，并不是由某种不变的原因出发而归纳或演绎出来的结果，而是强调通过“实验”来制造适当的“因”，从而去寻求期待中的“果”，不断地向未来和未知的领域去开拓求证，而不是反过来向思维的起点上，向知识所得以形成的原因上去回溯：它正是在这一点上，与传统的经验论、唯理论和先验论哲学发生根本区别的。胡适正是抓住了实验主义哲学的这个根本和它的“实验的方法”，连同赫胥黎的“存疑主义”治学方法及其进化论思想，以及中国传统的考证学方法，一起转化为他自己的哲学方法论，并把它们带进了对中国历史问题的研究和中国现代化问题的研究中，通过“历史的方法”和“实验的方法”，他不仅成功地倡导了“文学革命”和“白话文运动”，而且在“整理国故”等历史科学的研究中，也成功地为中国传统学术注入了现代的科学精神。今天，在我们面向未来的现代化进程中，胡适的实验主义方法论对于当代思想学术的发展，仍然具有重要的启发意义。

六、结　语

胡适一生对于思想学术的贡献，主要可以归结为两大方面，一是为历史研究所做的工作，如“整理国故”，包括白话文学史研究、古典小说考证研究、中国哲学史研究、佛教史研究、《〈水经注〉疑案考证》等，一是为“现代中国的文艺复兴”所做的工作，如倡导“文学革命”和“白话文运动”，倡导民主的生活观、科学的方法和科学的精神，倡导自由主义的政治思想等。前者是为了建立一种现代的科学的学术范式，进而引导一种现代的科学的知识生活，后者则是为了“在思想文艺上替中国政治建筑一个革新的基础”，[①]也就是他早年（1916年）在《留学日记》里所说的“造新因”，[②]“中国的文艺复兴”就是他要为中国现代的新的社会秩序和政治秩序所造的“因”。虽然他这两方面的贡献都留下了或多或少的缺憾，比如他的《中国哲学史大纲》和《白话文学史》都没有写完，只留下半部书，他的“中国的文艺复兴”工作也遭遇了“种桑长江边，三年望当采。枝条始欲茂，忽值山河改。柯叶自摧折，根株浮沧海”[③]的结局；但他为中国现代思想学术所开的风气，却仍在深刻地影响着后人，影响着中国思想文化的未来。

我们讨论胡适的哲学方法论背景，不仅是为了理解他的思想本身，也是为了理解他为中国的思想文化现代化所开辟的道

① 胡适：《我的歧路》，见《胡适全集》（第2卷），合肥：安徽教育出版社，2003年，第467、475页。另见 The Chinese Renaissance，《胡适全集》（第35卷），第658页；The Renaissance in China，《胡适全集》（第36卷），第164页；Cultural Rebirth in China Outlined，in *The Trans-Pacific*（东京），Vol. XIV，No. 20，May 14，1927，p.13。

② 胡适：《留学日记》（卷十二），见《胡适全集》（第28卷），合肥：安徽教育出版社，2003年，第298、306页。

③ 陶渊明《拟古》，第九首，胡适1949年去国前曾与傅斯年在南京吟诵此诗，并将其记在日记里。参见胡适：《日记1949年》，见《胡适全集》（第33卷），合肥：安徽教育出版社，2003年，第703页；另见胡颂平：《胡适之先生年谱长编初稿》（六），台北：联经出版事业公司，1984年，第2065—2066页。

路。胡适的思想曾经受到过很多误解和曲解，很多学者都指出过胡适思想中的各种矛盾，我们并不否认胡适在对待某些具体问题的态度上确实有过一些矛盾，但从他一生的思想轨迹来看，他的许多观点之间的表面上的冲突，并不是由于他自身的思想内在矛盾造成的，而是由于我们未能充分理解他的思想和方法造成的，他所讨论的大都是具体的问题，譬如儒学思想中的各种问题，譬如传统文化中的各种问题，我们却常常把儒学和传统文化看成是一个整体。胡适思想中一以贯之的是他的实验主义方法，而不是他对整体上的儒学或中国传统文化的态度。关于实验主义哲学的基本观念，他在 1919 年的《实验主义》、1922 年的《五十年来之世界哲学》及晚年的《口述自传》等著述中已表述得非常清楚，但或许是由于他没有将实验主义哲学放在西方近代哲学史框架中阐述的缘故，因而在后来的各种研究论著中，都被描述得过于简单浅薄。我们不应该忘记，胡适的专业是哲学，他在康奈尔大学和哥伦比亚大学读书时曾接受过非常系统的哲学教育，对洛克、康德、密尔、杜威等人的哲学都做过深入的研究，这些都构成了他哲学思想的背景。不可否认的是，在胡适身后，中西方的哲学和思想史方法论都取得了长足的发展，但我们不应以今天的标准来指责胡适"循果以推因，制因以求果"方法的陈旧与过时，我们应该试着去理解胡适对于他那个时代的哲学方法论的贡献，以及他以这种方法为中国思想学术的现代化带来的变化。

也许本文尚不足以在何种程度上"还原"胡适的哲学方法

论，他留美时期接受的哲学教育，也远不止本文提到的这些，本文仅仅是把他的思想中最重要的部分描述出来，但我希望通过本文，以及由此引发的讨论，能够帮助我们进一步接近他思想的原貌，因为这不仅对我们理解 20 世纪上半叶由胡适倡导的“中国的文艺复兴运动”具有重要意义，而且对于我们理解 21 世纪中国思想文化现代化的道路也具有重要的参考价值。

（原载《社会科学论坛》2016 年第 6 期）

论胡适与中国现代文学的起点问题

一、学界有关中国现代文学起点问题的探讨

把 1917 年胡适在《新青年》发表《文学改良刍议》看作“五四”新文学的发端，应该没有什么争议；曾经引起争议的是，“五四”新文学是否等于现代文学，或者说“五四”新文学运动能否被看作中国现代文学的起点？经过很多学者的讨论，这个问题庶几也有了定论。目前学界的主流看法是，现代文学的起点应前移到晚清或民初，因为这个时期无论从文学作品本身来看，还是从文学生产来看，都已初步具备了现代意识，即便是“五四”新文学所标榜的白话，也早在晚清就有了理论倡导，从晚清到“五四”有一个量变到质变的过程，“五四”新文学运动应当被视为中国文学现代化进程中的一个高潮，而不是它的起点。

在上述讨论中，有三种观点尤其值得我们重视。

第一种观点认为现代文学发端于 1890 年前后，主要以严家炎先生、范伯群先生为代表。严家炎先生认为：早在 1887 年，

黄遵宪就已在《日本国志》里提出了“言文合一”的问题，比胡适的《文学改良刍议》《建设的文学革命论》里的同类论述早了30年；同一时期，陈季同向欧洲读者积极介绍中国文学，又在国内倡导中国文学与“世界的文学”接轨，中国文学开始了与世界文学的双向交流；《黄衫客传奇》《海上花列传》《老残游记》《孽海花》等小说的出现，标志着“创作上出现了一些比较优秀的真正具有现代意义的作品”。[①]范伯群先生认为：（一）“中国文学从古典型转轨为现代型的起点标志是1892年开始连载、1894年正式出版的《海上花列传》”，因为韩邦庆这部小说“从题材内容、人物设置、语言运用、艺术技巧，乃至发行渠道等多方面都显示了浓郁的现代气息，从审美的角度去评判，也是上乘之作，得到鲁迅、胡适、刘半农、张爱玲等4位大师级文学家的高度赞赏”；（二）“五四”新文化运动中所标举的德先生和赛先生，在晚清侦探小说中也已经出现；（三）文学期刊的现代化历程是从梁启超的《新小说》开始的；（四）对白话文学的倡导和文学翻译方面，晚清的启蒙者也做过不少有益的工作。从这四条标准来看，中国现代文学的起点应该前移至1892年；如果把“五四”新文学看作现代文学的起点，就不仅忽视了晚清文学中已经出现的现代因素，也会遮蔽中国文学现代化的实际进程。[②]

第二种观点着眼于晚清文学中已经出现但“未完成”或“被

① 严家炎：《中国现代文学的“起点”问题》，载《文学评论》2014年第2期。另见严家炎：《中国现代文学起点在何时？》，载《社会科学辑刊》2010年第4期。

② 范伯群：《论中国现代文学史起点的“向前移”问题》，载《江苏大学学报》（社会科学版）2006年第5期。

压抑”的“现代性”，而把现代文学的起点提前到1900年前后，这种观点主要以李欧梵先生和王德威先生为代表。李欧梵先生把“现代性”界定为一种新的时间观念，“这种新的时间观念当然受到了西方的影响，其主轴放在现代，趋势是直线前进的”，[①]他认为中国的传统时间观念是周而复始、循环往复的，而西方的现代时间观念是直线向前、不可逆转的，它意味着一种历史进步观念的出现；1899年12月19日梁启超在《汗漫录》中首次采用西历，可视为中国“现代性”开始的标志，“这个时间观念改变，影响了整个中国现代史观念的改变。换言之，他们认为时间是向前进步的、有意义的，是从过去、经过现在而走向未来的时间的观念”。[②]王德威先生的“没有晚清，何来‘五四’”是一个颇具震撼力的论断，他把晚清文学界定为太平天国前后至宣统逊位的六十年，其高潮则是戊戌变法至辛亥革命；他并未对“现代性”概念做出定义，但他概括了“被压抑的现代性”的三个不同方向：（一）“它代表一个传统文学内生生不息的创造力”，这种创造力在面对“西学东渐”时曾表现出极具争议性的反应，“而且众说纷纭，难以定于一尊”，因此被“五四”以来唯西学是尚的现代观念认为是一种腐朽的传统；（二）它是指“‘五四’以来的文学及文学史写作的自我检查及压抑现象”，“在历史进程独一无二的指标下”，那些“文学经验中的

① 李欧梵：《晚清文化、文学与现代性》，见《未完成的现代性》，北京：北京大学出版社，2005年，第4页。

② 这里的“他们”是指“梁启超、严复和那些受了他们影响的知识分子”。李欧梵：《现代性与中国现代文学》，见《未完成的现代性》，北京：北京大学出版社，2005年，第32页。

杂质”都被视为“跟不上时代的糟粕”；（三）它也泛指“晚清、‘五四’及30年代以来，种种不入（主）流的文艺实验”，“苟若不感时忧国或呐喊彷徨，便被视为无足可观”。[①]这些观念表明了那个时期文学中的“现代性”被压抑的状况，通过挖掘这种“被压抑的现代性”，也可以把中国现代文学的起点上溯到晚清。

第三种观点把1912年中华民国成立视为中国现代文学的起点，主要以丁帆先生为代表。他认为无论是中国的政治史、社会史还是文学史，都只存在着“古代”和“现代”之分，辛亥革命之后建立的具有现代意义的民主共和国体与政体是将中国历史上“古代”与“现代”断然切开的标志，因此，以中华民国成立作为古代文学与现代文学的分水岭，就“既合乎中国历史（包括文学史）切分法的惯例，同时又照应了中国文学史‘现代性’演变的史实内涵。”[②]

我们应当感谢以上诸位先生的远见卓识，尽管他们的着眼点和研究路径各不相同，但他们的研究不仅揭开了近现代文学和文学史研究中隐而不彰的部分，把中国文学现代化进程中很多被遮蔽的因素重新发掘出来，在很大程度上还原了历史的真相，使许多长期受到冷落的作品被重新阅读，弥合了雅俗文学之间的巨大鸿沟，一些新的方法也被运用到这些作品的研究中，他们跳出以

---

① 王德威：《被压抑的现代性——晚清小说新论》，北京：北京大学出版社，2005年，第1、2、10—11页。

② 丁帆：《新旧文学的分水岭》，载《江苏社会科学》2011年第1期。

单一进化史观来区分传统与现代、落后与进步、腐朽与革新的模式，去发现晚清文学中的丰富内涵，从而充分地揭示了文学现代化与社会现代化进程的复杂关系，同时也为现代文学研究开拓了新领地。

然而我们也注意到，在这些讨论中，学者们对于“五四”新文学的见解，有些因素却被有意无意地忽视了。我无意于质疑上述学者的观点，无论在何种意义上，质疑一种有益的探讨都是极不明智的。但如果我们不否认胡适在“五四”新文学运动中的贡献，那么我希望从胡适的角度，来补充几点被忽视的意见。正如我们不能因为强调“五四”新文学而轻视晚清文学的价值一样，也不能因为标举晚清文学的意义就忽略“五四”新文学运动中更有价值的一面，尤其是在同样的问题上，我们更不能因为发现了新的材料就忽视原有的材料，把这些不同的材料放到平等地位上来讨论，也许对我们的研究不无裨益。

二、胡适与晚清白话文倡导者的异同

严家炎先生和范伯群先生主张把现代文学的起点向前移的重要论据之一，就是对白话文的倡导并非自胡适始。严家炎先生说：“‘五四’倡导白话文学所依据的‘言文合一’（书面语与口语相一致）说，早在黄遵宪（1848—1905）1887年定稿的《日本国志》中就已提出，它比胡适的《文学改良刍议》《建设的文学革命论》等同类论述，足足早了 30 年。”严先生引了《日本国志·学术志二》“外史氏曰”中的一大段议论来说明这个问题，里面最重要的一句话是“语言与文字离，则通文者少；语言与文字合，则通文者多”，严先生认为“黄遵宪找到了问题的根子”。[①]范伯群先生提到 1898 年裘廷梁和裘毓芬在《无锡白话报》上倡导白话文的观点，也远早于胡适。[②]长期以来，胡适在“五四”新文学运动中的主要贡献都被认为是对白话文的倡导，而从两位先生提供的证据看，胡适倡导白话文就并没有什么开创性，因此，把现代文学的起点前移到白话文的早期倡导者那里，也就成了顺理成章的事。

但问题在于，胡适是否仅仅提出了“言文合一”的白话书写？或者说胡适倡导白话文与黄遵宪、梁启超、裘廷梁等人倡导白话文究竟是一样的，还是有着根本区别？我们先来看黄遵宪和梁启超的观点。黄遵宪在《日本国志》里说：“周秦以下文体屡变，逮夫近世章疏移檄、告谕批判，明白晓畅，务期达意，其文体绝为古人所无，若小说家言，更有直用方言以笔之于书者，则语言文字几乎复合矣。余又乌知夫他日者不更变一文体为适用于今，通行于俗者乎！嗟乎，欲令天下之农工商贾妇女

① 严家炎：《中国现代文学的“起点”问题》，载《文学评论》2014 年第 2 期。

② 范伯群：《论中国现代文学史起点的“向前移”问题》，载《江苏大学学报》（社会科学版）2006 年第 5 期。

幼稚皆能通文字之用，其不得不于此求一简易之法哉。”[①]我们从黄遵宪的这些话里，确实可以看出“言文合一”的意思，应当肯定它的积极意义。但他的《日本国志·学术志二》中的“外史氏曰”整段话却并非针对文学而言的，而是泛论语言文字的关系，即便其中提到“若小说家言”，说的也不是文学，而是用来比喻“近世章疏移檄、告谕批判”的“明白晓畅”；其次，这段话只说了“语言与文字合”的好处，却并未提出要以白话取代文言。1902年，梁启超在《论小说与群治之关系》中也谈过“文言不如其俗语”；[②]1903年他在《小说丛话》中又说：“文学之进化有一大关键，即古语之文学，变为俗语之文学是也。”[③]严家炎先生认为，梁启超的这些观点，“其中就有黄遵宪最初对他的启发和影响”。[④]梁启超显然比黄遵宪更进一步，他这里讨论的是文学；不过，他谈的虽然是小说，目的却不在于改良文学本身，而是想要通过“新小说”来“改良群治”，他说：“欲改良群治，必自小说界革命始！欲新民，必自新小说始！”[⑤]换句话说，梁启超提倡“俗语之文学”只是作为“改良群治”的手段，其目的在于教育

---

① 黄遵宪：《日本国志·学术志二》，见《续修四库全书》（第745册），上海：上海古籍出版社，2002年，第338页。严家炎先生引述这段话时，省略了黄遵宪对日本语言文字的看法。见严家炎：《中国现代文学的“起点”问题》，载《文学评论》2014年第2期。

② 梁启超：《论小说与群治之关系》，见《饮冰室合集·文集》之十，北京：中华书局，1989年，第8页。

③ 梁启超：《小说丛话》，见《〈饮冰室合集〉集外文》（上册），夏晓虹辑，北京：北京大学出版社，2005年，第148页。

④ 严家炎：《中国现代文学的“起点”问题》，载《文学评论》2014年第2期。

⑤ 梁启超：《论小说与群治之关系》，见《饮冰室合集·文集》之十，北京：中华书局，1989年，第10页。

和启蒙民众，而不是以改良文学本身为目标。况且，梁启超不仅没有提出要废除文言，或以“俗语”取代文言，相反，他在《汗漫录》（后改名为《夏威夷游记》）中谈到“诗界革命”问题时，却主张“须以古人之风格入之”。[①]

这种不以推翻文言为目的的“言文合一”主张其实远非始于黄遵宪和梁启超。周质平先生在1986年5月发表的《胡适文学理论探源》中曾谈到，主张“言文合一”的观点，早在晚明公安派的文学主张中就有较多论述。[②]袁宏道在《雪涛阁集序》中说：“文之不能不古而今也，时使之也……夫古有古之时，今有今之时，袭古人语言之迹，而冒以为古，是处严冬而袭夏之葛者也。”[③]他在给江盈科（进之）的信里还说：“古之不能为今者，势也……世道既变，文亦因之，今之不摩古者，亦势也……人事物态，有时而更，乡语方言，有时而易，事今日之事，则亦文今日之文而已矣。”[④]袁宗道在《论文》中也说过：“口舌代心者也，文章又代口舌者也。辗转隔碍，虽写得畅显，已恐不如口舌矣，况能如心之所存乎？……夫时有古今，语言亦有古今。今人所诧谓奇字奥句，安知非古之街谈巷语耶？”[⑤]周作人就认

① 梁启超：《夏威夷游记（旧题汗漫录又名半九十录）》（《新大陆游记节录》附录二），见《饮冰室合集·专集》之二十二，北京：中华书局，1989年，第189页。

② 周质平：《胡适文学理论探源》，载《新文学史料》1986年第2期。

③ 袁宏道：《雪涛阁集序》，见《袁宏道集笺校》（上），上海：上海古籍出版社，1981年，第709页。引文出处与周质平先生采用的版本不同，下文不另注。

④ 袁宏道：《与江进之书》，见《袁宏道集笺校》（上），上海：上海古籍出版社，1981年，第515—516页。

⑤ 袁宗道：《论文》（上），见《袁宗道集笺校》，武汉：湖北人民出版社，2003年，第332页。

为公安派这些观点“和胡适之先生的主张差不多”，他1932年在辅仁大学的演讲《中国新文学的源流》中说：“假如从现代胡适之先生的主张里面减去他所受到的西洋的影响，科学、哲学、文学以及思想各方面的，那便是公安派的思想和主张了。而他们对于中国文学变迁的看法，较诸现代谈文学的人或者还更要清楚一点。”[①]如果我们同意周作人的看法，那么是否可以说，“言文合一”的观点并非始自黄遵宪的《日本国志》，而是可以前移到“野语街谈随意取，懒将文字拟先秦”[②]的晚明公安派的主张？但正如周质平先生所说：“晚明的公安派是想借口语的活力来延续文言的生命，而不是取代文言，而白话文运动则是彻底地以白话取代文言。”周质平先生还提到，汉代王充的《论衡·自纪篇》中就已说过：“夫文由语也，或浅露分别，或深迂优雅，孰为辩者？故口言以明志，言恐灭遗，故著之文字。文字与言趋同，何为犹当隐闭指意？”[③]周先生认为：“这虽是一千八百多年前王充所说的话，但已颇明确地指出语文合一的基本主张了。”王充主张的“文字与言趋同”是否跟黄遵宪说的“语言与文字离，则通文者少；语言与文字合，则通文者多”相一致？如果我们同意周质平先生的观点，那么是否还可以把“言文合一”的主张上推到一千八百年前的汉代？

① 周作人：《中国新文学的源流》，见《周作人散文全集》（第6卷），桂林：广西师范大学出版社，2009年，第67页。

② 袁宏道：《斋中偶题》，见《袁宏道集笺校》（上），上海：上海古籍出版社，1981年，第609页。

③ 周质平：《胡适文学理论探源》，载《新文学史料》，1986年第2期。原文见王充：《论衡·自纪篇》，《论衡全译》（下册），贵阳：贵州人民出版社，1993年，第1803页。

在晚清的白话文倡导者中，就我们所见的材料看，唯有裘廷梁的观点最接近后来胡适的主张。裘廷梁在1898年发表的《论白话为维新之本》中批评“中国有文字而不得为智国，民识字而不得为智民”，他认为“此文言之为害也”，他也指出“年代绵邈，文字不变而语变也”，“且夫文言之美，非真美也。汉以前书曰群经，曰诸子，曰传记，其为言也，必先有所以为言者存。今虽以白话代之，质干具存，不损其美”。他还感叹说：“使古之君天下者，崇白话而废文言，则吾黄人聪明才力无他途以夺之，必且务为有用之学，何至暗没如斯矣？”[①]我们必须承认，在戊戌变法前后，裘廷梁能有如此见解，是远远领先于同时代人的。假如把“崇白话而废文言”从这个设问句中单独拿出来，几乎可以看作以白话取代文言的宣言了。范伯群先生引《中国近代期刊篇目汇录》中的记载，裘廷梁及其侄女裘毓芬倡办和主编的《无锡白话报》“为我国最早的白话刊物”，[②]可见裘廷梁对白话的倡导不仅在理论上，他还通过办白话报刊来践行自己的理念。当然我们也应指出裘廷梁与胡适的区别，裘廷梁倡导白话，是为了维新变法，而不是为了改良文学。他说：“愚天下之具，莫文言若；智天下之具，莫白话若。”可见在他的观念里，白话主要是一种“智天下”的启蒙工具。在《论白话为维新之本》这篇长文中，除提到日本

① 裘廷梁：《论白话为维新之本》，原载《无锡白话报》，见《清议报全编》（卷二十六），横滨新民社辑印，第61、62、63页。

② 范伯群：《论中国现代文学史起点的“向前移”问题》，载《江苏大学学报》（社会科学版）2006年第5期。范伯群先生文中介绍了裘廷梁的《无锡白话报·序》和裘毓芬的《劝看白话报》中的观点，但未提到裘廷梁的《论白话为维新之本》。

“数岁小儿学语之后，能通和训，即能看小说”与文学稍有点关系外，再无一字论及文学。不仅如此，与“五四”新文学反对礼教、反对礼法相反，他认为白话能“保圣教”:“学《庸》论《孟》，皆二前年前古书，语简理丰，非卓识高才，未易领悟。译以白话，间附今义，发明精奥，庶人人知圣教之大略”。[①]从这里我们也可以看出裘廷梁观念中保守的一面。

我们再来看胡适的观点。1919年2月，胡适在一篇题为“中国的文学革命”（A Literary Revolution in China）的英文文章中指出:“以教育为目的而采用白话的运动由来已久，为了更通俗地向大众传播有用的知识，人们也曾用白话出版过许多短命的报刊。但是，主张采用白话作为唯一合法的文学媒介，是最近才兴起的一场全新的运动。”[②]两个月之后，他又在另一篇英文文章中说，“文学革命”首先是一场文学形式的革命，“是对解放文学形式的需求，尤其是对采用白话文作为现代文学各分支的唯一合用媒介的自觉需求”，但“文学革命”又包含着思想革命中的各种交叉问题，“使它变得不再仅仅是一个形式问题”。[③]这两段话的意思是说，晚清以来的白话文倡导者，包括黄遵宪、梁启超等人，他们倡导白话文的目的在于教育，在于开启民智，属

① 裘廷梁:《论白话为维新之本》，原载《无锡白话报》，见《清议报全编》（卷二十六），横滨新民社辑印，第63、65页。

② 胡适: A Literary Revolution in China，原载《北京导报》（*The Peking Leader*），1919年2月12日。另见《胡适全集》（第35卷），合肥: 安徽教育出版社，2003年，第237页。

③ Hu Suh : The Chinese Literary Revolution，in *Millard's Review of the Far East*，Apr 19，1919，p.276. 此文未被任何文集收录。

于思想变革的范畴；而1917年以来的“文学革命”，目的则是要用白话文全面取代文言文，它属于文学形式革命的范畴，因此，两者的性质是完全不同的。但文学形式的革命不能脱离其内容，而包括“新的视野、新的愿望、新的社会理想和政治思想，以及新的道德标准，诸如与现代文明的接触、个人的发现、妇女地位的提升，以及过去十年发生的政治和社会变化等”在内的思想变革正是文学所要表现的重要内容，因而在“文学革命”发生后，文学形式的革命和思想的变革又是相互交叉的。尽管如此，“文学革命”最显著的特征仍在于：“它不满足于仅仅为初等教育和普及教育的目的而使用白话，而是主张将其作为所有文学分支的最佳媒介。”①

早在1915年8月，胡适就在一篇题为“如何可使吾国文言易于教授”的英文文章里提出，“文言是一种几乎已经完全死了的语言”，认为要“逐步地把白话建成我们的国语”。②他还说应该“提升我们的白话”，因为当时的白话都不讲求文法，在胡适看来，不讲求文法的白话是不够资格成为国语的。如果说他此文讨论的主要还是语言问题，那么到《文学改良刍议》中，他就明确提出要用20世纪的“活字”代替三千年前的“死字”，用“活

① Hu Suh：The Chinese Literary Revolution，in *Millard's Review of the Far East*，Apr 19，1919，p.276.

② 胡适：The Teaching of Chinese as it is，载 *The Chinese Students' Monthly*（《中国留美学生月报》，1916年6月，第XI卷，第8期，第567—572页。中译文《如何可使吾国文言易于教授》，席云舒译，载《中国现代文学研究丛刊》2013年第4期。中文译名是胡适《留学日记》里的译法。

文学”代替“死文学”了。[1]《文学改良刍议》发表仅一个月后，1917年2月1日，林纾就在《大公报》发表《论古文之不宜废》，称“知腊丁之不可废，则马、班、韩、柳亦自有不宜废者，吾识其理，乃不能道其所以然”。[2]胡适随后在1917年5月发表的《历史的文学观念论》中回应说，若不破除“不法马、班、韩、柳者，皆非文学之‘正宗’”的观念，“则吾国将永无以全副精神实地试验白话文学之日”。[3]在1918年4月发表的《建设的文学革命论》中，他又说：“用死了的文言决不能做出有生命有价值的文学来……白话能产出有价值的文学，也能产出没有价值的文学；可以产出《儒林外史》，也可以产出《肉蒲团》。但是，那已死的文言，只能产出没有价值没有生命的文学，决不能产出有价值有生命的文学。”[4]概言之，胡适虽然也倡导白话文，但他与晚清的白话文倡导者不同的是：第一，他不满足于仅仅为了教育目的而使用白话文，而是要倡导一场以白话作为包括小说、诗歌、散文、戏剧乃至学术论著在内的文学各分支唯一合法的语言工具的文学形式的革命；第二，他明确地指出，文言文学是“模仿的文学”“僵化的文学”，是“死文学”，而白话文学是“活文学”；第三，他

① 胡适：《文学改良刍议》，载《新青年》第二卷第五号。另见《胡适全集》（第1卷），合肥：安徽教育出版社，2003年，第15页。

② 林纾：《论古文之不宜废》，载《大公报》，1917年2月1日。另见江中柱：《〈大公报〉中林纾集外文三篇》，载《文献》季刊2006年第4期。“马、班、韩、柳”指司马迁、班固、韩愈、柳宗元。

③ 胡适：《历史的文学观念论》，载《新青年》第三卷第三号。另见《胡适全集》（第1卷），合肥：安徽教育出版社，2003年，第31页。

④ 胡适：《建设的文学革命论》，载《新青年》第四卷第四号。另见《胡适全集》（第1卷），合肥：安徽教育出版社，2003年，第55页。

主张通过“提升白话文”，并且通过白话文学，把白话建成“文学的国语”；第四，他主张以白话文学取代文言的文学，把白话文学确立为文学的正宗，使之成为“国语的文学”。

也许有人会说，文学并没有正宗不正宗之说，每个时代的文学都有其合理性。这种看法显然不符合历史事实。《文学改良刍议》中最振聋发聩的一句话便是：“以今世历史进化的眼光观之，则白话文学之为中国文学之正宗，又为将来文学必用之利器，可断言也。”[①]胡适主张以“活文学”代替“死文学”的观点当时就受到同在美国留学的梅光迪等人的批评，在国内则引起了古文家林纾等人的反对。梅光迪认为“小说、词曲固可用白话，诗文则不可”；[②]而林纾虽然在“戊戌变法”前后也创作过不少白话诗，刊有《闽中新乐府》一部，1924 年林纾去世后，胡适曾作《林琴南先生的白话诗》予以介绍，但林纾推崇的仍是古文，这些白话诗后来并没有收进他的《畏庐诗存》。1917 年 5 月，陈独秀给胡适的回信里说：“独至改良中国文学，当以白话为文学正宗之说，其是非甚明，必不容反对者有讨论之余地。”[③]1919 年 3 月，林纾给蔡元培的信里则说：“若尽废古书，行用土语为文字，则都下引车卖浆之徒所操之语，按之皆有文

① 胡适：《文学改良刍议》，载《新青年》第二卷第五号。另见《胡适全集》（第 1 卷），合肥：安徽教育出版社，2003 年，第 15 页。

② 梅光迪致胡适信，见罗岗、陈春艳编：《梅光迪文录》，沈阳：辽宁教育出版社，2001 年，第 168 页。另参见胡适：《留学日记》（卷十四），见《胡适全集》（第 28 卷），合肥：安徽教育出版社，2003 年，第 421 页。

③ 陈独秀给胡适的回信，载《新青年》第三卷第三号。

法……则凡京津之稗贩，均可用为教授矣。”[①]只要看看这些争论，就会知道白话成为文学的正宗并非自然而然的事，而是胡适等人的倡导顺应了历史趋势使然。虽然林纾认为文言与白话应当并存、古文更有利于承载传统文化的观点并非没有其合理性，但若白话始终被视为“引车卖浆之徒所操之语”，白话文学始终被视为不登大雅之堂的下里巴人的文学，正如胡适所说，“一种语言，如果连其提倡者都鄙视它，除了用来阅读学者们、改革家们屈尊俯就为愚昧无知的下等人刊行的少数几种低档杂志和宣传手册外，就再没有其他用途的话，这样的语言是没有人愿意学的。而且改革家们也不可能有足够的热情，坚持用一种他们自己都认为有失身份、显得没文化的语言去创作和出版”，[②]如此，中国文学就不可能走向现代化。尽管白话文学最终取代文言文学而成为文学的正宗，并非胡适一人之功，而是他与陈独秀、钱玄同、刘半农、鲁迅、周作人等众多作家学者共同努力的结果，但我们不能不承认胡适的首倡之举，而这正是晚清白话倡导者所未能触及的根本问题。

当然，在严家炎先生、范伯群先生的论述中，晚清文人对白话文的倡导只被列为现代文学“起点”的标志之一，而非它的全部特征，仅依据这一点，也许还不足以作为古典文学与现

---

① 林纾:《答大学校长蔡鹤卿太史书》，见《畏庐三集》，北京：中国书店，1985 年，第 54 页。

② 胡适：The Chinese Renaissance，见欧阳哲生、刘红中编:《中国的文艺复兴》(英汉对照版)，北京：外语教学与研究出版社，2001 年，第 84—85 页。中译文见第 184 页，本文引用这段译文略有改动。

代文学分水岭的标志，于是有关文学“现代性”的问题便由此浮出了水面。需要顺便指出的是，胡适与晚清白话文倡导者的另一个重要区别在于，晚清的白话文倡导者虽然提出了“言文合一”的目标，却并没有提出改良白话和白话文学的方法，认识到问题之所在并提出解决问题的目标非常重要，但更重要的是找到解决问题的方法并最终实现这个目标，而找到解决问题的方法，从而使“文学革命”最终取得成功的人恰恰也是胡适。接下来我们将分别讨论文学的“现代性”和“文学革命”的方法问题。

三、什么是文学的“现代性”

仅从晚清文献中找出黄遵宪、梁启超、裘廷梁等人对白话文的倡导，或者仅从晚清文学中找出某（几）部初具现代意识的作品（如《海上花列传》等），也许还不足以作为把现代文学的起点向前移的充分依据，因为晚清虽然有了对白话文的倡导，但并未动摇文言的统治地位，某部作品初具了现代意识，也未能充分说明这个时期文学的普遍意识。因此，发掘晚清文学中的“现代性”就成了一个无法绕开的问题。例如，严家炎先生在现代文学的主体应当“由新式白话文所构成，而非由文言所主宰”这条标准后面又加了另外两条，一是“具有鲜明的现代性，并且这种现代性是与深厚的民族性相交融的”，二是“大背景上与‘世界的文学’相互交流、相互参照”。[①]虽然严家炎先生未就“现代性”和“民族性”问题展开论述，但从他对《黄衫客传奇》和《海上花列传》的比较中可以看出，他所说的“现代性”主要是指小说的结构和现代表现手法方面，或许还包括与“世界的文学”的交流。范伯群先生认为，如果把“五四”新文学运动作为现代文学的起点，就忽视了“‘五四’前许多文学作品已经初具的现代性”，[②]范先生也未对“现代性”概念进行界定，但我们从他的论述中可以看出，这个“现代性”包括了他所说的四条标准。丁帆先生以1912年中华民国成立来切分“古代”与“现代”，他认为这种切分“既合乎中国历史（包括文学史）切分法的惯例，同时又照应了中国文学史‘现代性’演变的史实内涵”，他是以辛亥革命后所建立的具有现代意义的民主共和国体与政体作为切分依据的，据此推论，他所说的“现代性”的基本内涵就应该是现代意义的民主共和国体与政体的建立；但这个意义上的“现代性”却与文学无关，因为我们无法找出1912年到1917年之间的文学与晚清文学有何根本不同，我们下文将不作重点讨论。

对晚清文学中“现代性”问题的探讨，更具代表性的是李欧梵先生和王德威先生的观点。王德威先生列出了晚清文学中“被压抑的现代性”的三个不同方向，却没有对“现代性”概念做

① 严家炎：《中国现代文学的“起点”问题》，载《文学评论》2014年第2期。

② 范伯群：《论中国现代文学史起点的“向前移”问题》，载《江苏大学学报》（社会科学版）2006年第5期。

出定义。李欧梵先生认为“直线向前、不可逆转的线性时间观”是“现代性”的最明显的表征，他的这个观点如今已成了学界最广泛接受的解释。1998年8月4日《中国图书商报》刊登的对汪晖先生的专访中，汪晖先生给出的解释就与李欧梵先生的观点十分一致，他说：“现代性概念产生于欧洲，它首先是指一种时间观念，一种直线向前、不可重复的历史时间意识。”[①]从李欧梵先生的一篇演讲中我们可以得知，这是他和汪晖先生共同研究的结果。[②]但我们也注意到，李欧梵先生所说的“现代性”只是一个抽象名词，“时间的直线进行只是一个表征而已”，[③]并不是它的定义。如果这种新的历史时间意识在晚清确已成为知识界乃至社会的自觉观念，我们当然不能否认它的重要意义，因为“它体现了未来已经开始的信念。这是一个为未来而生存的时代，一个向未来的‘新’敞开的时代。这种进化的、进步的、不可逆转的时间观不仅为我们提供了一个看待历史与现实的方式，而且也把我们自己的生存与奋斗的意义统统纳入这个时间的轨道、时代的位置和未来的目标之中”。[④]李欧梵先生认为，这种时间观念在晚清表现出来的新形态，就是戊戌政变之

① 汪晖：《现代性问题答问》，见《去政治化的政治——短20世纪的终结与90年代》，北京：生活·读书·新知三联书店，2008年，第482页。

② 李欧梵：《现代性与中国现代文学》，见《未完成的现代性》，北京：北京大学出版社，2005年，第31页。

③ 李欧梵：《现代主义的历史和文化背景》（北京大学中文系第三届“胡适人文讲座”第一讲），载《关东学刊》2018年第1期。

④ 汪晖：《现代性问题答问》，见《去政治化的政治——短20世纪的终结与90年代》，北京：生活·读书·新知三联书店，2008年，第483页。

后，知识分子提出了一些新的观念，“为晚清到民国制造出一种知识上的文化想象”，这种观念落实在文学上，就是晚清报刊所提供的“公共空间”和晚清小说中的现代想象，例如科幻想象、地理空间的想象和对于未来的想象等。[①]尽管我从情感上充分尊重李欧梵先生的观点，但这个意义上的“现代性”究竟是晚清知识分子的自觉意识，还是今天学者的“后见之明”，似乎并非一个不可商榷的问题。

虽然李欧梵先生对“现代性”的界定具有广泛影响力，但并不意味着它已成为定论。不仅严家炎先生、范伯群先生、丁帆先生所说的“现代性”与李欧梵先生不同，即便是王德威先生在《被压抑的现代性——晚清小说新论》中赞同“线性历史时间感的渗透”是“现代”的最重要的因素之一，[②]他也没有照搬李欧梵先生的观点。我在《胡适思想与中国现代性问题》一文中还讨论过吉登斯、哈贝马斯和福柯的“现代性”概念。[③]吉登斯认为“现代性”形成了一种特殊的“断裂”，“把我们抛离了所有类型的社会秩序的轨道”，但它的这种“断裂”特性没有受到充分重视，因为长久以来一直存在着进化论的影响，要“阐明分析现代性的任务”，就要“取代进化论叙事，或者解构其故事主线”，打破进化论概念所创造的“总体性”形式。[④]似乎没

① 李欧梵:《现代性与中国现代文学》，见《未完成的现代性》，北京：北京大学出版社，2005年，第32—37页。

② 王德威:《被压抑的现代性——晚清小说新论》，北京:北京大学出版社，2005年，第6页。

③ 席云舒:《胡适思想与中国现代性问题》，载《社会科学论坛》2014年第8期。

④ 吉登斯:《现代性的后果》，田禾译，南京：译林出版社，2000年，第4—5页。

有什么证据证明王德威先生曾受到吉登斯这个观点的影响，但王德威先生同样认为："现代性的显现都是许多求新求变的可能相互激烈竞争的结果。然而这一竞争不必反映优胜劣败的达尔文铁律"，"现代性的生成不能化约为单一进化论，也无从预示其终极结果"。[①]王德威先生的观点自然有其合理性，但这是否意味着赫胥黎《天演论》以来的进化论观念正在成为"现代性"的反思对象？还有更多的学者分别从哈贝马斯的"启蒙现代性"与"审美现代性"或"前现代性""现代性""后现代性"概念的角度，或者从福柯的"现代性"与启蒙关系的角度，来分析"五四"新文学的意义与局限。所有这些不同的意见，都说明了"现代性"至今仍是一个最具争议性的概念，同时也是一个很难定义的概念。

由于胡适在倡导"五四"新文学运动时，持"一时代有一时代之文学"的进化论观念，又由于"五四"新文学被认为是启蒙的文学，因其"启蒙理性"的功利性特征而广受学界争议，胡适又是这场运动的领袖人物，因此无论从哪个角度看，似乎都不能不对胡适的观点进行检讨。2012 年 4 月，北京大学邀请李欧梵先生作为第三届"胡适人文讲座"的主讲人，2017 年 10 月又邀请王德威先生作为第五届"胡适人文讲座"的主讲人，两位先生除了表达对胡适的致敬外，都回避了对胡适文学思想的讨论。我想首先指出的是，胡适所持的进化论观念，依据是赫

① 王德威：《被压抑的现代性——晚清小说新论》，北京：北京大学出版社，2005 年，第 7、8 页。

胥黎的“道在尽物之性，而知所以转害而为利”，[①]所谓优胜劣败，并非仅仅是“今胜于昔，新胜于旧”，[②]而是说无论是物种的天演进化，还是人类历史的“治化昶败”，能“尽物之性”的学说、信仰、风俗、制度才会被保留下来，反之则要被淘汰，只有掌握其规律，才能转害为利。胡适认为，先秦典籍里记载的古代书面语在汉代被确立为官方语言时，就已经与当时的口语相脱节，这种由汉代太学选举制度和隋代以来的科举制度延续下来的文言是一种“死的语言”，“死的语言”难以创作出“活的文学”，因为它不能尽文学之性；“叙事不能畅尽，写情不能饱满”[③]的文学，也不能尽文学之性。文学之性在于自由、充分地表达作者的思想情感，能够被大多数读者阅读和接受，只有老百姓的“活的口语”才能与之相适应，要想尽文学之性，就必须以白话文学取代文言文学。其次，我在《胡适思想与中国现代性问题》中还讨论过，韦伯以来的“工具理性”概念，其实是一个“合理性”概念，而不是康德意义上的“理性”概念；[④]今天人们反思“现代性”，以及从功利性角度对“五四”新文学中“启蒙理性”的

---

① 赫胥黎:《天演论》，严复译，北京：商务印书馆，1981年，第93页。

② 李欧梵:《现代性与中国现代文学》，见《未完成的现代性》，北京：北京大学出版社，2005年，第24页。王德威:《被压抑的现代性——晚清小说新论》，北京：北京大学出版社，2005年，第7页。

③ 胡适:《论短篇小说》，见《胡适全集》(第1卷)，合肥：安徽教育出版社，2003年，第125页。

④ 韦伯意义上的“合理性”概念与康德所说的“合规律性”“合法则性”“合目的性”相似，它只是一个与“理性”相符合的概念，但这个概念却未必是出自理性自身的，正如“合法则性”中的“定言命令”是出自“实践法则”，而“假言命令”则出自其他的功利目的一样，“工具理性”并非出自人的理性自身，而是出自某种外在的功利目的。

批判，其理论资源都被认为是来自韦伯。但康德意义上的理性概念，是指人自身的纯粹能力，包括感性直观能力、知性能力和自由能力，并非什么工具性概念；而胡适意义上的理性概念，则是指人的独立思考能力，包括怀疑能力、批判能力、假设与求证能力、科学研究的能力等，并且在多数情况下，他用的都是“理智”一词。[①]从“启蒙理性”的角度批评“五四”新文学的人也许不会想到，作为这场运动领袖的胡适，除了在他的博士论文《先秦名学史》中曾经使用过“启蒙时代”，来描述公元前6世纪前后的诗人时代和辩者时代，[②]即《诗经》和诸子百家的时代，此后他很少再提到过“启蒙”这个词，他一生中反复阐扬的，是“中国的文艺复兴”。康德对“启蒙”概念的定义是：“启蒙就是人类脱离自我招致的不成熟。不成熟就是不经别人的引导就不能运用自己的理智。”[③]这个定义的重点在于人类要能够运用自己的理智，从而使人类的自然禀赋得到充分发展，[④]然而这句话却常常被理解为，作为先觉者的知识阶层应该引导民众接受某种新的理念。胡适之所以极少使用“启蒙”一词，而强

① 在英文论著中，胡适常用“reason”“Intellectual”等词，在中文论著中，他则多用“理智”一词，如1947年6月他在辅仁大学的演讲《谈谈中国思想史》中，用的就是“理智主义”。胡适:《谈谈中国思想史》，见《胡适全集》(第8卷)，合肥:安徽教育出版社，2003年，第474页。

② 胡适:《先秦名学史》，见《胡适全集》(第5卷)，合肥:安徽教育出版社，2003年，第22页。

③ 康德:《对这个问题的一个回答:什么是启蒙?》，见詹姆斯·斯密特编:《启蒙运动与现代性——18世纪与20世纪的对话》，徐向东、卢华萍译，上海:上海人民出版社，2005年，第61页。

④ 康德:《历史理性批判论文集》，何兆武译，北京:商务印书馆，1990年，第4页。

调“中国的文艺复兴”，除了我在《胡适思想与中国现代性问题》中谈到的原因外，还有一个原因，就是他认为知识阶层应该跟民众一起进行观念更新，而不是把自己的观念灌输给民众；尤其是当知识阶层还在“抗拒现代化”或“选择性的现代化”之时，他们是没有资格成为民众的导师的。

胡适当然没有讲过“现代性”，因为那时候“现代性”一词尚未出现，[①]他讲得较多的是“现代化”。但这并不妨碍我们从胡适的视角来对“现代性”问题进行探讨。那么，从胡适的立场来看，“现代性”意味着什么呢？他的“中国的文艺复兴”讲的是中国思想文化现代化的规律，其中自然也包括文学的现代化。他在晚年的《口述自传》中说：“事实上语言文字的改革，只是一个［我们］曾一再提过的更大的文化运动之中，较早的、较重要的和比较更成功的一环而已。这个更广大的文化运动有时被称为‘新文化运动’……我本人则比较喜欢用‘中国文艺复兴’这一名词。”[②]他的“中国的文艺复兴”思想的核心，是世俗的人文情感与理性精神、自由精神的再生。他把中国思想史大致分为三个时期：（一）西汉以前的一千年是中国本土的古典文化原生时期，以《诗经》和先秦诸子学说为代表的古典时期，是一

① 胡适在 1919 年 4 月 19 日发表的 The Chinese Literary Revolution 一文中曾使用过“modernity”，但这个词在文中的意思并非“现代性”，而是以反语的口吻批评那种披着“新式”外衣的旧迷信。见 Hu Suh：The Chinese Literary Revolution，in *Millard's Review of the Far East*，Apr 19，1919，p.276.

② 胡适：《胡适口述自传》，唐德刚译注，桂林：广西师范大学出版社，2005 年，第 171—172 页。广西师大版《胡适口述自传》这里有错字，引文已根据《胡适全集》校正。见《胡适全集》（第 18 卷），合肥：安徽教育出版社，2003 年，第 333—334 页。

个世俗的人文情感和理性精神勃发的时期，也是一个各种学说自由争鸣的时期，它体现了一种人文主义、理性主义和自由主义精神；（二）东汉到唐代的一千年是一个以佛教为代表的中古宗教时期，儒教、佛教、道教分别在不同朝代被官方接受并定为一尊，成为在社会占主导地位甚至统治地位的思想信仰，其中以印度舶来的佛教影响最大，人们只能信仰它们的教义，而不能怀疑、批判它们的教义，宗教情感取代了世俗的人文情感，人们的理性精神、自由精神受到了禁锢；（三）宋代以来的一千年是中国本土思想的再生时期，也是人文情感与理性精神的复苏时期，宋代程朱理学对中古佛教的怀疑与反抗，当程朱理学又被定为一尊之后，明清两代学人对程朱理学的怀疑与反抗，以及文学作品中世俗情感的觉醒，所代表的正是"中国的文艺复兴"的精神。[①]这种怀疑精神、反抗精神和思想独立精神上承先秦时期的古典传统，同时也为未来的思想文化现代化奠定了根基。但宋代以来的情感与理智的再生运动都是不自觉的，没有知识界的自觉倡导，也没有成熟的科学方法，因此在传统思想信仰的强大惯性作用之下，都未能取得成功。而1917年以来的新文化运动，在胡适看来，则是一场自觉的"文艺复兴运动"。从外部因素看，

① 胡适：Chinese Thought，见《胡适全集》（第38卷），合肥：安徽教育出版社，2003年，第662页。另见：The Intellectual Renaissance in Modern China，见《胡适全集》（第38卷），合肥：安徽教育出版社，2003年，第645页。Chinese Thought，见《胡适全集》（第38卷），第220页。Medieval China in A. D. 1000（胡适1956年在加州大学伯克利分校做的10次公开演讲Chinese Renaissance from One Thousand A.D. to the Present Day的第一讲），见台北胡适纪念馆档案，馆藏号为：HS–NK05–203–004。

它受到西学的影响，要使中国走向“充分的世界化”和“充分的现代化”道路；从内部因素看，它来自中国社会的世俗情感与理性精神、自由精神再生的内在要求，目标是打破贵族士大夫阶层对知识的垄断，使人人都能平等地接受教育，养成人们独立健全的人格和思想独立的精神，不再盲从于某种宗教式的教义，为将来的自由、民主、科学的现代社会奠定一个思想文化上的基础，从而引导中国走向现代化。显然，胡适是把文学发展当作整个思想文化发展中的重要一环来看待的，尽管狭义上的文学革命和思想革命并非同一回事。

从文学史的角度来看，胡适认为，先秦时期并没有文言和白话之分，只有雅言和俗语之分，来自西部的周贵族的语言被认为是雅言，东部的殷遗民的口头语言则是俗语，《诗经》中的“十五国风”都是当时的民歌，都是用民间的口语写成的，先秦诸子大部分都是来自东部，他们的著作也最接近当时的口语，而《诗经》中的“雅”“颂”则大多来自西部的周贵族的语言，由于只在上层统治者当中使用，所以流传不广，这就是“国风”和诸子学说易读而“雅”“颂”难懂的原因。但这种雅言仍是先秦的周贵族口头使用的语言，因此不是文言。经过战国和秦汉时期长期的战争、迁徙、语言融合与流变，秦代统一文字，到了汉代，人们的口头语言与先秦古书里记载的书面语已有很大不同。汉武帝时期把先秦古书里记载的那种古代书面语确立为朝廷发布政令和太学教育的官方语言，胡适曾不止一次引用当时的宰相公孙弘的话说：“臣谨案诏书律令下者，明天人分际，通古今之义，文章尔雅，训辞深厚，恩施甚美。小吏浅闻，不能究宣，无以明布谕下。”[①]这种由文言发布的政令连地方官吏都读不懂，无法传达给百姓。于是朝廷就从太学里选拔识文通经的博士子弟去协助地方官员，后来又直接选拔博士子弟去各地做官。隋代以后设立科举制度，凡识文通经者，只要通过朝廷统一组织的科举考试，就可以到各地为官。这就使得想出人头地的年轻人都不能不去读古书、用古文做八股文章。因此古文就取得了文学的正宗地位，文言也成了文人士大夫身份的象征。

绝大部分普通百姓都没有读过古书，没有接受过专门的文言教育，但他们也要表达他们的思想情感、抒发他们的喜怒哀乐，于是他们就用当时的口语来创作自己的文学，《汉乐府》和《古诗十九首》就是这样的一些口语文学，它们只有通过朝廷的“采诗”制度进入乐府文献，或被选入《昭明文选》《玉台新咏》等历史文献才能被保留下来，大部分没有被各种文献收录的民间口语文学，都湮没在历史的尘埃中了。胡适指出，自汉代以来，中国文学就形成了上层的贵族士大夫的文言的文学和底层的民间老百姓的口语的文学两个传统。[②]文言的文学是模仿古人的语言创作的文学，是用“死的语言”创作的文学，是“死

① 胡适：《白话文学史》，见《胡适全集》(第 11 卷)，合肥：安徽教育出版社，2003 年，第 224 页。The Chinese Renaissance，见《胡适全集》(第 35 卷)，第 632 页。原文见《史记·儒林列传》，见《史记》(卷一百二十一)，北京：中华书局，1982 年，第十册，第 3119 页。

② Hu Shih：Cultural Rebirth in China Outlined，in *The Trans-Pacific*（东京），Vol. XIV，No. 20，May 14，1927，p.13。另参见胡适：《中国文艺复兴运动》，见《胡适的声音》，桂林：广西师范大学出版社，2005 年，第 251 页。

文学”，即便他们把文言运用得像口语一样熟练，这些文言的文学也是大部分人既不能听也不能读的文学，是不能尽文学之性的文学。而代表每个时代文学最高成就的，都是各个时代的口语文学，它们要么是文人学习、采用民间口语的创作，例如唐诗、宋词、元代散曲和杂剧、明清时期文人创作的白话小说，要么本身就是民间的口语创作，例如宋元话本、明清时期民间说书艺人的创作等。李白、杜甫、白居易等唐代诗人自觉地采用民间口语创作，是因为不满六朝骈文那种只讲求对仗、对偶、平仄等形式的语言华丽而内容空洞的文风，白居易要把他的诗读给一个不识字的老妪听，直到老妪听懂他才满意，就是唐代诗人向民间学习口语的生动例子。但宋代文人以模仿唐诗和马、班、韩、柳的古文为正宗，宋词则被称为“诗余”，说明它只是文人写诗之余的消遣，在宋人的眼中，词的地位远不如诗，但代表宋代文学最高成就的恰恰是宋词。“文字不变而语变”，这些口语的文学往往要等到隔代以后，当它们重新以古文、古诗的面目出现时，才会被文人士大夫接受为文学的正宗。

口语文学（白话文学）虽然是最有利于表达思想情感、最能“尽物之性”的文学，但在上层的文人士大夫的眼中，却始终被视为不登大雅之堂的没文化的文学，尤其是明清时期的戏曲、小说。到了清代，官话方言已经成为全国使用最广的语言，即便是粤语地区、吴语地区，作家们也都能采用官话进行文学创作，官话已初步具备了成为国语的条件，白话文学也产生了最广泛的影响力，然而正如胡适所说，直到晚清时期，甚至“五四”新文化运动前夕，仍“有不少作家曾为卑微的、未受教育的乡村野夫、舞女歌妓、街头说书艺人的文学作品中不可抗拒的力量、魅力所吸引，曾试图用这种平民文学的形式和语言创作出他们的优秀作品。但他们又都以此为耻，以致许多早期的小说家要出版自己的作品，都要匿名或用稀奇古怪的笔名”。[①]我们只要随便举几个例子，就会明白胡适此言不虚。韩邦庆的《海上花列传》署名为“花也怜侬”，李宝嘉的《官场现形记》署名为“南亭亭长”，吴沃尧的《二十年目睹之怪现状》署名是“我佛山人”，刘鹗的《老残游记》署名是“洪都百炼生”，曾朴的《孽海花》署名是“东亚病夫”。他们的作品都是严家炎先生、范伯群先生、李欧梵先生、王德威先生论述晚清小说的“现代性”问题时曾反复提到的。晚清文人的白话文学创作，多是为了开启民智，为社会变革奠定智识上和文化上的基础，这些白话作品主要是写给文化程度不高的底层百姓看的，而文人士大夫则仍要使用文言，所以他们一方面要用白话来创作他们的作品，一方面又以之为耻，不愿以真名示人。林纾的《畏庐诗存》不收《闽中新乐府》，原因即与此相仿。胡适在《五十年来中国之文学》中说过：“二十多年以来，有提倡白话报的，有提倡白话书的，有提倡官话字母的，有提倡简字字母的：这些人难道不能称为‘有意的主张’吗？这些人可以说是‘有意的主张白话’，但不可以说是‘有意的主张白话文学’。他们的最大

① 胡适：The Chinese Renaissance，见欧阳哲生、刘红中编：《中国的文艺复兴》（英汉对照版），北京：外语教学与研究出版社，2001 年，第 97 页；译文见第 192 页。

缺点是把社会分作两部分：一边是'他们'，一边是'我们'。一边是应该用白话的'他们'，一边是应该做古文古诗的'我们'。我们不妨仍旧吃肉，但他们下等社会不配吃肉，只好抛块骨头给他们吃去罢。这种态度是不行的。"[①]顺便指出，韩邦庆的本名还是胡适考证出来的，他所征引的一条材料中说："作者自署为'花也怜侬'，因当时风气未开，小说家身价不如今日之尊贵，故不愿使世人知真实姓名。"[②]如果一个作家用白话创作的文学，不仅古文家看不起，连他自己也看不起、怕人耻笑，不愿署上自己的真名，那么这些作品的"现代性"不知将从何谈起！

胡适所揭示的中国文学史发展规律表明，文学要走向现代化，要使它成为周作人所说的"人的文学""平民的文学"，而不是少数贵族士大夫的文学，就必须弥平文言和白话之间的鸿沟，要弥平这条鸿沟，只能是以白话文学取代文言文学，而不是相反。不只是戏曲、小说，还包括诗歌、散文、学术论著，乃至一切文体，都应改用白话，否则，只要文言一日不废，白话文学就永远摆脱不了被轻视、鄙视的地位。若像梅光迪所说，"小说、词曲固可用白话，诗文则不可"，那么白话文学就无法取代文言文学。文言是古代文人需要经过专门学习、专门用于书面表达的第二语言，并非他们日常使用的语言。古文家维护文言，一方面是为了维护古文的传统，另一方面也是为了维护

---

① 胡适：《五十年来中国之文学》，见《胡适全集》（第2卷），合肥：安徽教育出版社，2003年，第328—329页。

② 胡适：《〈海上花列传〉序》，见《胡适全集》（第3卷），合肥：安徽教育出版社，2003年，第507页。

自身的文化主导权和经典解释权，因为文言所承载的儒家道德伦理一向是由这些古文家来解释的，一旦文言失去其统治地位，儒家道统也必将随之倾覆，所以林纾在给蔡元培的另一封信里说："彼叛圣逆伦者，容之即足梗治而蠹化，拼我残年，极力卫道，必使反舌无声、瘈狗不吠然后已。"[①]这种宗教式的"卫道"情感，这种对于程朱理学和礼教的虔诚信仰，正是中古遗留下来的宗教式信仰，在这种长期占统治地位的古代信仰的禁锢和压制之下，必无思想独立与思想自由可言。因此，无论从思想史的角度看，还是从文学史的角度看，要想实现思想文化和文学的现代化，第一个前提就是要以白话取代文言，打破被古文家垄断的文化主导权和经典解释权，就像欧洲文艺复兴时期各国方言文学的兴起，以及不同方言的《圣经》译本的出现，打破了教会以拉丁文对《圣经》解释权的垄断一样。

从胡适的角度看，无论是思想的现代化，还是文学的现代化，根本上都是人的现代化。如果说古代社会是信仰的社会，其特征是对官方尊崇的某种教义（儒家教义、佛教教义或道教教义）的信奉和膜拜，古代伦理是一种贵贱分明、尊卑有序的纲常伦理，古代道德所标举的是"存天理，灭人欲"的禁欲主义道德，在森严的尊卑等级之下，古代人的人格多是一种不健全、不平等的人格，古代人的情感强调的是恪守"孝、悌、忠、信"等行为准则的宗教式情感，古代文学的正宗是贵族士大夫

① 林纾：《林琴南再答蔡鹤卿书》，载《大公报》，1919年3月25日。另见江中柱：《〈大公报〉中林纾集外文三篇》，载《文献》季刊2006年第4期。

的文以载道的文言的文学；那么，现代社会则是理性的社会，它强调的是每个个人的自由独立的思想，现代社会的伦理是一种遵循自由平等原则的契约伦理，现代社会的道德是充分尊重人的自由能力和欲求能力的人道主义的道德，现代人的人格应当是独立、平等、健全的人格，现代人的情感是建立在亲情、友情、爱情基础上的世俗的情感，现代文学则是以白话文学为正宗的“言文合一”的最大多数人的文学。当然并不是说古代人没有世俗情感和理性能力，而是说在儒家、佛教或道教的价值体系中，它的教义或伦理准则是首要的，世俗情感是被压抑的，比如儒家对“孝道”的强调就远大于对爱与亲情的强调，自由恋爱是被禁止的，婚姻不能绕开父母之命、媒妁之言。所谓人的现代化，就是要使最大多数人的观念由古代观念转变为现代观念。也许“现代性”还涉及制度的现代化、工业化与城市化等诸多命题，但作为一个概念，“现代性”的基本内涵应该就是“人的现代化”；它在文学中的表现，则是文学的“现代性”。“五四”新文化运动中反对礼教、反对礼法，提倡个性解放、妇女解放、恋爱自由、婚姻自由、男女平等，乃至民主与科学，都是“现代性”的题中应有之义。只是这个意义上的“现代性”，不能仅仅看作只有在西学影响下才会产生的概念，我们不应否认西方现代思想的影响促进了它的迅速发展，但在本质上，它是每个社会的人在挣脱各种古代教义束缚的过程中，世俗情感与理性精神复苏的结果。它跟严家炎先生所说的小说结构和表现手法的“现代性”、范伯群先生所说的文学生产方式的“现代性”、丁帆先生所说的社会政治制度上的“现代性”，以及李欧梵先生所说的“直线向前、不可逆转的线性时间观”中所包含的各种观念，虽然有所交叉，但并不是同一回事。以此来反观黄遵宪、梁启超、裘廷梁等晚清白话文倡导者的观念，或许可以借用李欧梵先生的说法，这些晚清文人的观点所揭示的，如果可以称之为“现代性”的话，那也只是一种“未完成的现代性”。

四、胡适倡导“文学革命”的方法

以白话取代文言，把白话建成我们的国语，是“白话文运动”的目的；以白话文学取代文言文学，使白话文学成为文学的正宗，是“文学革命”的目的。但仅有目的是不够的，还要有科学的方法。没有科学的方法，目的就难以实现；有了科学的方法，才能使问题得到真正解决。黄遵宪、梁启超等人虽然也倡导过白话文，倡导过“诗界革命”“文界革命”“小说界革命”，但他们不仅没有提出科学的方法，甚至目的也不在于改良文学本身，因此他们都没有取得成功。而发端于1917年的“文学革命”之所以能够取得成功，既有其内因也有其外因。就其外部因素而言，胡适指出，明清以来幅员最广的官话方言区的形成，历史上不断发展的白话文学创作（尤其是明清小说）所奠定的基础，早期的白话文倡导者所积累的共识，1905年科举制的彻底废除，这些因素为“文学革命”准备了条件；而1919年“五四”

运动中突然涌现的数百种白话报刊，以及 1920 年北洋政府教育部训令全国小学国文教科书改用语体文，这些因素使白话文得以迅速普及。但更重要的是内部因素，没有内部因素，“文学革命”就不会发生。其内部因素在于，知识界的自觉倡导，不仅提出了“文学革命”的具体目标，还在这场运动中运用了科学的方法。

熟悉胡适倡导“文学革命”的早期论文《文学改良刍议》《建设的文学革命论》《论短篇小说》《文学进化观念与戏剧改良》《谈新诗》的人都会了解，他在这些文章里，谈的都不只是他的主张，还有改良文学的具体方法。《文学改良刍议》中的“八不主义”，至少有五条讲的都是改良文学的具体方法，“须讲求文法”“不作无病之呻吟”“务去滥调套语”“不用典”“不讲对仗”，条条都是说“文学改良”应该怎么做。胡适的“八不主义”与陈独秀的“文学革命”之“三大主义”的不同之处就在于，陈独秀的“三大主义”只讲目的、不讲方法。在《建设的文学革命论》中，胡适提出了“国语的文学，文学的国语”这个宗旨，所谓国语，就是书面语和口语相一致的普通话，这在今天看来似乎没什么了不起，但在当时，白话还没有形成它的语法，还缺乏书面化的标准，胡适认为，这个标准须要通过文学来建立，必须先有新的白话文学，然后才会有文学的国语。明清小说中的白话，已非 20 世纪的白话，明清小说的结构，也缺乏剪裁和布局，只有创造新的白话文学，才能为将来的国语树立典范。随后他又谈了创造新文学的次序：（一）工具，（二）方法，（三）

创造。其中重点讨论的，就是创造新文学的方法，包括“集收材料的方法”“结构的方法”和“描写的方法”。其实，他说要通过白话文学来建立国语的标准，说的也是方法。

李欧梵先生曾批评胡适“国语的文学，文学的国语”问题颇多，文学和国语究竟孰先孰后？“如果以文学为先，那么是否以白话写出来的作品都是‘国语的文学’？方言如何处理？是否应该扬弃或提倡？”他认为，“‘国语’事实上只不过是北方的官话，和南方人的语言相去甚远，而新文学的初期作家却以南方人为多，他们写的作品表面上是白话，但许多词汇还是来自南方”。[①]李欧梵先生思考问题的角度，显然跟胡适不同。胡适的意思其实很清楚，他强调的是白话需要提升，需要讲求文法，需要经过文学的锤炼，然后才能成为国语。所谓文法，包括白话文的语法和白话文学的章法、结构。就白话文的语法而言，举个例子说，譬如秋瑾的《敬告中国二万万女同胞》完全是用口语写的，让我们从中随便摘抄几句话：“陈后主兴了这缠足的例子，我们要是有羞耻的，就应当兴师问罪；即不然，难道他捆着我的腿？我不会不缠的么？男子怕我们有知识、有学问、爬上他们的头，不准我们求学。我们难道不会和他分辩，就应了么？”[②]这几句话虽然都是口语，但这样的口语却不配做白话

① 李欧梵：《现代性与中国现代文学》，见《未完成的现代性》，北京：北京大学出版社，2005年，第24页。

② 秋瑾：《敬告中国二万万女同胞》，见郭长海，郭君兮辑注：《秋瑾全集笺注》，长春：吉林文史出版社，2003年，第363页。周质平先生2011年在香港城市大学所做一次演讲中曾举过类似的例子，例句有所不同，由于周质平先生未准备讲稿，完全凭记忆演讲，因此所举的例句不是很准确。

的书面语。头一句“陈后主兴了这缠足的例子”，如果用白话的书面语表达，应该是“陈后主开了这缠足的先例”；“我们要是有羞耻的”应该是“我们要是有羞耻感”；“就应当兴师问罪”缺少宾语，问谁的罪？问陈后主吗？“难道他捆着我的腿”，“他”指代不清；“我不会不缠的么”，“的”字多余……下一句，“爬上他们的头”，意思我们都能理解，如果用在小说里，只要符合人物的身份，也许还能增加作品的文学性，但这种白话文是不能直接用作国语的，除小说中的特定情境外，它不能用于其他文体，因为它不精练，而且不讲求语法，不能作为标准的白话书面语。类似的白话文在晚清的白话报刊中比比皆是，包括胡适早年在上海中国公学读书时编的《竞业旬报》，其语言也是如此。就白话文学的章法、结构而言，胡适曾指出，晚清的讽刺小说都是学《儒林外史》，而“《儒林外史》没有布局，全是一段一段的短篇小说连缀起来的”，[①]中国的旧戏也最不讲究“经济方法”，“《长生殿》全本至少须四五十点钟方可演完，《桃花扇》全本须用七八十点钟方可演完”，[②]这些作品的结构、布局过于散漫，因此不能作为白话文学的典范。当然胡适并未否认《海上花列传》等晚清小说在结构、布局上的创新，但它们的创新还远远不够。在当时还缺乏成熟的、标准的白话书面语和章法、结构严谨的白话文学作品的情况下，要想为白话文和白话文学

① 胡适:《五十年来中国之文学》，见《胡适全集》（第2卷），合肥：安徽教育出版社，2003年，第315、316页。

② 胡适:《文学进化观念与戏剧改良》，见《胡适全集》（第1卷），合肥：安徽教育出版社，2003年，第148页。

树立典范，只有先靠作家们的白话文学创作，有了成熟的白话文学作品，自然就会形成“文学的国语”和“国语的文学”。

李欧梵先生提到方言问题。胡适的确为《海上花列传》写过长篇序言，他盛赞韩邦庆这部小说是“吴语文学的第一部杰作”。胡适说要建立“言文合一”的国语，但他从未说过要扬弃方言文学，相反，他认为“方言文学所以可贵，正因为方言最能表现人的神理”。[①]建设国语的文学，并不意味着要扬弃方言文学，方言文学自有其存在的价值。但吴语只是长江以南、丹阳以东、温州以北等少数几个省市使用的方言，国语则不能建立在这种少数方言的基础之上。严家炎先生认为：“甲午前后小说阅读的风气未开，人们对韩邦庆这位‘不屑傍人门户’、有独到见地的作家未必理解，因而《海上花》当时的市场反应只是销路平平。”[②]事实也许并不尽然。韩邦庆曾自信地说：“曹雪芹撰《石头记》皆操京语，我书安见不可以操吴语？”他还自造了书中有音无字的“覅”“嘞”等字，他的朋友孙玉声就认为：“于以慨韩君之欲以吴语著书，独树一帜，当日实为大误。盖吴语限于一隅，非若京语之到处流行，人人畅晓，故不可与《石头记》并论也。”[③]该书之所以销路平平，其首要原因，恐怕并不是人们对这位“有独到见地的作家未必理解”，而是如胡适所说：“读

① 胡适：《〈海上花列传〉序》，见《胡适全集》（第3卷），合肥：安徽教育出版社，2003年，第520、523页。

② 严家炎：《中国现代文学的“起点”问题》，载《文学评论》2014年第2期。

③ 胡适：《〈海上花列传〉序》，见《胡适全集》（第3卷），合肥：安徽教育出版社，2003年，第506页。

者太少”！[①]严家炎先生是上海人，范伯群先生是浙江人，且长期在苏州工作，两位先生自然对吴语没有隔膜，范伯群先生提到《海上花列传》曾“得到鲁迅、胡适、刘半农、张爱玲等四位大师级文学家的高度赞赏”，这四位大师中，胡适是安徽绩溪人，广义上讲，绩溪所在的徽州地区也属于吴语地区，他少年时代又在上海读书七年，另外三位大师都来自吴语地区，他们能欣赏此书并不奇怪，但不懂吴语的人显然难以阅读它，否则，张爱玲就没有必要把它译成国语了。《海上花列传》销路平平这个事实，恰好反过来印证了胡适的观点，国语应该建立在最大多数人使用的方言基础上，唯有官话方言才是全国使用最广的方言，因此，只有官话方言才能作为创造国语文学的语言工具。有了这个工具，然后才谈得上新文学的方法和创造；而找到这个语言工具，本身也包含了科学的方法。从这个角度看，李欧梵先生的问题其实很好解释：并非所有用白话写出来的作品都是“国语的文学”，《海上花列传》虽然是白话文学，但它是白话的方言文学，只有用官话方言创作，且讲求文法的白话文学才能成为“国语的文学”，至于有些词汇是来自南方还是来自北方，甚至来自英文音译或日译，只要大多数读者都能读得懂，就并不妨碍我们把它吸收为国语词汇，现代汉语中的日文汉字词汇恐怕不见得比来自南方的词汇少。

胡适的《论短篇小说》《文学进化观念与戏剧改良》《谈新诗》等文章讨论的是各种体裁的文学。在《论短篇小说》中，他谈

① 胡适：《〈海上花列传〉序》，见《胡适全集》（第3卷），合肥：安徽教育出版社，2003年，第526页。

了“最经济的文学手段”，[①]所为经济，就是恰到好处，所谓手段，当然就是方法；在《文学进化观念与戏剧改良》中，他又讨论了“文学的经济方法”和“三一律”的创作方法；[②]在《谈新诗》的第五部分，他也谈了“做新诗的方法”。[③]除散文之外的各种文学体裁，胡适都讨论了具体的创作方法。同时，他的白话诗创作，也是把白话运用到诗歌创作上的尝试，因为戏曲、小说在历史上已有了大量的白话作品，而诗歌则是文言的“最后一个堡垒”，[④]尽管胡适自己的白话诗创作不算成功，但他却通过白话诗的创作实验，攻克了这个堡垒，开辟了白话新诗创作的时代风气。此外，他创作的独幕剧《终身大事》，以及率先用白话文翻译的很多外国小说，都为白话新文学开辟了道路，也为中国文学的现代化开辟了道路。

但胡适倡导“文学革命”方法上的最大贡献，还不在文学理论和创作试验上，而是在对这场运动的倡导上。1919 年 2 月，他在《北京导报》上发表的英文文章《中国的文学革命》中，就谈到“新的‘尝试诗’”和“历史依据”；[⑤]12 月，他又在《新青年》

① 胡适：《论短篇小说》，见《胡适全集》（第 1 卷），合肥：安徽教育出版社，2003 年，第 125 页。

② 胡适：《文学进化观念与戏剧改良》，见《胡适全集》（第 1 卷），合肥：安徽教育出版社，2003 年，第 147—150 页。

③ 胡适：《谈新诗》，见《胡适全集》（第 1 卷），合肥：安徽教育出版社，2003 年，第 174—178 页。

④ 胡适：《胡适口述自传》，唐德刚译注，桂林：广西师范大学出版社，2005 年，第 149 页。

⑤ 胡适：A Literary Revolution in China，见《胡适英文文存》（一），北京：外语教学与研究出版社，2012 年，第 3—5 页。

上发表了另一篇重要文章《新思潮的意义》，谈到新思潮和旧学术的关系，提出“研究问题、输入学理、整理国故、再造文明”，这也是他正式提出“整理国故”的较早的一篇文章。那么“整理国故”和“文学革命”究竟是什么关系？“文学革命”一向被认为是进步的，它开创了新文学的历史，“整理国故”则是钻故纸堆，因而是保守的，有学者认为，这反映了胡适思想中有列文森所说的“理智上接受西方，而情感上面向传统”的困境。这个时期他不仅出版了《中国哲学史大纲》，还发表了《清代学者的治学方法》《井田辨》等“整理国故”的文章；后来又陆续发表了《〈水浒传〉考证》《〈水浒传〉后考》《〈红楼梦〉考证》《〈西游记〉考证》《〈镜花缘〉的引论》《〈三国志演义〉序》《重印乾隆壬子本〈红楼梦〉序》《考证〈红楼梦〉的新材料》《百二十回本〈忠义水浒传〉序》《〈三侠五义〉序》《〈海上花列传〉序》《〈儿女英雄传〉序》《〈官场现形记〉序》《〈老残游记〉序》《〈醒世姻缘传〉考证》等大量古典小说考证文章，还出版了《国语文学史》《白话文学史》，选编了《词选》《中国文学史选例》，这些都是他“整理国故”的一部分工作。

1927 年 5 月，他在日本“泛太平洋俱乐部”所做的一个题为“中国文化的再生概述”的演讲中，阐述了“文学革命”与“整理国故”的关系。他说：“我们只是简单地用两种方法来阐明新的发展趋势、新运动的精神和中国的文艺复兴。这两种方法是历史的方法和实验的方法。首先，新文化运动的领导者回到历史向人们指出，那些古典传统，那些不变的古文，并不能代表中华民族的文艺精神，而只能代表那些死去的、毫无生气的中国文学。另一方面，与这种死去的古典传统同时，还有一种不断发展的可为人们理解的活的语言贯穿着20个世纪并与之齐头并进。”他进一步解释说：“那些乡村恋人，田间的劳动者，街头说书艺人，这些底层的人们需要一种语言去表达他们的直接感觉——爱和喜悦，苦难和悲伤。他们不能耗费二三十年的时间去掌握一门死的语言来唱歌或讲故事。所以在20个世纪里，群众创造了大量口语的文学，他们创造了难以计数的歌谣、故事诗、传奇乃至长篇小说……这种语言就是95%的中国土地上所说的官话。但我们的对手说，尽管这种流行的语言很适宜创作小说和戏剧，然而小说和戏剧不能代表所有的文学。所以我们求助于第二种实验的方法。我们邀请作家加入我们，用这种语言对文学的所有分支形式进行试验，看看这种已经创作出伟大文学作品的语言是否依然能够为现在的中国创造出伟大的作品。1916年，我是第一个用这种语言写诗的人。我的第一本诗集叫做《尝试集》。”①

从这段话里我们可以清晰地了解他的“文学革命”思想和“整理国故”思想的关系，他在“文学革命”中的理论倡导和创作尝试，以及“邀请作家加入我们”，都是一种“实验的证明”方法，而他的古典小说考证（即文学中的“整理国故”）则是一种“历史的证明”方法。他后来在1955年的《四十年来中国文艺复兴运动留下的抗暴消毒力量》中详细介绍过这种方法，这

① Hu Shih：Cultural Rebirth in China Outlined，in *The Trans-Pacific*（东京），Vol. XIV，No. 20，May 14，1927，p.13。

是他结合了中国传统的考证学方法、赫胥黎的“严格地不信任一切没有充分证据的东西”的“存疑主义”方法，而对杜威的“实验主义”方法的一个新发展。他把这种新的“实验主义”方法概括为“循果以推因”的“历史的方法”和“制因以求果”的“实验的方法”。“历史的方法”就是通过已知的材料来推求未知的原因；而“实验的方法”则是通过实验的证据来证明某种假设能否成立。历史科学不能制造证据，只能从现存的遗迹中去推求产生这种遗迹的原因；实验科学却可以制造能够产生某种效果的条件，来验证预期中的效果能否实现。[①]两者的一致之处在于，它们都是做“有证据的探讨”。[②]他早年曾把这个方法概括为一条简单的公式，即“大胆的假设，小心地求证”。[③]由此可见，“文学革命”和“整理国故”，并非所谓“理智上接受西方，而情感上面向传统”的困境，而是“实验主义”方法在历史材料和实验材料上的不同运用。胡适正是运用了这两种方法，和陈独秀、钱玄同、刘半农、鲁迅、周作人等人一道，不仅通过理论的倡导和创作的实验，而且通过大量古典小说考证，从“历史的证明”（“整理国故”）和“实验的证明”（“文学革命”）两方面，把中国文学引向了现代化，同时也把“中国的文艺复兴运

---

① 胡适：《四十年来中国文艺复兴运动留下的抗暴消毒力量》，见耿云志主编：《胡适论争集》（下卷），北京：中国社会科学出版社，第2830、2831页。

② 胡适：《胡适口述自传》，唐德刚译注，桂林：广西师范大学出版社，2005年，第102、122、187页。

③ 胡适：《清代学者的治学方法》，见《胡适全集》（第1卷），合肥：安徽教育出版社，2003年，第388页。

动”由自发转变为自觉。胡适的这种方法上的自觉，也是黄遵宪、梁启超、裘廷梁等晚清白话文倡导者并不具备的。

五、结 语

本文从“胡适与晚清白话倡导者的异同”“什么是文学的‘现代性’”“胡适倡导‘文学革命’的方法”三方面讨论了胡适在中国文学现代化进程中所起的作用，但并不意味着要否定严家炎先生、范伯群先生、李欧梵先生、王德威先生和丁帆先生的观点，“五四”新文学运动的成功离不开晚清和民初文学积累的火种，正如范伯群先生所说，从晚清文学到“五四”新文学是一个从“量变”到“质变”的过程。在胡适本人的论述中，他也从未否认过晚清文学的意义和价值，甚至对于林纾用文言翻译的外国小说，胡适也曾给予中肯的评价。本文希望把“五四”新文学运动的材料和晚清文学的材料放到同等地位上来讨论，指出胡适与晚清白话文倡导者的异同，我们不能因为强调“五四”新文学而轻视晚清文学的贡献，但也不能因为标举黄遵宪、梁启超、裘廷梁等人在文学史上的地位，而轻视胡适在中国文学现代化进程中所起的作用。现代文学究竟应当以“五四”新文学运动后白话文学取得文学的正宗地位算起，还是应当以晚清文人对白话文的倡导开始算起，这是一个值得继续探讨的问题，从本文的史料分析与比较来看，把现代文学的起点从“五四”新文学运动后白话文学取得文学的正宗地位算起，显然要更为合理。然而“五四”新文化运动虽然提出了思想文化现代化和文学现代化的目标，却不能说这个目标已完全实现，白话文学取得文学的正宗地位只是走完了文学现代化的第一步，但还没有实现文学的充分现代化。等到我们的文学真正成为具有充分“现代性”的文学，再回过来看，也许我们把晚清文学和“五四”新文学都看作“中国的文艺复兴”时期的文学将更为合适，因为它们都是现代化过程中的文学，是一个过渡时期的文学，而不是已经实现了充分现代化的文学。

（原载《鲁迅研究月刊》2018 年第 12 期）

胡适思想与中国现代性问题

一

这个题目看起来比较宏观。我想在这个题目下讨论的是，胡适有关中国现代化的思想，最近十年来学界“反思现代性”讨论中出现的几个重要问题，以及从胡适的角度该如何看待这些问题。我此前做胡适英文论著考证、搜集与整理，做他英文佚文的翻译和研究，都是做具体问题的研究，或者说主要是微观的研究。但是我想，做微观的研究也需要有一个宏观的思路，有一个宏观的思路才能明确我们的研究目的，才能统摄我们的微观研究；换句话说，我们研究的每个具体问题，都应该在一个宏观的思路中各占一个位置，各种具体问题的研究要能够汇集到一个总的目标上，如果没有这个宏观的思路，那么我们的微观研究就很可能是零散的、拼盘的、不成系统的。

胡适一生都在研究具体问题，但并不意味着他没有一个宏观思路，相反，他的宏观思路是非常明确的，那就是一步一步并且卓有成效地推动中国知识的进步和社会的进步，持续地推进中国社会的现代化。他的中国哲学史研究、白话文学史研究、佛教史研究、《红楼梦》考证、用清代乾嘉学者研究经学的方法研究古典小说，以及《水经注》疑案考证等，研究的都是具体问题，他用科学的方法来研究这些具体问题，直接推动的是我们的知识进步。他倡导白话文学、主张建立言文一致的国语，从他证明白话文学的历史合法性角度看，他为那个时代提供了新的知识；从他主张建立言文一致的国语和把白话文学确立为文学的正宗角度看，他同时也是在推动我们社会的进步和文学的进步。当然，知识的进步本身也是社会进步的一个重要因素。

他一生中还多次成为各种文化论争的主角。除了他在美国留学时期与梅光迪等人展开的关于白话诗的争论、回国后关于“问题与主义”的争论、1923 年参与的“科玄之争”外，从 20 年代末到 30 年代中期，他还引起或发起了关于“传统与西化”的论争和“民主与独裁”的论争。“传统与西化”的论争和“民主与独裁”的论争发生于同一时期，前者持续的时间最长，后者引起的反响最激烈。他参与或发起这些论争的目的，也都是为了推动中国社会的进步。

有些史家把“传统与西化”的论争描述为新儒家与自由主义之间的交锋，是中国的传统思想与舶来的西学思想之间的论争，但我觉得这个问题似乎不那么简单。1929—1931 年，胡适先后写过三篇题为“文化的冲突”的英文文章，[①]旗帜鲜明地反对“抗拒现代化”和“选择性的现代化”的观点，提出要“一心一意的现代化”“全盘地吸收西洋现代文明”的主张。这个时期虽然离“科玄之争”已经过去好几年，但讨论的问题还是从“科玄之争”来的，这些问题甚至可以上溯到清末民初的各种思想文化论争。譬如梁启超、严复等人就常常一边大力推介西学思想，一边又强调对传统文化根基的守护，某种意义上，这也可以说是一种“选择性的现代化”主张。胡适认为，社会上大多数人思想都是保守的，知识分子是社会思潮的领导者，只有知识分子持“一心一意的现代化”的态度，在群众当中才能达到“选择性的现代化”效果，如果知识分子持一种“选择性的现代化”的态度，那么群众就会止步不前，社会必定毫无进步。30年代初，对胡适“全盘吸收西洋现代文明”观点的批评意见主要来自当时归国留学生创办的英文报纸《中国评论周报》，但1933年年底陈序经在中山大学发表的演讲《中国文化之出路》又为这场争论添了一把火，使论争蔓延到包括《独立评论》在内的各种刊物上。1935年1月，王新命、陶希圣等十教授联名在《文化建设》月刊发表了《中国本位的文化建设宣言》，反对“全盘

① 这三篇文章分别是：Conflict of Cultures（《文化的冲突》），原载 *The China Christian Year Book, 1929*（《中国基督教年鉴》，1929年卷），中译文见欧阳哲生编：《胡适文集》（11），北京：北京大学出版社，1998年，第167—174页；The Cultural Conflict in China（《中国之文化冲突》），原载 *North China Daily News*（《北华捷报》），1930年1月28日，第161—162页；Conflict of Cultures（《文化的冲突》），原载 Bruno Lasker 编的 *Problems of the Pacific, 1931*，芝加哥大学出版社，1932年，第471—477页。

西化”观点，该文曾被《东方杂志》等多种刊物转载。同年6月，胡适又在《大公报》上发表了一篇《充分世界化与全盘西化》，来回应各界的批评意见。当然胡适所谓的“全盘西化”，与陈序经的观点并不完全一致，陈序经的“全盘西化”主要是指生活趣味上的“西化”，而胡适讲的则是“文化上的大趋势、大运动”。后来随着日本侵华战争的临近，这个论争才得以告一段落。

因为在这次论争中胡适使用了“全盘西化”这个词，这使他的有关中国如何走向现代化的思想长期以来一直受到各种误解和攻击。尽管胡适在《充分世界化与全盘西化》一文中承认过“全盘西化”这个名词“的确不免有一点语病”，“我赞成‘全盘西化’，原意只是因为这个口号最近于我十几年来‘充分’世界化的主张”，[①]但他的这个解释常常被认为是画蛇添足。人们通常把这个问题理解为如何处理中西文化关系的问题，但是，如果我们把胡适的各种中英文论著结合起来看，就会发现这不仅仅是一个“中西之争”的问题，在本质上，它更是一个“古今之变”的问题。

我们应该结合胡适的各种有关“中国的文艺复兴”的论述来理解他的这个思想。根据他的日记、书信、年谱和论著统计，胡适一生中至少做过46次题为“中国的文艺复兴”的演讲，此外还有4篇同一主题的中英文文章。我搜集到的他直接以“中国的文艺复兴”为题的中英文文章和演讲，如果把1933年芝加

① 胡适:《充分世界化与全盘西化》，见《胡适全集》(第4卷)，合肥：安徽教育出版社，2003年，第584—587页。

哥大学的6次演讲、1946年康奈尔大学的6次演讲和1956年加州大学的10次演讲中的每一讲都按一篇计算的话，总共有36篇。在胡适早期的著作中，他都把Renaissance这个词译为“再生时代”，意思是指情感与理智的再生，用今天的话说，就是人文情感与理性精神的再生，直到50年代后，他才在中文论著里直接使用“文艺复兴”这个译法。他在20年代末或30年代初所写的一篇题为“再生时代”的中文文章里说：“再生时代（The Renaissance，以下简称R.）只是一个过渡时代，从中古过渡到近世。”[①]也就是说，他把“文艺复兴”看成是从古代社会到现代社会之间的一个过渡时期。30年代以前，他讲“中国的文艺复兴”，主要还是讲唐宋以来中国思想和文学的再生运动，但到1942年以后，他就把中国思想史划分为“中国古典思想的原生时期”“中古宗教时期”和“中国思想的再生时期”，这三个时期大约各占一千年历史。他认为在佛教思想占据主导地位的一千年里，中国人的世俗情感和理智能力受到了禁锢，人们对佛教的盲目信仰使整个民族失去了怀疑精神与独立思考能力。而宋代程朱理学的出现，是中国的“再生时期”里第一次对佛教的怀疑与批判，当程朱理学又被定为一尊、成为新的社会信仰之后，历史上又出现过两次规模较大的对程朱理学的怀疑与批判。这种怀疑与批判精神的再生，是中国宋代以来理性精神再生的

① 胡适：《再生时代》，见《胡适全集》（第13卷），合肥：安徽教育出版社，2003年，第140页。原文为手稿，写在“新月稿纸”上，未注明写作时间。经考证，此文应写于20年代末或30年代初。“从中古过渡到近世”手稿原文为“从中古渡过近世”。

标志。他 1933 年在芝加哥大学的演讲中曾乐观地表示，中国历史上有过 4 次“文艺复兴运动”，但由于各种不同原因，最终都失败了，而“五四”以来的新文化运动，将是中国历史上的最后一次“文艺复兴运动”。他把“五四”新文化运动看成是一千年来“中国的文艺复兴运动”中的一个环节，一个大时代中的一个小时代。

胡适通过其各种有关“中国的文艺复兴”的论述，揭示了一个历史规律，这个规律就是人类社会——无论是中国还是西方——都有一个从古典的人文情感与理性精神勃发的“百家争鸣”时代，进入一个中古宗教时代，再由中古宗教时代进入一个情感与理智的再生时代。在信仰时代，人们对各种宗教教义只能虔诚地相信，而不能加以怀疑和批判，中国与欧洲的不同仅仅在于，欧洲中世纪信仰的是基督教教义，而中国信仰的则是佛教、道教和儒家教义；在那个时代，人们的世俗情感受到了禁锢，理性精神和科学精神无法得到自由生长。胡适于 1954 年 4 月 13 日参加哥伦比亚大学二百周年纪念活动时，在哥大远东学会（Far Eastern Association）第六届年会上发表的演讲《中国传统思想里的怀疑精神》（The Right to Doubt in Ancient Chinese Thought）中曾说过：“中国思想史上每一个具有创造力的时期都是勇于怀疑的结果”，他说，“我所说的怀疑意为不笃信，指质疑和挑战传统信仰、观念及制度的权威性与正当性。”[①]他这里说

① Hu Shih：The Right to Doubt in Ancient Chinese Thought，in *Philosophy East and West*，1963.1.，Vol. 12，No. 4，pp. 295–300.

的“怀疑精神”，正是理性精神的一个基本要素，一个人或一个社会，只有“不笃信”各种传统的信仰和观念，其理性精神才能够得到充分的发展。这种怀疑精神正是胡适一生所坚持的精神。如果没有这种怀疑精神，我们的社会就只能在一个信仰时代里延续它的古代历史，而无法实现其现代转化；只有当我们的社会经过一个情感与理智的再生时代，人们的怀疑、批判、论辩和独立思考的精神得到充分的复苏，我们才能从古代社会过渡到现代社会。

胡适把“中国的文艺复兴”作为从古代社会向现代社会过渡阶段的理论，也说明了他在30年代“传统与西化”论争中提出的“一心一意的现代化”“全盘吸收西洋现代文明”的主张绝不仅仅是一个“东西之争”的问题，他把中国乃至整个人类社会从古代社会向现代社会过渡，看成是社会发展进化的一个必由之路，在这条道路上，西方人比我们先行了一步，我们要想在这条道路上少一些坎坷曲折，就应该一心一意地学习西洋的现代文明。这个西洋的现代文明，不仅包括胡适说过的“摩托车文明”，[①]也就是工业文明，更包括整个社会的伦理文明与制度文明。他所提出的情感与理智的再生时期作为从古代社会向现代社会过渡阶段的观点，以及在这个过程中我们应当充分地学习西方的现代文明，其目的仍是要推进我们社会的进步，仍是要使中国早日脱离古代社会而进入现代社会。

---

① 胡适:《漫游的感想》，见《胡适全集》(第3卷)，合肥：安徽教育出版社，2003年，第36页。

那时候还没有流行“现代性”（Modernity）这个概念，胡适使用的是“现代化”（Modernization）这个概念。“现代性”概念是伴随着十多年前的“文化全球化”讨论才在中国受到广泛关注的，尤其是近年来随着吉登斯、哈贝马斯和福柯的学说传入中国后，对“现代性”的反思成了学界的一个热门话题。然而如果从胡适的角度来看今天人们对“现代性”问题的反思，也许我们能够得出一些不同的观点。

二

什么是“现代性”？这个问题一向众说纷纭。人们一般把“现代性”解释成欧洲启蒙运动之后的一个概念，认为它是一种以“进步”为理想和目标，渴望和落后的过去决裂，从而迈向开放的未来的观念。[①]人们所公认的对这个概念的权威表述，是来自吉登斯、哈贝马斯和福柯等人的理论。吉登斯强调“现代性”与传统之间的“断裂”，认为“现代性”是由工业文明带来的从世界观、经济制度到政治制度的一套制度性架构，在吉登斯看来，这套制度性架构是伴随着欧洲启蒙运动而建立起来的，“现代性”与古代传统的区别即在于一种政治制度、经济制度、文化与生活方式等方面发生的“制度性转变”。[②]哈贝马斯则把

① 参见廖炳惠编：《关键词200》，南京：江苏教育出版社，2006年，第160页。

② 参见吉登斯：《现代性的后果》，田禾译，南京：译林出版社，2000年，第1、4—6、49—55页。

“现代性”看成是一项“未完成的设计”，这项“设计”旨在用“个人自由”和“主体性原则”取代中世纪的“灵魂救赎”模式，他把理性的自我理解与自我确证看成是真理之源、价值之源，自启蒙运动以来，世界不再是上帝的造物，而是人的理性设计，一切制度化的安排都需要经过理性的确证。[①]福柯将“现代性”解释为一种对时代进行“批判性质询”的品格，一种哲学批判的精神，他认为“对启蒙的信念”赋予我们“对自由的渴望以形式”。[②]而我们国内有关“现代性”的讨论中，还有一个更为普遍的说法，认为“现代性”是指“一种直线向前、不可重复的历史时间意识”。李欧梵先生和汪晖先生都持此说。[③]

每当我看到这些观点，就会想起胡适在谈到人们对欧洲文艺复兴运动的理解时，曾经提到过的一个看法。1929年12月15日，胡适日记里记载了他与查尔斯·马丁（Charles E. Martin）教授讨论有关文艺复兴的问题，他说：“欧洲‘再生时代’的历史，当重新写过。今之西洋史家去此时代已远，实不能充分了解这时代的意义。我们东方人今日正经过这时代，故能充分了解这一段历史的意义过于西洋学者。”[④]胡适一直强调“做学问，当在不疑处有

① 参见哈贝马斯：《现代性的哲学话语》，曹卫东译，南京：译林出版社，2011年，第380—410页。

② 福柯：《什么是启蒙？》，汪晖译，载《天涯》，1996年第4期。

③ 李欧梵：《晚清文化、文学与现代性》，见《未完成的现代性》，北京：北京大学出版社，2005年，第4页；汪晖：《现代性问题答问》，见《去政治化的政治——短20世纪的终结与90年代》，北京：生活·读书·新知三联书店，2008年，第482、483页。

④ 胡适：《日记1929年》，见《胡适全集》（第31卷），合肥：安徽教育出版社，2003年，第533页。

疑”，我想，即使我们不能轻易地怀疑这些国内外著名学者基于他们自己的论据得出的结论，我们也可以从不同视角来讨论一下他们观点的得失。

吉登斯、哈贝马斯和福柯对“现代性”概念的这三种权威解释，都无一例外地强调了“现代性”与欧洲启蒙运动的关系，吉登斯和哈贝马斯也都强调了“现代性”与中世纪传统的区别或“断裂”，但他们都没有强调从古代传统到“现代性”之间还有一个纽带，还有一个过渡阶段，这个过渡阶段就是人文情感与理性精神的再生时期，即欧洲的文艺复兴时期。欧洲的中世纪是一个信仰的时代，那个时代人们的理性精神是受到禁锢的，但理性的复苏并不是从天而降、一夜形成的，如果没有文艺复兴带来的理性精神的再生，就不可能出现16世纪的宗教改革，没有宗教改革，经院哲学所依凭的那种亚里士多德“三段论”证明方法就不会受到普遍质疑，培根的归纳法和笛卡尔的形而上学演绎法也就不会成为后来经验论哲学与唯理论哲学论争的焦点，如果没有这两种哲学长达百年的论争，我们很难想象康德的先验论哲学会在什么条件下才能出现。而理性精神到18世纪后期随着康德哲学的问世而达到了巅峰，以至于理性最终取代了中世纪的宗教信仰，但如果忽略文艺复兴这个人文情感与理性精神的再生时期，谁能解释一个理性的时代从何而来？哈贝马斯所说的理性的设计，吉登斯所说的新的制度性架构，福柯所说的“哲学的质疑”的精神气质，都把“现代性”的上限设定在以康德等人为代表的欧洲启蒙时代，因此他们强调的主要是“现代性”与中世纪传统之间的革命性区别或“断裂”，而不是它们之间的联系。

1916年4月5日，胡适《留学日记》“吾国历史上的文学革命”中说：“革命潮流即天演进化之迹。自其异者言之，谓之‘革命’。自其循序渐进之迹言之，即谓之‘进化’可也。”[①]他的这个观点，来自赫胥黎的《天演论》。[②]从这个角度看，吉登斯、哈贝马斯和福柯的观点强调的都是启蒙运动以来形成的那种与中世纪传统“断裂”之后的“现代性”，都是“自其异者言之”的，而不是从其“循序渐进之迹”的角度来看待“现代性”问题的。至于把“现代性”界定为一种“直线向前、不可逆转的线性时间观”，也许不能说这种界定有什么错误，因为自欧洲启蒙运动以来，或者说自吉登斯所认为的18世纪后期机械钟发明以来，时间—空间的分离成了“现代性之极端动力机制”，在“现代性”社会，过去不再比未来更重要，一切文化都在“不断地展现新的发现”，时间总是从一个起点奔向另一个起点，世界总是从一个未来奔向另一个未来，这种只向未来开放的时间观念确实可以被认为是不可逆转的。哈贝马斯也说过，“现代性面向未来，追新逐异，可谓前所未有”。[③]然而，吉登斯为了证明一个由于时间—空间的转换而造成的“断裂”或“脱域”概念，便试图“取

① 胡适：《留学日记》（卷十二），见《胡适全集》（第28卷），合肥：安徽教育出版社，2003年，第337页。

② 参见赫胥黎：《天演论》，严复译，北京：商务印书馆，1981年，第5页。

③ 哈贝马斯：《现代性的哲学话语》，曹卫东译，南京：译林出版社，2011年，第49页。

代进化论的叙事，或者解构其故事主线”，是否仅仅是因为进化论所揭示的历史进化规律并不能体现他所说的那种社会系统的“脱域”状况？所谓“脱域”，吉登斯指的是“社会关系从彼此互动的地域性关联中，从通过对不确定的时间的无限穿越而被重构的关联中‘脱离出来’”。[①]如果说他只是为了证明一种所谓“现代性的断裂”，为了证明一个时间上的“脱域”概念，便试图取代或解构进化论这个曾经对历史产生过重大影响并早已成为现代科学常识的学说，是否反过来也可说明这个“断裂”或“脱域”概念并不完全符合历史事实？进化论并不是一个像吉登斯所说的抽象的历史的“总体性”形式，而是一种建立在大量事实证据基础上的一般性原理，尽管我并不认为进化论学说不可怀疑，但我们要想否定这种学说，就应当对该学说的基本原理或适用范围的局限性进行充分、严谨的论证，否则，那种解构就难以使人信服。因此，即便所谓“现代性”是指“直线向前、不可逆转的线性时间观”的概括是正确的，它也只是一种抽象的概括，只是把一种线性发展的时间观念抽象出来，这种“现代性”概念并不能揭示现代社会与古代社会的联系与区别。

西方学者把“现代性”定义为欧洲启蒙运动之后的概念，而没有充分考虑从古代社会向现代社会的那个过渡阶段，是否是因为这些学者“去此时代已远，实不能充分了解这时代的意义”，我不得而知。但是“我们东方人今日正经过这时代”，如果也不

① 吉登斯:《现代性的后果》，田禾译，南京:译林出版社，2000 年，第 15、17、18、33、34 页。

能“充分了解这一段历史的意义过于西洋学者”，那就不能不说是我们自己的问题了。1998 年以前，中国学界讨论“现代性”问题还比较少，但随着 1998 年年底汪晖先生发表《当代中国的思想状况与现代性问题》，对这个问题的讨论就逐渐多了起来；1999年，各学科领域关于“现代性”讨论的文章就突破了100篇，后来随着中国加入世界贸易组织，“反思现代性”和“文化全球化”又成了学界的热门话题，讨论的文章数量也呈逐年上升趋势。2008 年至今，国内学术期刊发表的不同学科领域的直接以“现代性”为题的论文，每年都有 1000 篇左右。在“反思现代性”的讨论中，有几个倾向值得我们注意：一是批评所谓“理性的膨胀”给人类带来的消极后果；二是认为中国没有真正意义上的宗教，应该为中国确立一种真正的宗教信仰；三是把“现代性”看成是一种西方文化霸权对中国的入侵。这几种观点，如果从胡适的角度看，即便不说是排斥现代化或抗拒现代化的观点，至少可以说它不是一种对现代化持有乐观态度的观点。以下我们试分别讨论这些观点。

第一，在近十年来各种有关“现代性”的讨论中，人们对“现代性”的反思似乎远远多于对它的认同，人们在反思“现代性”问题时，批判得最多的就是所谓“工具理性”“科技理性”或“科学理性”，乃至进而批判“理性”自身的“膨胀”，认为它是欧洲启蒙运动带来的消极后果。“工具理性”这个概念源于马克斯·韦伯的理论，后来经过霍克海默和阿多诺的批判，这个概念成了“反思现代性”论述中一个炙手可热的概念。“工具理性”与“价值理性”相对，“价值理性”类似于康德所说的“定言命令”，是一种无条件的价值；而“工具理性”则是为人的某种功利目的服务的工具崇拜和技术主义价值观，它强调绩效法则，强调操作上的精确性和可计算性。不可否认，在现代工业社会和资本社会，这种“工具理性”确实给人类带来了一种生存困境。然而，这种“工具理性”究竟是一个理性概念，还是一个“合理性”概念，这似乎是一个值得考量的问题。所谓“合理性”，是指与人的理性相符合的事物或行为。一个“合理性”概念并不能等同于“理性”概念，正如康德说的“合规律性”和“合法则性”并不等同于自然规律和实践法则本身，我们说一个事物或一种行为即使是“合理性”的，却并不能因此认为它本身就是一种理性。

我们从康德那里学到的理性概念，是指人的直观能力、知性能力和自由能力，知性能力又包括十二种范畴能力。康德通过“第一批判”来厘清这些概念之间的关系，他认为之前一百多年欧洲经验论和唯理论哲学之间的争论，就是因为没有对人的理性能力进行认真的批判，他还指出：“如果有人让各门科学互相越界，则这并不是对它们有所增益，而是使它们面目全非。”[①] 如果我们说到理性概念，我想我们不应当绕过康德的概念。但是，如果我们站在康德的角度来看“工具理性”“科学理性”这些概念，就很难说得通。哈贝马斯在《现代性的哲学话语》一书

① 康德：《纯粹理性批判》，李秋零译，北京：中国人民大学出版社，2004 年，第 6—7 页。

中说："理性被揭发为主体性，它既是征服者，又是臣服者。此外，人们还发现，理性是工具性的支配意志。"[①]说理性是主体性固然不错，但是，我们不能忘了康德还曾说过，人是目的，在任何情况下你都必须把人当成目的，而不能当成实现其他目的的手段。[②]人是目的，意味着人类的自然禀赋和道德禀赋要能够得到充分发展。[③]在康德那里，作为主体的人绝不是工具性的，人以自身的理性能力去认识自然规律和建立道德法则，显然从人的角度看，理性也不是工具性的。那么从自然的角度看，理性是不是工具性的呢？争议恐怕就出在这里，对康德的指责很多就是批评他所谓的"人为自然立法，理性为人自身立法"，认为理性由此膨胀到了可以对自然横加干涉的地步，但这种批评似乎忘了康德讲过人为自然立法的条件是"合规律性"，它必须符合自然本身的规律。从这个意义上看，我们也不能说"理性是工具性的支配意志"。康德的理性是人自身的能力概念，它并不是一个工具性的概念。正如康德所说，一种"合法则性"的行为，既可能是出于实践法则本身而与实践法则相符合的，也可能是出于其他功利目的而与实践法则相符合的，前者叫作"定言命令"，最具有道德价值，后者叫作"假言命令"，并不具有什么道德价值；那么我们同样可以说，一种"合理性的"事物或

① 哈贝马斯：《现代性的哲学话语》，曹卫东译，南京：译林出版社，2011 年，第 4 页。

② 参见康德：《道德形而上学原理》，苗力田译，上海：上海人民出版社，2005 年，第 48、53 页。

③ 参见康德：《世界公民观点之下的普遍历史观念》，见《历史理性批判文集》，何兆武译，北京：商务印书馆，1990 年，第 1—22 页。

行为，既可能是出于理性本身而与自然规律、道德法则以及“人是目的”相符合的（与自然规律相符合的就是“合规律性”，与实践法则相符合的就是“合法则性”，与人类的自然禀赋和道德禀赋充分发展这个目的相符合的则是“合目的性”），也可能是出于其他功利目的而与理性相符合的，如果说“工具理性”在其出发点上具有某种“合理性”的话，它也并非出自理性自身，而是出于其他功利目的而与理性相符合的，它的结果却带来了一种异化的生活，所以它并不具有理性的价值，甚至可以说它是一种理性的“二律背反”。因此，从康德的理性概念来看，“工具理性”并不是一个理性概念，而只能说它是一个“合理性”的概念，即便是马克斯·韦伯本人，也多是在“合理性”的意义上来讨论他所说的“理性主义”概念的。

有些批评者还常常把“科学理性”“科技理性”和“工具理性”这些概念混同起来，似乎使人类深陷其中的一切罪恶都是理性的罪恶，都是科学的罪恶。但他们似乎忘了理性的本义和科学的本义。康德对理性概念各种要素的批判是非常清晰的，人的怀疑、思考、论辩、判断、推论和研究的能力均来自康德所说的知性能力和思维能力，舍却理性，我们无法想象还有哪一种非理性的能力能使我们更加合理性地去认识自然和建立我们自身的道德秩序。至于科学，科学的本义只是指有系统的知识、有系统的研究，而不是那种一鳞半爪、断章取义的知识，不是那种任意阐释、随意发挥的研究。我并不否认现代科技带给人类的“囚笼”生活，但人们把现代社会中人的工具化归咎于理性和科学，似乎找错了原因，这种工具化的结果，从康德的角度看，恰恰是一种既缺乏理性又不科学的结果。如果我们承认理性确实是“现代性”的基本内涵，那么，即便我们有必要对理性可能导致的“二律背反”保留一分警醒，至少我们不应该对理性本身持片面的批判的态度。

第二，在对“工具理性”“科学理性”乃至“理性”本身进行批判之后，我们“反思现代性”的讨论中还出现了一种观点，即认为中国近30年来的现代化过程中，之所以出现环境的恶化、道德的滑坡、生活的异化，是因为中国没有真正的宗教，没有真正的信仰。请原谅我在这里略去持这些观点的学者的名字，我们只讨论这些观点，并不针对具体的人。这种观点认为，西方基督教信仰是一种对彼岸世界的信仰，它不仅相信原罪，而且相信末日审判，它追求的并不是现世的享乐，而是来世的报偿，因此西方人在工业化过程中，会更加注重对自然的保护，对道德的遵守和对人的尊重；而我们中国人虽然曾经相信佛教、道教，相信儒家的教义，但都是为了得到现世的回报，当一个人能够通过其他途径获得报偿时，他就不会再去相信那些宗教，所以中国人并没有什么真正的信仰，当我们伸手向自然掠夺时，我们并不会感到恐惧和灵魂的不安，我们现代化过程中之所以出现那么多“恶”，就是因为没有信仰造成的，因此需要为中国社会重建一种信仰。甚至还有一种观点，认为西方近代科学的发展，也是得益于他们的宗教，基督教让人相信上帝、相信真理，因而西方人会去探求真理、发现真理，而中国人由于并不相信什么是真理，所以也就缺少科学探索的精神。

我并不否认基督教的一些基本教义，同时我也不否认佛教和儒家伦理的基本教义，各种宗教教义都有它们各自的优点，也都有各自的缺陷。我想在这里简单地谈一谈我对宗教本质的理解。我以为，一切宗教本质上都是为了使人信仰。既然可以有一神宗教，也就可以有多神宗教；既然可以有有神宗教，也就可以有无神宗教，因此有神还是无神、一神还是多神并不是宗教的本质。但不管哪种宗教，都有一套基本教义，一切宗教都是要让人们去"笃信"它的教义，而不是让人们去怀疑或批判它的教义，因此对某种教义的信仰才是宗教的本质。我们的儒家学说中虽然没有一个"神"，但它同样有一套让人们去"信"的教义。胡适 1933 年在芝加哥大学的演讲《儒教的使命》(The Task of Confucianism)中说，"儒教并不是一种西方人所说的宗教……儒教从来没有打算做一有神论的宗教"，[①]但他同时又在另一个演讲中指出："儒家信徒实际上是试图创立一种新的宗教，这种宗教不为祈福于神，而在于宣扬孝道，其核心思想是：身体发肤，受之父母，不敢毁伤，孝之始也。"[②]胡适的实验主义哲学是一种"效果论"哲学，他主张把一切事物都放到效果上来衡量，从效果上看，正如欧洲的中世纪宗教一样，儒家的"纲常

① 胡适：《儒教的使命》，徐高阮译，见《胡适全集》(第 8 卷)，合肥：安徽教育出版社，2003 年，第 75 页。

② 胡适：The Chinese Renaissance，见《胡适全集》(第 37 卷)，合肥：安徽教育出版社，2003 年，第 126 页。中译文参见欧阳哲生、刘红中编：《中国的文艺复兴》，北京：外语教学与研究出版社，2001 年，第 207 页，译文稍有改动。

伦理”同样要求人们信仰，其结果同样是禁锢了人们的世俗情感和理智能力。在古代中国，皇权统治是“政”，不同历史时期被统治者信奉的儒教、道教、佛教则是“教”，中国的古代社会也是一种政教合一的社会。宗教信仰是不需要理性参与其中的，一旦理性参与了，它的教义就会受到人的理性能力的怀疑，就会动摇信仰的根基。当然，在一个信仰时代，人们虽然不能对宗教教义进行怀疑，但却可以相信不同的宗教权威对同一种教义的不同解释，这就会在同一宗教内部形成不同的教派，基督教有很多教派，佛教也有很多教派，至于儒家学说，且不论几百年来纷扰不休的“汉宋之争”，就说程朱理学和陆王心学的分歧，恐怕我们也都并不陌生。在一些大的教派之间，由于对宗教教义的理解不同，有时甚至会引起宗教冲突。欧洲中世纪的各种大规模战争，很多都是宗教战争。中国虽然没有发生过类似欧洲的那种宗教战争，却发生过史称“三武一宗法难”的四次灭佛运动，用胡适的话说，“每次的动机明显地是对这舶来的信仰进行民族主义的攻击”。[①]这些宗教战争和宗教束缚给人类带来的戕害，与现代社会的所谓“工具理性”带给人类的戕害相比，恐怕并不会显得十分逊色。以辩证的观点看，宗教并不总是给人带来善，有时也会带来恶，尤其是在中古宗教时期，它不仅禁锢着人们的思想，也禁锢了人们的生活，这种禁锢，也许会使各种宗教道德黯然失色。

---

① 欧阳哲生、刘红中编:《中国的文艺复兴》，北京：外语教学与研究出版社，2001年，第209页。

而所谓西方近代科学的发展也是得益于基督教的说法，则显然并不符合历史事实。首先，古希腊的自然科学，尤其是几何学和物理学方面取得的成就，似乎并不能说跟他们的宗教有什么必然联系，那时候还处于人类早期的一个理性精神勃发的时代，还没有一种宗教取得了精神领域的统治地位，那时候基督教还没有诞生，所以古希腊自然科学的成就与他们的宗教并无紧密的关系。其次，文艺复兴之后欧洲自然科学的发展，恰恰有赖于人的思想独立精神的复苏，它是在挣脱中世纪宗教统治的同时才得以发展起来的，我们都了解哥白尼和布鲁诺的遭遇，哥白尼直到临终才敢出版他的《天体运行论》，而教会却不止一次地把宣扬科学思想的人送上火刑架。这些众所周知的历史事实，足以说明中世纪的基督教不仅没有充当过近代科学发展的促进力量，相反，正是那种政教合一的宗教统治，严重地阻碍了近代科学的发展。欧洲近代科学是依托于文艺复兴时期理性精神的再生而得以发展起来的，那种把近代科学的发展归因于宗教信仰的观点，如果不是无视历史，那恐怕就只能说是试图为重新建立某种宗教信仰张目，试图使中国重新回到一个中古宗教时代。

第三，至于说“现代性”是一种欧洲中心主义的西方霸权理论，其实是一种有意地把中国跟西方对立起来的观点，这种对立，不仅抹煞了人类的一些共同价值，也否认了人类历史的一些共同规律。有些学者试图论证欧洲文明是以基督教信仰为出发点的，而中国文明是建立在儒家伦理的基础上的，中国的伦理文明不同于西方的宗教文明，这两种文明在根源上毫无相通之处，世界是多元的，世界的文明也是多元的，因此，西方现代文明不过是一种区域性的文明，所谓“现代性”，所谓“文化全球化”，不过是西方霸权在中国实施的文化侵略，我们只要坚持沿着自身的传统走下去，必定会使中国的文明传统成为与西方文明并立的一种价值典范。我得承认，在十多年前，我自己也曾部分地持有过这种看法，我后来逐渐认识到，这种观点是有问题的。客观上，这种“多元文化论”也助长了一种狭隘的民族主义情绪。

也许我们不能否认中国的儒家伦理和欧洲的基督教信仰在表面上的确是有所不同的，譬如说基督教有上帝，有原罪和救赎，而儒家思想里根本没有这些概念。梁漱溟先生也曾说过，儒家是“以道德代宗教”。[①]然而我想指出的是，无论是欧洲基督教文明，还是中国传统的儒家文明，都是一种“信仰的文明”，尽管信仰的对象并不相同，但结果都是禁锢了人的理性、禁锢了思想的自由，使其他学说无法获得自由生长的土壤。如果说信仰是古代社会的标志，理性则是现代社会的特征，理性能力是每个人自身就具有的能力，只是在一个信仰的社会，时代环境不允许人们充分自由地运用自己的理性能力，当人类经过一个人文情感与理性精神的再生时期之后，人的理性能力会得到充分复苏，这种理性精神就构成了“现代性”的基本内涵，那

① 梁漱溟:《中国文化要义》，上海：上海人民出版社，2011 年，第 102—106 页。

么，我们就不能把“现代性”看成是某种欧洲中心主义的文化霸权对中国的入侵，因为理性能力不只是西方人的能力，中国人同样具有自己的认知能力和思维能力，只要中国社会脱离了那种政教合一的古代信仰，中国人就必定能够充分地运用自己的理性能力。所谓理性精神，不过是指社会上大多数人都能够运用自己的理性能力，都能够运用自己的怀疑能力、认知能力和独立思考的能力而表现出来的一种时代精神。我并不否认世界的文化是多元的，但多元文化也都有一个共同的历史趋势，只要人自身还具有理性，还具有认知能力和思维能力，那么理性的复苏就是不可阻挡的，信仰的文化终将让位给理性的文化。正如中国的信仰和西方的信仰并不相同，理性的文化也会呈现出多元形式。但是那种以“多元文化论”为借口，试图使中国停留在一个信仰时代，而把古今之变置换为中西之争的观点，本质上仍然不过是为了延续一个信仰的社会而寻找理论根据罢了，这种观点是难以经受历史的检验的。

自20世纪80年代以来，我们逐渐走上轨道的现代化之路才经过短短30多年，我们今天甚至还不能说中国已经完全迈进了现代社会的大门，而我们一些学者却早在10多年前就已经跟西方学者一道去“反思现代性”，去批判所谓“理性的膨胀”带来的灾难性后果，或者去为日渐被理性取代的一个信仰时代招魂，乃至指责“现代性”是某种欧洲中心主义的文化霸权，这也许可以说是一种由于历史的错位而带来的认识误区。

三

以上这些观点，似乎离我们这里讨论的胡适思想较远，其实不然。前文已经说过，胡适“中国的文艺复兴”思想揭示了一个人文情感与理性精神的再生规律。情感与理智的再生，不仅是欧洲文艺复兴运动的内涵，也是中国社会进步的标志，它是人类从古代社会向现代社会过渡的一个必由之路。胡适一生所做的工作，都可以归结到这个总的目标之下。他所说的“一心一意的现代化”“全盘地吸收西洋现代文明”，都是为了使中国早日脱离信仰的时代，进入一个理性的时代。科学精神即是现代社会中理性精神的重要内容之一，因为理性既然是人的认知能力和思维能力，它当然也就包括科学研究的能力。而这种科学精神，正是胡适毕生倡导的精神。但是，在今天的“反思现代性”讨论中，一些学者却在笼统地批判“理性”，批判“工具理性”和“科学理性”，批判西方文化霸权对中国的入侵，甚至试图重建中国社会的信仰，这些观点，几乎都与胡适的思想背道而驰。所有这些问题，根源恐怕就出自对“现代性”概念的理解上。如果我们不是把“现代性”看成现代社会与古代社会“断裂”之后的概念，而是从现代社会与古代社会的联系上来看待“现代性”问题，也许我们就会得出另一种看法。我们不妨从胡适的角度，来重新阐释一下“现代性”概念的基本内涵。

在我们重新讨论“现代性”概念之前，需要先澄清几个胡适思想中容易引起误解的问题。一是关于“理性”概念，胡适在一些论著中曾多次批评“理性派”或“理性主义”，这是否意味着他对“理性”也是持一种否定的态度？他谈到欧洲的文艺复兴时，用得较多的是“理智”一词，那么他所说的“理智”与我们这里所说的“理性”是什么关系？二是胡适并不认同康德的知识论，而本文却多次谈到康德的“理性”概念，是否恰恰与胡适思想存在着某种矛盾？三是人们普遍认为，“理性”是欧洲启蒙运动的重要特征，某种意义上甚至可以说是启蒙运动的核心价值之一，而胡适一生都不提欧洲的启蒙运动，他一生中念兹在兹的都是“中国的文艺复兴运动”，那么文艺复兴与启蒙运动究竟有怎样的区别？为何胡适始终在倡导“中国的文艺复兴运动”，而不是在中国倡导一场“启蒙运动”？在解决了这些问题之后，我们来讨论胡适思想与中国现代性问题，才不会产生歧义或误解。

首先，胡适在《实验主义》等文章中确实多次批评过“理性派”或“理性主义”，如果我们不了解近代欧洲哲学，也许会望文生义地认为胡适是在批评“理性”。但是，凡了解一点欧洲哲学史的人，都会知道胡适这里批评的是欧洲的唯理主义哲学。英语中的 Rationalism 这个词，本义是“理性主义”，我们也把它翻译成“唯理论”或“唯理主义”，用来指 17、18 世纪欧洲大陆的笛卡尔、斯宾诺莎、莱布尼茨一派的哲学。这派哲学的方法，是从一个不证自明的原因出发，先推论到一个不可再推的

“第一原因”上去，再从这个“第一原因”出发，来演绎万事万物的原理。这种从“第一原因”出发的哲学，叫作“第一哲学”，我们也译为“形而上学”，它是一种“原因论”哲学。而胡适所认同的是杜威的实验主义哲学，如前所述，实验主义是一种“效果论”哲学。“形而上学”的“第一原因”是思维的起点，它把哲学的关注点放在思维的起点上；但实验主义却把哲学的关注点移至思维的末端，它不再关注哲学的“原因”这个起点，而是关注哲学的“效果”，它的方法不再是从“第一原因”出发的推论，而是通过实验的方法去证明思维的“效果”。这两种哲学在方法论上是完全不同的，因而它们的观点也是不同的。胡适从实验主义哲学的角度，曾多次批评唯理主义哲学，并且胡适始终把“唯理主义”译为“理性主义”，他很可能是为了把人的怀疑能力和独立思考能力与“理性主义”一词区别开来，因而尽量避免使用“理性”一词，他在各种有关“中国的文艺复兴”的论著中，谈到人的怀疑能力和独立思考能力的再生时，多是用“理智的再生”这个术语来表达。因此，胡适虽然曾多次批评“理性派”或“理性主义”，但他批评的并不是人的认知能力和思维能力意义上的“理性”。当然，胡适不仅批判过欧洲的唯理主义哲学，也批评过以培根、洛克、休谟等人为代表的英国传统的经验主义哲学。

其次，胡适也并不认同康德的学说，他认为康德把人的理性能力分解得过于细碎。从根本上说，胡适之所以不认同康德的学说，是因为康德哲学也是一种形而上学理论。康德哲学是一种二元论的哲学，他把自然哲学和道德哲学分开，把人的感性直观能力和知性能力作为自然形而上学的“第一原因”，而把人的自由能力作为道德形而上学的“第一原因”，因此康德的哲学也是一种“原因论”的哲学。康德认为人的认知活动的条件是占空间，思维活动的条件是占时间，人们通过直观能力从对象事物那里获取感性杂多的表象，然后再由十二种范畴能力来整理那些表象，从而得出各种表象之间的关联性和区别性。胡适认为康德对人的理性能力所做的这些区分过于“支离繁碎”，从实验主义哲学的“效果论”角度看，他认为一切理性派与经验派的争论，一切从康德以来的知识论，“都是不成问题的争论”。[①] 这里我们可以看出，胡适反对的是康德的先验论的知识论，反对的是康德对人的理性能力所做的过于精细的区分，但胡适从未否认过人有认知能力和思维能力，我想任何人也都不会否认人有这种能力，而这种认知能力和思维能力，正是康德所说的理性能力。胡适虽然反对康德的知识论，但他也曾热情洋溢地赞美过康德的《永久和评论》。[②]胡适所说的“理智”，是指人的怀疑能力与独立思考的能力，它和康德所说的理性能力是同一回事。因此，我们这里所说的“理性”概念，与胡适的思想并不矛盾。我在前文引述康德的“理性”概念，主要是因为马克

① 胡适:《实验主义》，见《胡适全集》(第 1 卷)，合肥：安徽教育出版社，2003 年，第 300—301、302 页。

② 胡适：Kant's Principles of International Ethics，见《胡适全集》(第 35 卷)，合肥：安徽教育出版社，2003 年，第 88—107 页。另参见周质平编:《不思量自难忘——胡适给韦莲司的信》，合肥：安徽教育出版社，2001 年，第 49 页。

斯·韦伯和哈贝马斯等人的“理性”概念与康德的概念具有深厚的渊源关系，我希望通过澄清这些概念来表明，即使从康德的概念出发，“理性”也绝不是一个应该加以否定的概念。

第三，胡适一生中基本没有谈及欧洲的启蒙运动，尽管他偶尔提到过伏尔泰和卢梭，也曾不止一次地批评过康德哲学，但他都没有把他们的哲学放到启蒙主义哲学的背景中去讨论。我不想在这里展开讨论欧洲的启蒙主义哲学，只想指出两点：其一，从启蒙主义哲学本身来看，无论是英国的洛克学说、法国的卢梭学说，还是德国的康德学说，在方法论上都是胡适所不能完全赞同的，因此他们的哲学体系也是胡适所不能认同的；其二，从历史的角度看，在启蒙运动之前，欧洲已经经过了文艺复兴和宗教改革，已经比较成功地完成了从古代社会向现代社会的过渡，到了启蒙运动时期，欧洲社会的理性精神处于疾速上升时期，宗教信仰的地位已经被动摇，但在20世纪早期的中国，人们的理性精神还没有得到充分复苏，孔教运动和帝制复辟的阴影还在笼罩着这个国家，当时的中国与启蒙运动时期的欧洲还不具有可比性。胡适不谈欧洲启蒙运动，而要在中国倡导一场情感与理智再生的“文艺复兴运动”，目的就是要从基础做起，从推动中国社会的人文情感与理性精神的再生开始，来为我们的社会变革和政治变革奠定一个思想文化上的根基。

欧洲的启蒙运动和文艺复兴在其精神内涵上并非没有延续性，并非只是吉登斯所说的那种“现代性的断裂”。文艺复兴的精神内涵是“人文主义”，所谓“人文主义”，即是指人的世俗情感与理性精神的复苏，在经过中世纪近千年的宗教统治之后，人的价值被重新发现，表面上看，它是古希腊的艺术与科学精神的复兴，但实质上，它却是伴随着欧洲社会对中世纪宗教信仰的挣脱而形成的一种新的时代精神。人们常常把“理性精神”看成是欧洲启蒙运动的基本内涵，其实启蒙运动的精神也并非只有“理性精神”一种，且不说法国的启蒙主义哲学就跟德国存在着明显区别（法国启蒙哲学的核心概念是“人权平等”，而德国启蒙哲学的核心概念则可以说是“理性”），即使在德国的启蒙主义思想内部，也并非只有“理性”这一种内涵，它至少还包括“情感的教育”。比如莱辛和门德尔松，他们都是德国启蒙时代的重要思想家，莱辛的主要贡献是通过戏剧来对市民进行情感教育，而门德尔松则认为“启蒙”和“文化”是教育的两个部分，“启蒙”是理性的教育，“文化”则是艺术的、实践的教育，他认为启蒙的滥用会导致道德情感的削弱、导致铁石心肠，文化的滥用则会导致奢侈和伪善，一个民族的德行，需要通过情感和理性两方面的教育来养成。[①]只是莱辛和门德尔松等人的思想后来都被康德的光芒遮蔽了，而康德有关纯粹理性和实践理性的学说，其影响力又远远大于其有关审美的学说，所以才使德国的启蒙运动形成了一条腿长、一条腿短的局面，这也是哈贝马斯所揭示的“启蒙现代性”和“审美现代性”这个

① 参见摩西·门德尔松:《论这个问题：什么是启蒙？》，见詹姆斯·施密特编:《启蒙运动与现代性》，徐向东、卢华萍译，上海：上海人民出版社，2005 年，第 56—59 页。

问题的根源。当然，与康德同一时代的歌德和席勒在文学艺术领域所做的贡献，也并非没有引起过哲学家们的注意。胡适始终强调欧洲文艺复兴时期那种情感与理智的再生，他通过倡导“文学革命”来推动中国社会人文情感的再生，通过倡导科学的精神和科学的方法来推动中国社会理性精神的再生，他从未把理性精神强调到比人文情感更高的高度，这也是胡适思想与欧洲启蒙主义思想的区别之一。从这个角度看，可以说胡适希望中国吸取的，是欧洲文艺复兴的经验，而不是启蒙运动的经验，这也许是他不谈欧洲启蒙运动的另一个重要原因。

回到我们讨论的“现代性”问题上来。哲学家讨论理性的问题，无论是在理性层面上进行的探讨，还是直接以理性为研究对象的探讨，都是哲学家的本分，因为哲学本身就是一种理性的探讨。尽管每一种哲学都应当为情感或审美问题留一个位置，因为审美情感也是一个需要进行理性探讨的问题，但人的情感本身的丰富性和复杂性却并不是一个理性所能解决的问题，哲学家可以告诉人们，世俗情感比宗教情感更有价值，但哲学家却没有能力帮助一个人丰富他自己内心的情感。帮助人们去丰富自己的情感生活的，是文学家和艺术家的职责，只有那些活生生的文学艺术作品，才能引起人们情感上的共鸣。因此，我们不能苛责一个哲学家总是关注理性的问题；指责康德没有承担歌德的工作是不公平的。哲学所讨论的人与自我、人与自然、人与社会的问题，都需要在理性的层面上来进行探讨。在这个意义上，吉登斯、哈贝马斯和福柯等人关于“现代性”概念的解释中，即使他们考虑现代社会人文情感方面的因素不够充分，我们也不能说他们是错的。吉登斯说“现代性”是一种现代工业社会与中世纪传统“断裂”后建立起来的一套新的“制度性架构”，这是一种理性层面上的探讨；哈贝马斯认为“现代性”是一项未完成的理性设计，则是一种以理性为研究对象的探讨；至于福柯所说的“哲学的质疑”的品格，如果不说它是一种理性的品格，我们似乎找不出另一个更合适的词来形容它。因此，即使把哲学中的“现代性”问题完全看成是一个“理性”的问题，似乎也并没有什么不妥。但问题在于，他们都把“现代性”看成是欧洲启蒙运动之后形成的与中世纪传统对立的概念，这就忽视了从古代社会向现代社会过渡的那个过程的意义。“现代性”恰恰应该说是在这个过渡的过程中产生的，而不是在与古代社会“断裂”之后才产生的。

哈贝马斯用“前现代性”和“后现代性”概念来作为“现代性”概念的参照，他认为“主体性原则”是“现代时代意识的源头”。[①]在他看来，“现代性”是一种经过理性自我确证的价值规范；那么，“前现代性”就可以说是一种无须经由理性确证的规范，因为这种规范的确定性根据在上帝那里，而不在人的理性这里；至于“后现代性”，则是由 20 世纪后半叶的全球化、信息化和消费化带来的对“主体性”的消解，而形成的一种不确定性的社会性状。但是，这个意义上的“前现代性”概念并非

① 哈贝马斯:《现代性的哲学话语》，曹卫东译，南京：译林出版社，2011 年，第 49 页。

仅可用来描述中世纪那种信仰社会的性状，它也可以用来描述17世纪之前欧洲社会的总体性状，因为在启蒙运动之前，欧洲社会的“主体性原则”还没有确立起来，若是把“主体性原则”作为“现代性”的源头，那么这个“现代性”概念就并不包括欧洲文艺复兴和宗教改革时期的社会性状。“主体性原则”即是理性的原则，因为使人成为自己行为的主体的，正是人自身的理性能力。但正如前文所说，在经过中世纪漫长的宗教统治之后，人的理性能力并不是在一夜之间就得到复苏的，“主体性原则”也不是直到启蒙运动时期一夜之间确立起来的，没有文艺复兴时期的情感与理性的再生，就不可能有这个“主体性原则”的确立。如果“现代性”概念不能涵盖文艺复兴这个世俗情感与理性精神逐渐复苏的阶段，那么文艺复兴和宗教改革时期的欧洲社会，也就只能被当成“前现代性”的社会来看待，这就无法体现欧洲文艺复兴时期与中世纪的区别。而关于“后现代性”，如果这个概念所指称的各种社会性状都是不确定的，它也很难作为“现代性”概念的参照。因此，我以为，“前现代性”和“后现代性”均不是“现代性”概念最佳的参照系，可以与“现代性”概念进行对照的，只能是中世纪的那种信仰社会的性状。

我并不想创造什么新概念或新名词，但为了使我们更加清晰地理解“现代性”概念，我们有必要先了解一下什么是“古代性”。如果没有一个与“现代性”相对应的概念作为参照，那么“现代性”就很可能会成为一个可以随意阐释的概念。既然“前现代性”概念不能体现文艺复兴时期与中世纪的区别，那么我们用“古代性”这个概念与“现代性”作对照，也许是比较合适的。我们简单概括一下欧洲中世纪和中国自汉代至清末的古代社会的性状，大致可以得出这样一些要素：第一，无论是古代中国还是中世纪的欧洲，都是一种信仰的社会，或者说都是一种理性不彰的社会，也都是人们的世俗情感受到压抑的社会，在一个漫长的信仰时代，中国和欧洲都有着各自信奉的一套教义，在中国历史上的不同时期，尽管有时信奉的是佛教，有时信奉的是道教，有时信奉的是儒教，但人们都必须遵守它们的教义，宋明理学中的“三纲五常”“三从四德”等观念一直延续到了清末民初的变革时代；第二，古代的社会主要是农业社会，工商业都不够发达，人们的生产、生活都是分散的，人口流动性非常小，这使人们的眼界变得狭窄，更容易接受各种宗教学说；第三，古代社会的政治制度是王权专制，每个朝代建立后都需要借助宗教的力量来维持它的统治，古代社会大多是政教合一的社会。当然，我们这里所说的古代社会的性状，并不涵盖上古时代人类文明的滥觞时期，这种“古代性”主要是指一个王权和教权统治时期的社会性状。

我们没有必要过多地引证历史，这里需要重申的只是一个历史的规律。在上古的人类文明滥觞时期，还没有一种学说能在精神领域占据统治地位，那时候各种学说都能得到相对自由的发展。后来随着某种学说的影响力逐渐扩大，逐渐为更多的人所信奉，它就变成了一种宗教学说。孔子创立儒家学派时，他的弟子当中“受业身通者”只有七十七人；[①]耶稣在创立基督教时，他也绝不会预见到基督教将来会成为欧洲的第一大宗教。他们的学说之所以能够成为中西方两种文明的标志，都跟后来的统治者利用他们的学说分不开。当他们的学说被定为一尊之后，其他各派学说都失去了自由生长的土壤。基督教和中国的儒、释、道三教分别在欧洲和中国统治过漫长的时期，在那个时期，它们利用各自的教义禁锢人们的思想，禁锢人们的理性能力，同时也禁锢了人们的世俗情感。但人的情感能力和理性能力是每个人自身就具有的能力，它不可能永远沉睡下去，只要获得一定的契机，它们就会复活起来。在欧洲，文艺复兴运动就是随着意大利托斯卡纳方言文学和法国普罗旺斯民间文学的出现而兴起的，后来随着“人的发现”和“新大陆的发现”，最终带来了基督教世界的宗教改革；在中国，宋代初期书籍印刷的普及带来了怀疑精神和独立思考精神的复苏，程朱理学就是在这样的条件下产生的，而当程朱理学被定为一尊后，它也曾受到明清两代学人的怀疑和批判，直到晚清西学东渐以后，伴随着清末民初剧烈的社会变革和政治变革，人们的情感与理智获得了虽然短暂但却比较充分的生长。这个历史的规律，正是胡适的“中国的文艺复兴”思想所揭示的规律。

现代社会的性状也正是在这种变革中呈现出来的，我们在

① 参见《仲尼弟子列传》，见《史记》（卷六十七），北京：中华书局，1982年，第2185页。

概括“现代性”这个概念时，第一条就不能忽略这种世俗情感与理性精神的再生，一个社会，如果人们只能表达宗教情感，而不能自由地表达世俗的情感，如果只能表达对某种教义的信仰，而不能对它进行怀疑和批判，那么这个社会就绝不是现代社会；人只有从古代社会的信仰中脱离出来，成为理性的人，才能成为现代人，人的现代化是一切现代化的根本。第二，工业化和城市化也是带来“现代性转变”的另一要素，在农业社会，人们的生产、生活都是分散的，统治者只要通过其吏制和宗教就能比较有效地管理一个社会，但工业化使人们聚集到了城市和工厂，人口的流动性空前地增大了，人们的视野开阔了，诉求也呈现出多样化，传统的吏制和宗教不再能够有效地管理社会，人们必须为整个社会寻求一种契约法则，通过每个人或者他们选出的代表来签订一个所有人都必须共同遵守的社会契约，社会契约的最高形式就是宪法和法律，这种契约法则通过宪法和法律的形式来保护每个人的自由权利，人们的生产和生活也都必须遵守自己所同意的契约法则，这种制度化的管理方式与古代社会的强权政治是不同的，它应该被视为“现代性”的第二个内涵。第三，就是社会契约的制定程序和政治权力的产生程序都必须符合程序正义的原则，古代社会的法令都是由统治者制定的，现代社会的宪法和法律则是由每个人通过他们选出的代表来制定的，政府的管理者也是通过自下而上的选举来产生的，现代社会所遵循的是一种民主的程序，这种程序正义可以看作“现代性”的第三个内涵。第四，在契约法则和程序正义的原则下，宗教信仰只是一种个人的自由选择，它并不具有古代社会的那种特殊的权力，在现代社会，宗教信仰和政治权力是分离的，每个人都有权利去自由选择他自己的宗教信仰，但没有人有权力要求其他人也都来信仰某种宗教，任何宗教学说都不能再禁锢人们的理性和自由。

也许我们还可以归纳出现代社会的其他性状，但以上四个性状也许可以说是现代社会的基本性状。当然，这只是一种粗线条的概括，限于篇幅，我们这里无法对古代社会和现代社会的各种性状做细致比较，只能初步列出这两种社会中最重要的几条性状。在以上所列的现代社会的性状中，第一条就是胡适的“中国的文艺复兴”思想所表达的内容，而第二、三、四条则是他在“民主与独裁”的论争中所捍卫的观点。

从以上的讨论中，我们可以看出“古代性”与“现代性”的区别，这种区别根本上就是信仰和理性的区别，就是人的世俗情感与理性能力被禁锢还是获得解放的区别。从古代社会与现代社会的联系上看，不过是人的同一种情感能力和理性能力，在古代社会被宗教信仰禁锢了，而在现代社会又重新获得了解放，“现代性”在社会制度上的转变，完全是人的理性精神再生的结果，如果没有理性精神的再生，就不可能确立起“主体性原则”，也不可能确立现代社会的契约法则和程序正义。这可以说是一种“自其循序渐进之迹言之”的“现代性”观念。我们今天的所谓“自由主义”“新左派”和“新儒家”之间的争论，以及前文所讨论的“反思现代性”中出现的那些观点，都是中国在由一个古代社会向现代社会过渡的过程中出现的不同观点，能够出现这些争论，说明中国社会的理性精神已经得到了一定程度的复苏，但我们并不能因此就认为中国已经完全进入了现代社会。我们正处在一个文艺复兴式的过渡阶段，正处在人文情感与理性精神再生的过程中，正处在工业化与城市化的过程中，我们社会的现代契约法则和程序正义尚未完全建立起来，学术思想上出现的各种争论，也都体现了这个过渡阶段社会意识的复杂性。但我们必须认识到，从古代社会向现代社会的过渡，从一个信仰时代向理性时代的过渡，是人类历史进化的一个必然规律，我们不应违背这个规律，也不应简单地以西方 21 世纪的新理论与新问题来衡量、对照我们这个“中国文艺复兴时期”的问题，我们与今天的西方社会处于不同的时代，不同时代有不同的问题，在我们的现代化过程中，仍然应当充分吸取西方 600 年来的现代化经验。我们应该向胡适学习的，正是他的那种以乐观、开放的心态面向未来的态度。并且，在我们走向现代化的同时，应该如何对待自己的传统文化，如何对待历史留给我们的思想遗产，胡适也给出了很好的回答，他说，对于我们的传统文化遗产，我们并不是要打倒它，并不是要把它扔进历史的垃圾堆，也不是对它持一种盲目崇拜的态度，而应持一种“求因”“明变”与“评判”的态度，要以科学的态度和科学的方法来研究它。否定我们自己的传统，我们不会有将来，但迷信我们的传统，我们同样也不会有将来。

从这个意义上，我们再来反观前文所说的“反思现代性”讨论中出现的那些观点，无论是片面地批评所谓“理性的膨胀”带来的消极后果，还是认为中国缺乏真正的宗教信仰，或指责“现代性”是一种西方文化霸权对中国的入侵，可以说都没有考虑到从古代社会向现代社会过渡的历史规律。而这个规律表明，中国要想脱离古代社会，进入现代社会，我们需要的恰恰是人文情感和理性精神的再生，而不是对理性的批判与否定；我们需要摒弃的恰恰是古代社会的那种宗教信仰，而不是去重建某种宗教信仰；我们需要重新认识古今之变的历史规律，而不是把它置换为中西文化的对立。在这个意义上，追求中国社会的“现代性”，并不意味着要否定我们的传统，它所承接的恰恰是我们先秦时期和宋代以来的人文主义和理智主义的传统，否定“现代性”，只会使中国停留在一个信仰的时代而裹足不前。

我们今天讨论胡适的思想，并不仅仅是为了纪念他的功绩，更重要的是，我们应当去认识胡适思想的历史价值，及其对于我们今天和未来的启示。1960 年 7 月，胡适在西雅图华盛顿大学“中美学术合作会议”开幕式上发表的一篇题为“中国的传统与将来”（The Chinese Tradition and the Future）的英文演讲中说：“我深信，那个‘人文主义与理性主义的中国’的传统没有毁灭，而且无论如何没有人能毁灭。”[①]在 21 世纪的今天，我们应当继承和发扬的，正是这个“人文主义与理性主义”的传统。

① 胡适：The Chinese Tradition and the Future，见《胡适全集》（第 39 卷），合肥：安徽教育出版社，2003 年，第 666 页。

我们应当认识到，我们的现代化之路才刚刚起步，通往现代社会，我们还有很长的一段路要走，唯有人文情感和理性精神的再生，才是我们走向现代化的动力，而各种阻碍理性精神复苏的盲目信仰，都是我们现代化之路上的障碍，只有认清这些障碍，消除这些障碍，我们的社会才能进步。

（原载《社会科学论坛》2014 年第 8 期）

胡适“中国的文艺复兴”思想初探

一、胡适有关“中国的文艺复兴”的中英文论著

胡适有关“中国的文艺复兴”的论述几乎贯穿了他的一生。英文“Renaissance”一词本义是“再生”，中国沿用日本译法，译为“文艺复兴”。[1]在胡适早期关于“中国的文艺复兴”的中文论著里，他大多译为“再生时代”。检索他的日记、书信、年谱、西文著作目录等文献可知，从1917年6月他结束美国7年留学生活回国途中所写的《归国记》里首次记述他读薛谢儿的*The Renaissance*一书，[2]到1923年4月他写了第一篇题为“中国的文艺复兴时代”的英文文章，[3]直到1961年1月他最后一次应邀在

① 参见蒋方震:《欧洲文艺复兴史》(第二版)，上海：商务印书馆，1947年，第1页；另见周作人:《文艺复兴之梦》，见《周作人散文全集》(第9册)，桂林：广西师范大学出版社，2009年，第176页；罗志田:《裂变中的传承：20世纪前期的中国文化与学术》，北京：中华书局，2003年，第56页。

② 参见胡适:《留学日记》(卷十七)，见《胡适全集》(第28卷)，合肥：安徽教育出版社，2003年，第568—575页。薛谢儿的*The Renaissance*，胡适译为《再生时代》。

③ 胡适：The Chinese Renaissance，见《胡适全集》(第35卷)，合肥：安徽教育出版社，2003年，第632—681页。中文题目为胡适日记中的自译，参见胡适:《日记1923年》，见《胡适全集》(第30卷)，第5页。

台北美军军官眷属俱乐部演讲“中国四十年来的文学再生”，[①]这个题目，他的中英文论著和演讲共有50余篇（次），绝大部分为英文所作。其中包括1933年7月在芝加哥大学“哈斯克讲座”做的题为“中国的文艺复兴”（The Chinese Renaissance）的6次演讲、1946年2月在康奈尔大学“马圣格讲座”做的题为“中国近世的理智再生”（The Intellectual Renaissance in Modern China）的6次演讲、1956年秋学期在加州大学做的题为“近千年来的中国文艺复兴运动”（Chinese Renaissance from 1000 A.D. to the Present Day）的10次演讲等三个长篇系列演讲。这三个长篇演讲，每个系列都是一部专著的分量。

但在已出版的《胡适文集》《胡适全集》《胡适英文文存》以及《胡适未刊英文遗稿》等各种文集中，收录他有关这一论题的文章和演讲不仅很不全面，而且非常分散，以至于很难引起研究者的注意。20世纪80年代以来，胡适研究的著作已出版了130多部，各种学术期刊发表的论文达8000余篇，但对他的“中国的文艺复兴”思想的研究，迄今仅有两篇论文，一篇是欧阳哲生先生的《中国的文艺复兴——胡适以中国文化为题材的英文作品解析》，[②]另一篇是吴德祖的硕士论文《胡适“中国文艺复

① 胡适：《四十年来的文学革命》，见《胡适全集》（第12卷），合肥：安徽教育出版社，2003年，第482—484页。此文英文原题为The Literary Renaissance of the Last 40 Years in China，直译为《中国四十年来的文学再生》。

② 欧阳哲生：《中国的文艺复兴——胡适以中国文化为题材的英文作品解析》，载《近代史研究》2009年第4期，后收入2012年出版的《探寻胡适的精神世界》一书。欧阳先生这篇文章共4个部分，其中仅第2部分论述了胡适“中国的文艺复兴”思想。见欧阳哲生：《探寻胡适的精神世界》，北京：北京大学出版社，2012年，第261—313页。

兴”思想研究——中英文著述的互动与展开》。[①]这两篇论文所依据的材料，都是已公开出版的胡适论著，而未公开出版的资料，两文均没有涉及。美国学者格里德的《胡适与中国的文艺复兴——中国革命中的自由主义（1917—1937）》[②]一书，虽然书名叫作“胡适与中国的文艺复兴”，但该书其实是胡适前半生的思想传记，并非专门研究其“中国的文艺复兴”思想的著作。

《胡适全集》一共收录了9篇以“中国的文艺复兴”或“再生时代”为题的中英文论著，按照写作时间顺序，分别是：（一）The Chinese Renaissance（《中国的文艺复兴时代》，1923年英文论文）；[③]（二）The Renaissance in China（《中国之文艺复兴》，1926年英文论文）；[④]（三）《再生时代》（20年代末或30年代初中文论文残稿）；[⑤]（四）The Literary Renaissance（《文艺复兴》，1931年英文论文）；[⑥]（五）The Chinese Renaissance（《中

① 吴德祖：《胡适“中国文艺复兴”思想研究——中英文著述的互动与展开》（北京大学比较文学专业硕士论文，2004年），载陈平原主编：《现代中国》（第十二辑），北京：北京大学出版社，2009年。

② 格里德：《胡适与中国的文艺复兴——中国革命中的自由主义（1917—1937）》，鲁奇译，南京：江苏人民出版社，2010年。

③ 胡适：The Chinese Renaissance，见《胡适全集》（第35卷），合肥：安徽教育出版社，2003年，632—681页。

④ 胡适：The Renaissance in China，见《胡适全集》（第36卷），合肥：安徽教育出版社，2003年，第156—190页。中文题目为《胡适日记》的整理者所译，参见胡适：《日记1926年》，见《胡适全集》（第30卷），第407页。

⑤ 胡适：《再生时代》，见《胡适全集》（第13卷），合肥：安徽教育出版社，2003年，第140—147页。《胡适全集》中此文下有编者注“本文约作于1934年”，但这个时间并不准确。

⑥ 胡适：The Literary Renaissance，见《胡适全集》（第36卷），合肥：安徽教育出版社，2003年，第607—628页。中译文见陈衡哲主编：《中国文化论集》，王宪明、高继美译，福州：福建教育出版社，2009年，第98—107页。“文艺复兴”这个译名为《中国文化论集》中译本译者所译，直译应为“文学的再生”。

国的文艺复兴》,1933年英文系列演讲);[①](六)《中国文艺复兴》(1935年英文演讲中译稿);[②](七)《中国再生时期》(1935年中文演讲);[③](八)The Intellectual Renaissance in Modern China(《中国近世的理智再生》,1946年英文残稿);[④](九)《四十年来的文学革命》(1961年英文演讲中译稿,题目翻译不准确)。[⑤]以上共5篇英文稿,4篇中文稿;其中两篇英文中译稿,《胡适全集》里未收录英文原文。这些论著均分散在《胡适全集》的不同卷册中。

还有两篇未收入《胡适全集》的中文稿,一篇是他1955年冬写的《四十年来中国文艺复兴运动留下的抗暴消毒力量》,收在耿云志先生主编的《胡适论争集》(下卷)里,[⑥]另一篇是1958年5月4日在台北"中国文艺协会"的演讲《中国文艺复兴运动》,收在《胡适的声音》一书里。[⑦]此外,《胡适口述

① 胡适:The Chinese Renaissance,见《胡适全集》(第37卷),合肥:安徽教育出版社,2003年,第15—162页。此篇即为胡适1933年7月在芝加哥大学"哈斯克讲座"的6次演讲,1934年1月由芝加哥大学出版社出版。中译文见欧阳哲生、刘红中编:《中国的文艺复兴》,邹小站、尹飞舟译,北京:外语教学与研究出版社,2001年,第149—225页。

② 胡适:《中国文艺复兴》,见《胡适全集》(第12卷),合肥:安徽教育出版社,2003年,第242—245页。

③ 胡适:《中国再生时期》,见《胡适全集》(第13卷),合肥:安徽教育出版社,2003年,第148—163页。

④ 胡适:The Intellectual Renaissance in Modern China,见《胡适全集》(第38卷),合肥:安徽教育出版社,2003年,第645—661页。《胡适全集》里未标注写作日期。

⑤ 胡适:《四十年来的文学革命》,见《胡适全集》(第12卷),合肥:安徽教育出版社,2003年,第482—484页。

⑥ 胡适:《四十年来中国文艺复兴运动留下的抗暴消毒力量》,见耿云志主编:《胡适论争集》(下卷),北京:中国社会科学出版社,1998年,第2814—2832页。

⑦ 胡适:《中国文艺复兴运动》,见《胡适的声音》,桂林:广西师范大学出版社,2005年,第247—259页。

自传》后五章也都谈到了“中国的文艺复兴”的不同方面。[①]他1958年7、8月间在台湾的演讲《活的语言·活的文学》[②]和1960年7月10日在美国西雅图中美学术会议上做的英文演讲The Chinese Tradition and the Future(《中国传统与将来》),[③]虽然题目都不叫“中国的文艺复兴”,但谈的也都是有关“中国的文艺复兴”的内容。而周质平先生编的《胡适英文文存》和《胡适英文未刊遗稿》中,只收录了他1926年的《中国之文艺复兴》和1931年的《文艺复兴》两篇文章。

以上是我们所能见到的国内外公开出版的胡适有关“中国文艺复兴”或“再生时代”的全部论著。上述论著中,1923年的《中国的文艺复兴时代》是他首次对“中国的文艺复兴”思想作系统表述;1933年的《中国的文艺复兴》是他生前出版的第二部英文专著(第一部是他的博士论文《先秦名学史》)。此外,胡适还有两百余篇未收入任何文集的英文论著和演讲,其中一部分是他的手稿,分别保存在中国社会科学院近代史研究所和台北胡适纪念馆收藏的档案资料中,一部分是他在世界各地的英文报刊上发表的,但一直未能被搜集出版的散佚文章。这些未刊手稿和散佚文章里,也有一些关于“中国的文艺复兴”的

① 胡适:《胡适口述自传》,唐德刚译注,桂林:广西师范大学出版社,2005年,第162—262页。

② 胡适:《活的语言·活的文学》,见《胡适全集》(第12卷),合肥:安徽教育出版社,2003年,第444—451页。

③ 胡适:The Chinese Tradition and the Future,见《胡适全集》(第39卷),合肥:安徽教育出版社,2003年,第644—666页。此文有徐高阮先生的中译文,见欧阳哲生主编:《胡适文集》(第12册),北京:北京大学出版社,1998年,第197—210页。

著述。我们这里介绍其中的三种文献。

第一，胡适1927年5月在日本“泛太平洋俱乐部”的演讲Cultural Rebirth in China Outlined(《中国文化的再生概述》)。德拉菲尔德和袁同礼1962年编订的“胡适先生西文著作目录”第166条记载：“Cultural Rebirth in China. Speech before Pan-Pacific Club, May 13, 1927. In : *Trans-Pacific*, Vol. 14, No. 20. May 14, 1927. p.13.”[①]胡颂平在《胡适之先生年谱长编初稿》(第二册)中说：“五月十四日，先生在美国时对泛太平洋俱乐部讲演的‘Cultural Rebirth in China’(《中国文化的再生》)，今天在《太平洋杂志》发表。”文下标注了“西文著作目录”一六六号。[②]耿云志先生的《胡适年谱》中也说：“(1927年1月12日)是日，到达纽约。在纽约停留期间，曾在泛太平洋俱乐部讲演《中国文化的再生》。”[③]但他们这个记述是错的，不仅文章题目记录得不完整，而且搞错了胡适演讲的时间和地点。这篇讲稿并非胡适在美国的演讲，而是他1927年4月自美国经日本回国途中，在日本“泛太平洋俱乐部”做的演讲，刊登在东京《太平洋》周刊上。这篇文章是由记者记录发表的胡适演

① Eugene L. Delafield and T. L. Yuan : Bibliography of Dr. Hu Shih's Writings in Western Languages，载台北“中央研究院”历史语言研究所集刊第三十四本，《故院长胡适先生纪念论文集》，1962年，第823页。这是德拉菲尔德和袁同礼编的第二份“西文著作目录”，共收237篇文章。1957年，德拉菲尔德和袁同礼还编过一份“胡适先生西文著作目录”，共收83篇文章，载台北“中央研究院”历史语言研究所集刊第二十八本，《庆祝胡适先生六十五岁论文集》，1957年，第909—914页。但这两份“西文著作目录”收录的文章都很不全面。

② 胡颂平编著：《胡适之先生年谱长编初稿》(二)，台北：联经出版事业公司，1984年，第679页。

③ 耿云志：《胡适年谱》(修订本)，福州：福建教育出版社，2012年，第129页。

讲稿，虽然题目用的不是“Renaissance”，而是“Rebirth”，但这两个词的意思是一样的，本义都是“再生”，胡适讲的也是关于“中国的文艺复兴”的内容。这篇演讲稿是未收入各种文集出版的胡适20年代有关“中国的文艺复兴”论著中较为重要的一篇，但由于史料记载的错误，此文一直没有被发掘利用。

第二，胡适1946年2月在康奈尔大学“马圣格讲座”的6次演讲《中国近世的理智再生》。关于这个系列演讲，他的日记里仅简单记载过当时的盛况，演讲在康大奥林会堂举行，虽然天气很冷，听众却场场爆满。[①]这个演讲跟他1933年在芝加哥大学“哈斯克讲座”的演讲《中国的文艺复兴》次数一样多，虽然1946年3月1日的《康奈尔校友新闻》(*Cornell Alumni News*)曾报道说“康奈尔大学出版社将会出版它们”，[②]但最终并没有像“哈斯克讲座”的演讲一样形成专著出版。他的这个演讲仅留下了第一讲的部分残稿，就是《胡适全集》第38卷收录的未注明日期的英文稿 The Intellectual Renaissance in Modern China；但由于这篇残稿的内容与他的日记无法形成直接印证，所以很少有人了解这篇残稿与1946年这个演讲的关系。但他的这个系列演讲，*Ithaca Journal*（《绮色佳晚报》）每场都做了报道，康奈尔大学东亚图书馆馆长郑力人教授请他的助手 Carole E.

① 参见胡适:《日记1946年》，见《胡适全集》(第33卷)，合肥:安徽教育出版社，2003年，第561、562、565、566页。

② *Cornell Alumni News*，Volume 48，Number 14，March-1-1946，P.302. 见台北“中央研究院”近代史研究所胡适纪念馆档案，馆藏号 HS-NK05-332-042。

Atkinson 女士帮我从康大图书馆复印了这些报纸，该报道可以证实《中国近世的理智再生》正是他 1946 年这个演讲的第一讲。《绮色佳晚报》中除了 1 月 28 日的一个讲座预告外，我们可以从 2 月 5 日、7 日、9 日、12 日、14 日和 16 日的报道里了解他这 6 次演讲的内容。

第三，胡适 1956 年秋在伯克莱加州大学做的《近千年来的中国文艺复兴运动》10 次演讲。“近千年来的中国文艺复兴运动”这个题目，在已公开出版的胡适著作中，他仅在 1958 年 5 月 4 日台北“中国文艺协会”的演讲《中国文艺复兴运动》中提过一次：“前年，在我病之前，在加州加利福尼亚大学教了五个月的书；在那个时候，加利福尼亚大学请我做十次公开的讲演（用英文做十次公开的讲演）。他们要一个题目：近千年来的中国文艺复兴运动。”[①]他的日记里也只提过一次“元任与我去看 Prof. & Mrs. Boodberg……他最能领会我在 U. C.[加利福尼亚大学] 公开演讲的第十讲，他说他很受感动。”[②]但日记里并未提到这个演讲的题目。《胡适的声音》一书里附有一张 1958 年这次演讲的录音光盘，在这份录音里，胡适提到“近千年来的中国文艺复兴运动”这个题目时，他讲的是英文，题目是“Chinese Renaissance from One Thousand A.D. to the Present Day”，“近千年来的中国文

① 胡适：《中国文艺复兴运动》，见《胡适的声音》，桂林：广西师范大学出版社，2005 年，第 249 页。

② 胡适：《日记 1957 年》，见《胡适全集》（第 34 卷），合肥：安徽教育出版社，2003 年，第 445 页。

艺复兴运动”这个中文题目，应为录音整理者所译。[①]根据《赵元任年谱》[②]、赵元任给胡适的未刊书信[③]和胡颂平的《胡适之先生年谱长编初稿》[④]等史料的记载，胡适1956年秋到加州大学做一个学期的讲学，是赵元任请他去做的。这十次演讲的讲稿都完整地保存在台北胡适纪念馆，[⑤]尚未整理出版。由于胡适的这个讲稿上并未标明演讲的总题目，手稿只有每一讲的题目，胡颂平的《胡适之先生年谱长编初稿》里也没有记录演讲的总题目，所以很少有人了解他的这份讲稿就是1956年秋在加州大学所做的《近千年来的中国文艺复兴运动》。

胡适1946年和1956年的这两个系列演讲，是他中年和晚年对“中国的文艺复兴”最为完整的表述，因此对于我们研究他的这一思想十分重要。此外，在他留下的相关资料中，还有一些

① 胡适1958年的演讲《中国文艺复兴运动》有两个整理版，一是台北“中国文艺协会”的整理版，二是胡适纪念馆保存的整理版，这两个版本对胡适口语的处理并不相同，但“近千年来的中国文艺复兴运动”这个译名却完全一样，说明这个中文译名应该是经过胡适本人审订的。

② 参见赵新那、黄培云编:《赵元任年谱》，北京：商务印书馆，1998年，第342、344页。

③ 赵元任给胡适的未刊书信，见台北“中央研究院”近代史研究所胡适纪念馆档案，馆藏号HS-US01-069-002。

④ 参见胡颂平:《胡适之先生年谱长编初稿》(七)，台北：联经出版事业公司，1984年，第2510、2528、2540、2541、2549页。

⑤ 这十次演讲的手稿档案均藏在台北“中央研究院”近代史研究所胡适纪念馆，馆藏号分别为：HS-NK05-203-004、HS-NK05-203-005、HS-NK05-203-006、HS-NK05-203-007、HS-NK05-203-008、HS-NK05-203-009、HS-NK05-203-010、HS-NK05-203-011、HS-NK05-203-012、HS-NK05-203-013。

演讲现仅存提纲，①由于其中信息量较少，我们这里暂不作讨论。胡适一生留下的著作达两千余万字，内容涉及“文学革命”“整理国故”、中国哲学史研究、白话文学史研究、佛教史研究、《水经注》疑案考证，以及政治问题、社会问题、教育问题等多个领域，唯有“中国的文艺复兴”这个题目，他反复讲了40年，内容也非常丰富。但学界已有的研究成果却与之很不相称，这意味着我们对他这个思想的研究还有很大空间。

二、胡适“中国的文艺复兴”思想的形成与发展

1915年8月，胡适写过一篇 The Teaching of Chinese as it is（《如何可使吾国文言易于教授》），提出“将逐步地把白话建成我们的国语”。②1916年，他与梅光迪、任鸿隽、朱经农等人围绕白话能否写诗展开了一系列争论，他把自己的观点写成了一篇文章，提出文学改良的“八事”主张，并说：“白话文学之为

① 如1926年11月18日在爱尔兰都柏林大学做的题为 The First Chinese Renaissance（中国之首次文艺复兴）的演讲提纲，1927年在美国的演讲 The Chinese Renaissance（1000–1955）（1955系笔误，应为1925）等。前一份提纲手稿保存在中国社会科学院近代史所，档案未编号，台北“中央研究院”近代史研究所胡适纪念馆藏有复本，馆藏号 HS-JDSHSE-0055-004；后一份提纲手稿保存在胡适纪念馆档案中，馆藏号 HS-US01-016-031。

② 胡适：《如何可使吾国文言易于教授》，席云舒译，载《中国现代文学研究丛刊》2013年第4期。这个中文题目，是胡适《留学日记》中的自译，参见胡适：《留学日记》（卷十一），见《胡适全集》（第28卷），合肥：安徽教育出版社，2003年，第244页。

中国文学之正宗，又为将来文学必用之利器，可断言也。"[①]这篇文章就是1917年1月在《新青年》杂志发表，后来被视为"文学革命"的第一份宣言书的《文学改良刍议》。随后他又发表了《历史的文学观念论》，提出他的进化论的文学史观。这个时期他所提出"文学革命"主张，主要是受赫胥黎的进化论哲学和杜威的实验主义哲学的影响：一方面，他认为文言是一种半死的语言，而白话是一种活的语言，白话非文言的退化，而是文言的进化，[②]用他后来的话说，即"一时代有一时代之文学"，[③]"一部中国文学史也就是一部活文学逐渐代替死文学的历史"，[④]这是一种进化论的历史观；另一方面，他把白话诗创作称作他的"实地试验"，他在1916年8月21日日记里说："我主张用白话作诗，友朋中很多反对的……白话乃是我一人所要办的实地试验。倘有愿从我的，无不欢迎，却不必强拉人到我的试验室中来，他人也不必定要捣毁我的试验室。"[⑤]这段话里体现的是杜威的实验主义哲学观点。换句话说，直到他的《文学改良刍议》发表时，他还没有把自己的文学主张跟欧洲的文艺复兴联系起来。

① 胡适：《文学改良刍议》，见《胡适全集》（第1卷），合肥：安徽教育出版社，2003年，第15页。

② 参见胡适：《留学日记》（卷十三），见《胡适全集》（第28卷），合肥：安徽教育出版社，2003年，第391页。

③ 胡适：《历史的文学观念论》，见《胡适全集》（第1卷），合肥：安徽教育出版社，2003年，第30页。

④ 胡适：《胡适口述自传》，唐德刚译注，桂林：广西师范大学出版社，2005年，第144页。

⑤ 胡适：《留学日记》（卷十四），见《胡适全集》（第28卷），合肥：安徽教育出版社，2003年，第439页。

但仅仅几个月之后，1917 年 6 月，他就结束了美国 7 年的留学生活，启程回国途中，在火车上读了薛谢儿的《再生时代》一书。薛谢儿这本书里，讨论的是文艺复兴时期欧洲各国国语文学的形成。在中世纪，欧洲各国的官方语言都是拉丁文，虽然各国皆有土语，却没有土语文学。直到 13 世纪，但丁以意大利托斯卡纳方言创作了《神曲》，后来又有彼特拉克、薄伽丘、阿尔伯蒂等人的方言文学创作，使意大利文逐渐取代了中古的拉丁文而成了意大利的民族语言。然后是法国，从早期的普罗旺斯民间文学到维庸、马罗的抒情诗，到“七星诗社”的诗歌、拉伯雷的小说、蒙田的散文，逐渐形成了法语文学。英国、德国也是如此。薛谢儿的这本书，给了当时正在思考中国“文学革命”问题的胡适以很大的启发，他说：“拉丁之在当日，尤文言之在吾国也……吾国之俗语文学，其发生久矣。自宋代之语录，元代之小说，至于今日，且千年矣。而白话犹未成为国语。岂不以其无人为之明白主张，无人为国语作辩护，故虽有有价值的著述，不能敌顽固之古文家之潜势力，终不能使白话成为国语也？”[①]他的意思是说，中国的白话文学已经有了上千年的历史，但官方所认可的书面语言仍然是文言，始终没有形成言文一致的国语，并不是因为缺少有价值的著作，而是因为没有人公开地为白话辩护，没有人公开主张用白话全面取代文言。可以说，薛谢儿的这本书，恰好为胡适倡导白话文学提供了一个

① 胡适：《留学日记》（卷十七），见《胡适全集》（第 28 卷），合肥：安徽教育出版社，2003 年，第 573—574 页。

理论根据。民族语言（国语）的根本在于言文一致的书写，无论是学校教育，还是人们内心真实思想情感的文字表达，都需要有言文一致的语言。白话是普通百姓的口头语言，而文言却是文人士大夫从古书里模仿的语言，文言早已不能在普通百姓中间使用，若白话不能全面取代文言，则口语和书面语便不能统一，白话仍然不能成为国语。

他回国以后，又陆续发表了《建设的文学革命论》《文学进化观念与戏剧改良》《谈新诗》等多篇文章，极力倡导白话文学。在这些文章中，胡适不止一次地提到过薛谢儿书中的观点。随着 1919 年五四运动的爆发，全国各地涌现出数百种白话报刊来报道这一运动，白话文得到了迅速普及。1920 年年初，北洋政府教育部训令国民学校国文教科书改为语体文。短短几年时间，“文学革命”和“白话文运动”就取得了成功。胡适认为“文学革命”的成功，意味着人们的社会生活和知识生活都将得到改变，[①]社会生活的改变主要表现在教育方面，而知识生活的改变则主要表现在文学和学术方面。他在 1923 年的《中国的文艺复兴时代》、1926 年的《中国之文艺复兴》、1958 年的《中国文艺复兴运动》等多篇文章和演讲中都说过，这场运动的成功，是多种因素共同促成的结果，但其中有一个不可或缺的因素，就是知识阶层对白话文学的有意识的自觉倡导。

胡适在晚年的《口述自传》里又说：“事实上语言文字的改

① 参见胡适：The Renaissance in China，见《胡适全集》（第 36 卷），合肥：安徽教育出版社，2003 年，第 170 页。

革，只是一个［我们］曾一再提过的更大的文化运动之中，较早的、较重要的和比较更成功的一环而已，这个更广大的文化运动有时被称为‘新文化运动’……我本人则比较喜欢用‘中国的文艺复兴’这一名词。”[①]这意味着，他所理解和倡导的“中国的文艺复兴”，并不局限于薛谢儿所说的国语文学的形成。在1919年2月出版的《中国哲学史大纲》（卷上）“导言”里，他就把清代学术与欧洲文艺复兴相比较，认为二者都是“古学昌明的时代”。[②]同年11月，他发表了《清代汉学家的科学方法》（后改题目为《清代学者的治学方法》），认为“中国旧有的学术，只有清代的‘朴学’确有‘科学’的精神”。[③]12月，他又发表了一篇《新思潮的意义》，把新文化运动的意义归结为“研究问题、输入学理、整理国故、再造文明”四个方面，而这四个方面背后体现的精神，是一种尼采所说的“重新估定一切价值”的精神，亦即学术思想上的批判精神。在随后的几年里，他做了大量的古典小说考证，把清代学者用在经学、小学研究中的考证学方法运用到《红楼梦》《水浒传》《儒林外史》等白话小说的研究中去。在此之前，诗歌和文言散文被认为是文学的正宗，而白话小说则被认为是不登大雅之堂的末流，胡适把传统的考证学方法运用于古典小说的研究，一方面是为了赋予这些古典

① 胡适：《胡适口述自传》，唐德刚译注，桂林：广西师范大学出版社，2005年，第171—172页。

② 胡适：《中国哲学史大纲》（卷上），又名《中国古代哲学史》，见《胡适全集》（第5卷），合肥：安徽教育出版社，2003年，第203页。

③ 胡适：《清代学者的治学方法》，见《胡适全集》（第1卷），合肥：安徽教育出版社，2003年，第371页。

小说与经学以同等的地位，从而使之经典化；另一方面也是为了证明这些白话小说的价值，并不逊色于古文。1923年1月，他发表了《〈国学季刊〉发刊宣言》，进一步提出要用科学的方法对传统的思想文化遗产进行系统化的整理。在胡适后来的论述中，"整理国故"也是"中国的文艺复兴"的有机组成部分，它意味着一种科学的学术生活的形成。这个时期，胡适虽然还没有提出"中国的文艺复兴"观点，但他的这一思想已经在酝酿并逐步形成。

1922年2月，胡适的朋友、在燕京大学担任神学和历史学教授的瑞士汉学家王克私（Ph. de Vargas）在文友会上宣读了一篇文章，就是两个月后发表的Some Elements in the Chinese Renaissance（《中国文艺复兴的诸种成分》）一文，[①]一年之后胡适把王克私的这篇文章寄给了韦莲司，因为王克私在这篇文章里列举了胡适在新文化运动中的多项成就。但胡适对王克私的文章并不满意，[②]于是他在1923年4月自己写了一篇英文文章《中国的文艺复兴时代》，对他的"中国的文艺复兴"思想做了系统的阐述。在这篇文章中，胡适不仅对自己之前所做的工作进行了总结，更以历史的观点对宋代、明代、清代的三次"文艺复兴运动"以及1917年以来的新文化运动做了描述。他说，明代戏曲《玉簪记》和《牡丹亭》里所表现的"对现世欢愉和爱的生命的赞美"

① Ph. De Vargas : Some Elements in the Chinese Renaissance, In *The New China Review*, Shanghai, April and June, 1922.

② 参见胡适：《日记1923年》，见《胡适全集》（第30卷），合肥：安徽教育出版社，2003年，第5页。

及政治上的东林党运动和复社运动所代表的反抗精神，体现了这个时期的“文艺复兴”的精神；而此前的宋代，也是一个“思想独立、学术具有批判性的时代”，程朱理学的出现，正是对佛教和道教所代表的中古宗教的怀疑与反抗；但程朱理学很快又被定位一尊，被官方认可，被民众崇拜，直到明末清初，才由毛奇龄、黄宗羲、胡渭、颜元等人发起了对宋儒的宇宙论和道德心性学说的第一次冲击，随后是陈第、顾炎武、戴震、段玉裁、钱大昕、孔广森、王念孙等人从字音字义上，阎若璩、崔述等人从五经考证上，对程朱理学发起了第二次冲击。宋代、明代、清代这三次规模较大的怀疑与反抗精神的复苏，正是“中国的文艺复兴运动”的特征，其中所体现的是世俗的人文情感与理性精神、科学精神的觉醒。但宋代、明代、清代这三个时期的“文艺复兴运动”都是不自觉的，他们对自己的目标缺乏清楚的认识，对中古思想信仰的批判方法也不够完善，因此都在保守势力的反对下失败了。而“五四”新文化运动以来的新的“文艺复兴运动”是一次自觉的思想文化再生运动，由于有知识阶层有意识的倡导，不仅在文学上，而且在思想学术上，都有了清晰的目标和更加科学的方法，“文学革命”“整理国故”，以及对中古宗教学说遗留下来的思想信仰的批判，将带来社会生活、知识生活、学术生活和政治生活的改变，从而为未来的新的政治秩序建立一个思想文化上的基础，引导中国走向现代化。最后，他强调说：“这次运动并不是对我们所看到的西方文明的盲目崇拜，而是在直接接触到现代世界产生的思想和方法后，出现的新的推动、新的态度，从而造就的古老文明的再生。”[①]

这个时候，他的“中国的文艺复兴”思想已初步形成，而他二三十年代其他有关这一主题的论述，基本上都是对1923年这些观点的发展和补充。在1926年的《中国之文艺复兴》和1927年的《中国文化的再生概述》中，他指出“文学革命”的方法是“历史的方法”和“实验的方法”。他说，新文化运动的领导者回到历史向人们指出，古文的传统不能代表中华民族的文艺精神，只能代表那些死去的、毫无生气的中国文学，与古典的传统同时，还有一种不断发展的活的语言贯穿着20个世纪，与古文齐头并进。“但我们的对手说，尽管这种流行的语言很适宜创作小说和戏剧，然而小说和戏剧不能代表所有的文学。所以我们求助于第二种实验的方法。我们邀请作家加入我们，用这种语言对文学的所有分支形式进行试验，看看这种已经创作出伟大文学作品的语言是否依然能够为现代中国创造出伟大的作品。”[②]他这里说的“回到历史”，是指以他的古典小说考证为代表的“整理国故”，而白话文学的实验则是建设新文学的途径，因此，在胡适看来，“文学革命”和“整理国故”其实是一个镍币的两面，是不可分割的，“整理国故”为“文学革命”提供了历史的证据，而白话文学的实验又为“文学革命”提供了现实的证据。当然他的“整理国故”并不局限于对古典文学遗

① 胡适：The Chinese Renaissance，见《胡适全集》（第35卷），合肥：安徽教育出版社，2003年，第681页。另参见胡适：《日记1923年》，见《胡适全集》（第30卷），第5页。

② Hu Shih：Cultural Rebirth in China Outlined，in *The Trans-Pacific*（东京），Vol. XIV，No. 20，May 14，1927，p.13。

产的整理，而是包括对“中国的一切过去的文化历史”的系统整理。[①]1933年他在芝加哥大学的演讲《中国的文艺复兴》中，曾把“中国文艺复兴运动”的起始时间提前到唐代，认为唐代的禅宗佛教对大乘佛教的反抗、唐代俗讲和变文以及诗歌散文的兴起，也是一次“文艺复兴运动”，但不久后他又认为：“毕竟因为这时所遭受的刺激太小，新血液的灌输不足，过后，又回到了衰老的时期。”[②]1933年的演讲中他还把中国和日本面向现代化的“文化反应类型”做了比较，认为日本的现代化是“中央控制型”，而中国是“发散吸收型”的，中国的文化变革是通过“长期接触”和“缓慢吸收”而实现的，尽管过程曲折漫长，但由此形成的社会生活的变革却悄无声息而且更加根本。

20世纪二三十年代，虽然胡适对“中国的文艺复兴”的历史分期有过一些微调，但变化并不太大。到了40年代以后，他的“中国的文艺复兴”思想又有了一个较大的发展。这个发展在于，他把“中国的文艺复兴”放到了三千年的历史框架下来论述。1942年9月，他卸任驻美大使后迁居纽约，10月就发表了一篇Chinese Thought（《中国的思想》），[③]1946年2月他在康奈尔大学做了题为“中国近世的理智再生”的演讲，同年，麦克奈

---

① 胡适：《〈国学季刊〉发刊宣言》，见《胡适全集》（第2卷），合肥：安徽教育出版社，2003年，第7页。

② 胡适：《中国再生时期》，见《胡适全集》（第13卷），合肥：安徽教育出版社，2003年，第150—151页。

③ Hu Shih：Chinese Thought，in *Asia Magazine*，1942，Oct.，Vol.42，No.10，pp.582-584. 另见另见《胡适全集》（第38卷），合肥：安徽教育出版社，2003年，第662—672页。

尔编的 *China*（《中国》）一书又收录了他的另一篇题为 Chinese Thought 的文章，[①]在这几篇文章和演讲中，他都在开篇就说：为方便起见，中国思想史可分为三个主要时期，每个时期大约各占一千年，上古时期占据着纪元前的第一个一千年，中古时期是佛教、道教这类中古宗教的时代，占据着纪元后的第一个一千年，这是中国思想信仰的印度化时代，而宋代以后的近世，10 世纪开始大规模地刊印书籍，11、12 世纪新儒学（程朱理学）的兴起，则是“中国的文艺复兴”时期，也是中国的理智再生时期。他 1956 年在加州大学做的 10 次演讲《近千年来的中国文艺复兴运动》第一讲中，也重申了这个观点。这意味着，中国思想发展的三千年历史，在胡适这里不再只是一个个朝代，也不是像冯友兰所说的由“子学”和“经学”所表征的不同时期，而是由情感与理智勃发的古典时期，进入一个情感与理智被禁锢的中古宗教时期，再到情感与理智复苏的“文艺复兴时期”的演进过程，这也是人类历史进化的一个共同规律。他认为，中国历史上发生过的几次规模较大的“文艺复兴运动”，由于缺乏自觉意识，以及传统的保守力量过于强大，所以都失败了，只有认识到这样一个历史进化的规律，并自觉地为之努力，“中国的文艺复兴”才会取得成功。

1949 年以后，胡适去了美国，在美国做了 9 年寓公，1958

① Hu Shih：Chinese Thought，in Harley F. MacNair，ed.，*China*. Berkley：University of California Press，1946. pp. 221–230. 另见《胡适全集》（第 39 卷），合肥：安徽教育出版社，2003 年，第 220—235 页。

年回到台湾就任“中央研究院”院长。他去美国后不久，国内就对他的思想展开了批判，第一次批判是在1950年和1951年，规模并不太大，第二次批判是在1954年到1956年，几乎全国的知识分子都被卷入了这场批判，批判的范围涉及文学、历史、哲学、政治等9个领域。这个时期，胡适在美国和台湾地区也做过多次关于“中国的文艺复兴”的演讲，但他这个时期的演讲，已多有为自己的这个思想做辩护的成分，在1955年的《四十年来中国文艺复兴运动留下的抗暴消毒力量》中，1956年在芝加哥的演讲《四十年来的中国文艺复兴运动》中，以及在加州大学的10次演讲第十讲中，他都为自己的“中国的文艺复兴”思想做了辩护。当然，他在加州大学的10次演讲，主要论述的还是关于“中国的文艺复兴”的内容，包括“公元11世纪前的古代中国”“古文运动”“古文复兴与书籍印刷”“11世纪伟大的社会改革者”“新儒学”“活的国语新文学的兴起”“经学研究的新方法的发展（1600—1900）”“现代世界里中国文艺复兴的自觉运动”“中国传统文化的重新回顾与评价”“中国的文艺复兴”等10个方面。1960年7月在西雅图召开的“中美学术合作会议”上，他发表的演讲《中国的传统与将来》中又谈到“中国的文艺复兴”，这个演讲的最后，他说：“我深信，那个‘人文主义与理性主义的中国’的传统没有毁灭，而且无论如何没有人能毁灭”。[①]

① 胡适：The Chinese Tradition and the Future，见《胡适全集》（第39卷），合肥：安徽教育出版社，2003年，第666页。

三、胡适“中国的文艺复兴”思想的内涵与意义

欧洲文艺复兴运动，在文德尔班的《哲学史教程》里，被描述为“纯粹理论精神的复活”；[①]在梯利著、伍德增补的《西方哲学史》中，被描述为“国家反抗教会，理性反抗规定的真理，个人反抗教会组织的强制……教会的权威慢慢地但确实地在人心中削弱了，个人开始坚持独立思考精神”；[②]在罗素的《西方哲学史》中，被描述为“教会的威信衰落下去，科学的威信逐步上升”，“近代的文化宁可说是一种世俗文化而不是僧侣文化”。[③]他们都认为文艺复兴是对中世纪教会统治的反抗，是人的理性的复苏。胡适的阐述与这些西方哲学家的看法并没有什么根本不同，他在约作于20年代末30年代初的《再生时代》里说：“所以名为‘文艺复兴’者，只因为古文艺之复兴在此时期为最重大的一种活动。希腊、罗马文艺的重发现，使人精神振作，坚强时人解放的趋向，使人自信其心思才智，使人感觉人心古今相去不远，使近人的文艺作品有所比较印证，提倡研究的态度，批评的精神，摧破了中古正统思想造成的狭陋的束缚圈套。出世的人生观变成了入世的；情感与理智替代了‘信心’

① 文德尔班：《哲学史教程》(下卷)，罗达仁译，北京：商务印书馆，1993年，第471页。
② 梯利著、伍德增补：《西方哲学史》，葛力译，北京：商务印书馆，1995年，第252页。
③ 罗素：《西方哲学史》(下卷)，马元德译，北京：商务印书馆，1976年，第3页。

的权威；天堂的希望抵不住人世的幸福的追求，人权要代神权而起了。”[①]而在蒋方震的《欧洲文艺复兴史》中，文艺复兴被描述为“人的发见”和“世界的发见”；[②]陈衡哲的《欧洲文艺复兴小史》把文艺复兴概括为“古学的复兴”“方言文学的产生”“艺术的复活与兴盛”“科学的兴起”“传布文化工具的进步”等“几件大事”。[③]胡适指出：“很多理论把欧洲历史上那个时期描绘成文艺复兴，有些观点认为欧洲文艺复兴的最大成就是发现了世界、重新发现了人自身，另一些则认为文艺复兴可谓是对权威的反抗和批判精神兴起的时代。这类描述，同样适用于我们今天所说的中国的文艺复兴时期，这种用法也显然成立。”[④]所谓“人的发现”，不仅包括上述西方哲学史家所说的哲学思想中体现出来的理性精神的复活，还包括文学中所体现的人的世俗情感的复苏，这也正是“人文主义”一词的基本内涵。

综合各种有关欧洲文艺复兴的论述，我们可以对那个时期的思想状况概括如下。欧洲的中世纪是一个信仰的时代，人们必须服从教会的精神统治，对于宗教教义，人们只能虔诚地相信，而不能加以怀疑和批判，人们的理性能力和世俗情感都受到了教会的禁锢。如果有人对宗教教义提出怀疑，则不是被扼杀于萌芽之中，就是受到无情的惩罚。所以整个漫长的中世纪，

① 胡适：《再生时代》，见《胡适全集》（第13卷），合肥：安徽教育出版社，2003年，第140页。

② 蒋方震：《欧洲文艺复兴史》“导言”，上海：商务印书馆，1947年，第6页。

③ 陈衡哲：《欧洲文艺复兴小史》，上海：商务印书馆，1926年，第8页。

④ 胡适：The Chinese Renaissance，见《胡适全集》（第35卷），合肥：安徽教育出版社，2003年，第632页。

都是一个情感与理性不彰的时代。这种情感与理性的不彰，也禁锢了科学的发展。当人们只能虔信、笃信某种教义，而不能有独立思考，不能运用自己的理性，则绝不会有科学的发展。科学，某种意义上可以说就是理性的系统化运用。但理性能力是人的独立思考的能力，亲情、友情、爱情等世俗的情感也是人的自然情感，理性能力和情感能力都是人自身所具有的能力，它不会永远受到禁锢，只要有一丝缝隙，它就会发出新芽。教会以一套宗教教义及其官方文字载体——拉丁文——统治着欧洲，但它无法禁止民间方言土语的发展变化，一旦方言土语发展成熟，人们可以用它来表达自己的思想情感，就产生了方言的文学，教会的精神统治就会被突破，绘画、雕塑等艺术也会跟着发展起来。反过来，方言文学和艺术的发展也会进一步促进人的理性精神和世俗情感的复苏。欧洲的文艺复兴正是在方言文学和艺术的发展中兴起，在对教会的怀疑与批判中走向高潮的，在文学、哲学上，人们以回到古希腊、罗马为口号；宗教上，以回到《圣经》、回到耶稣基督为口号，用它来反抗教会，最终导致了欧洲基督教世界的宗教改革。人文情感的复苏，带来了文学艺术的兴盛；理性精神的复苏，则带动了科学精神的发展。所以文德尔班说：“近代自然科学是人文主义的女儿。”①

中国历史上并没有像欧洲那样的统一的一神宗教，中国的佛教、道教也没有形成像天主教那样的宗教统治，而儒教是否

① 文德尔班：《哲学史教程》（下卷），罗达仁译，北京：商务印书馆，1993年，第473页。

算得上宗教，也是一个长期受到争议的问题。但在胡适看来，中国历史上虽然没有像欧洲那样的宗教统治，却并不意味着没有精神领域的桎梏，并不意味着中国没有对世俗情感与理性精神的禁锢。和古希腊一样，我们的先秦时期也是一个人文情感与理性精神勃发的时代，给我们留下了《诗经》《楚辞》和百家争鸣的诸子学说。但秦代的"焚书坑儒"，汉代的"罢黜百家，独尊儒术"，使中国逐渐失去自由思想的土壤，从董仲舒的《天人三策》到班固的《白虎通》，以及流行一时的谶纬学，不仅在思想上，而且在制度上禁锢了思想学说的自由发展。尤其到了东汉以后，佛教传入中国，不到三百年时间，从普通民众到知识阶层，再到统治阶层，无不被这种从印度传来的想象丰富、仪式富丽、哲理玄妙的宗教所征服，同时中国本土的道教也开始兴起。佛教在南北朝时期达到了鼎盛。到了唐代，出现了一次佛教本土化的革命，禅宗佛教取代了印度传入的大乘佛教的地位，直到宋代初年，佛教才走向了式微。[1]这个时代，也就是胡适所说的中古宗教时期，人们对佛教、道教的信仰，取代了西汉时期对儒家学说的信仰。但不管哪一种信仰，都会导致人们的盲目崇拜，导致对世俗情感与理性精神的禁锢。

胡适认为，中国古代的官方语言虽然与宗教无关，但它却是以另一种形式被固化的。汉代初年，各地方言不能统一，扬

① 参见胡适：The Chinese Renaissance，欧阳哲生、刘红中编：《中国的文艺复兴》，北京：外语教学与研究出版社，2001年，第207—210页。另见《胡适全集》（第37卷），合肥：安徽教育出版社，2003年，第127—132页。

雄《方言》记录了这个时期各地千差万别的语言，但朝廷必须颁布一种语言，让它成为政府公文和太学教育的官方语言，汉武帝便发布诏令，以先秦典籍里记载的书面语作为朝廷的官方语言，这便是“文言”。胡适曾多次引用宰相公孙弘对汉武帝的一段奏议，指出这种语言连当时的小官吏都看不懂，说明“古文在那个时候已成了一种死文字了”。[①]但汉武帝采取委派识文通经的人去各地为吏，后来又通过太学选举五经博士弟子去做官，到了隋代，就形成了科举制度。从隋代直到清代，科举考试几乎是读书人的唯一出路，科举考试只考古文，这就吸引了大量读书人去学习古文，做八股文章。另一方面，上有所好，下必投其所好，皇帝提倡古文，文人士大夫也就专用古文做文章，从汉大赋到骈体文，逐渐形成了一股奢靡绮丽但内容空洞的文风。但无论是骈体文还是八股文，都很少能够充分表达作者内心真实的思想情感。换句话说，这种语言文字的固化，也从另一方面禁锢了人们思想情感的表达。

文言由于书面的传承而被固化，而民间的口语却在不断地发展变化，普通百姓也要表达自己的思想情感，这就形成了贵族士大夫的上层的文言文学和民间的口语文学两个传统的平行发展，《汉乐府》《古诗十九首》，唐代李白、杜甫、白居易等人的诗歌，大部分宋词、话本、故事诗，元杂剧，明清小说，这些都是民间的口语或受民间口语影响较大的文学形式。尽管其

① 胡适：《白话文学史》，见《胡适全集》（第 11 卷），合肥：安徽教育出版社，2003 年，第 224 页。

中的大部分作品，尤其是元杂剧、明清小说等，在当时都为贵族士大夫所轻视，但这些口语的文学逐渐形成了一股反抗文言文学的潜流，由此形成的官话方言覆盖了全国大部分地区。胡适指出，清末出现了许多社会小说，都是用官话（白话）写成的，而不少作者都是南方人，北方和中原方言并不是他们的本地方言，这说明“章回小说的巨大教育效果，在几个世纪的过程中，已成功地使国语标准化，它是国语伟大的老师和传播者”。[①]正如欧洲文艺复兴时期各国方言文学的兴起一样，这些民间的口语文学也不自觉地为“中国的文艺复兴”播下了种子。

在胡适看来，整个中国中古社会，也是一个人文情感与理性精神受到压抑的社会，这种情感与理智的压抑和禁锢，是多方面因素造成的，其中最主要的因素就是中古的宗教信仰和由语言文字的固化带来的知识生活的固化。这种固化，在唐代随着佛教内部的变革而出现过一些松动，佛教的一些派别为了争取更多的信众，开始用百姓听得懂的口头语言讲授佛经，这就是俗讲和变文；文学方面，韩愈等人不满于绮靡空洞的骈体文，开始倡导用孔孟时期那种纯正的古文来进行散文创作，[②]而李白、杜甫、白居易等人的诗歌则受民间口语的影响较深。但唐代文学和宗教上的变革都不够彻底，思想文化上并没有发生根本的

① 胡适：The Chinese Renaissance，见《胡适全集》（第35卷），合肥：安徽教育出版社，2003年，第669页。

② 参见胡适：Chinese Renaissance from One Thousand A.D. to the Present Day，第二讲“The Movement of Classical Revival”，见台北“中央研究院”近代史研究所胡适纪念馆档案，馆藏号：HS-NK05-203-005。

变化，直到宋代程朱理学的出现，以《大学》中的为学次第为方法，同时批判地吸收了佛教和道教的宇宙论和心性论观点，建立了一整套新儒学理论，才从根本上取代了中古时期的宗教信仰。因此胡适说：“我选择 11 世纪作为中古宗教时期和中国文艺复兴阶段的分界线，因为在我看来，任何其他的世纪，都不能在中古传统的强大力量和同样强大的有意识的反抗和改革的力量之间形成鲜明的对照。”①这就是他把“中国的文艺复兴”从宋代算起的理由。

但由于中古遗留下来的思想信仰的作用，程朱理学很快又成了官方学说，成了新的信仰。宋明以降，理学对于人们思想的统治作用，丝毫不亚于中古时期的佛教、道教，“三纲五常”“三从四德”成为社会普遍的道德规范，甚至缠足这种严重损害妇女身心健康的习俗也成了普遍的审美标准和道德标准，人们的世俗情感和理性精神再一次被禁锢。胡适曾多次引明初思想家薛瑄的话：“自考亭以还，斯道已大明，毋烦著作，直须躬行耳。”②这句话反映了程朱理学在明代初年已成了新的社会信仰，人们对程朱理学的笃信，取代了过去对佛教的笃信。但到了明末，这种思想信仰又重新受到怀疑和批判。在哲学方面，明末和清代的两次“文艺复兴运动”都是对程朱理学的反抗；文

① 胡适：Chinese Renaissance from One Thousand A.D. to the Present Day，第一讲“Medieval China in A. D. 1000”，见台北“中央研究院”近代史研究所胡适纪念馆档案，馆藏号：HS-NK05-203-004。

② 胡适：The Chinese Renaissance，见《胡适全集》（第 35 卷），合肥：安徽教育出版社，2003 年，第 635 页。另见胡适：《日记 1923 年》，见《胡适全集》（第 30 卷），第 5 页。

学方面，出现了像《玉簪记》里的陈妙常、《牡丹亭》里的杜丽娘这些“新时代里生命觉醒的象征”；在学术思想领域，胡适指出：“自1640年以降，整个时代被普遍认为是汉学时代。‘回归汉儒’曾是主流的口号。出于对宋明思想家主观思考的不满，学者们开始从古字书和古注疏中探寻客观的正确性……‘回到汉儒！’在当时情况下，其实等同于‘打倒宋儒’！因此，中国的文艺复兴与欧洲的文艺复兴和宗教改革是一致的。古典学问和艺术的复苏，只是一种反抗中古文化的表达形式。”[①]这种以复古之名展开的对权威的怀疑与反抗，正是“中国的文艺复兴”的特征。胡适在1954哥伦比亚大学远东学会第六届年会上发表的演讲 The Right to Doubt in Ancient Chinese Thought（《中国传统思想里的怀疑精神》）中说：“中国思想史上每一个具有创造力的时期都是勇于怀疑的结果”，他说，“我所说的怀疑意为不笃信，指质疑和挑战传统信仰、观念及制度的权威性与正当性。”[②]

宋代以来的三次“文艺复兴运动”虽然没能带来中国社会的人文情感与理性精神的全面再生，但胡适认为，对权威的怀疑与批判精神并没有停息，这种怀疑与批判精神本身就是一种理性精神。他指出，清代兴起的“今文经学”对古经的怀疑与否定，“事实上已经暗中破坏了最重要的儒家经文基础，这一基础

① 胡适：The Chinese Renaissance，见《胡适全集》（第35卷），合肥：安徽教育出版社，2003年，第633页。

② Hu Shih：The Right to Doubt in Ancient Chinese Thought，in *Philosophy East and West*，1963.1.，Vol. 12，No. 4，pp. 295–300.

已经让儒学安然度过了15个世纪”，[1]康有为就是这一学派的最后，可能也是最伟大的代表人物。而清代汉学家在考证学方面的成就，给我们带来了一种科学精神和科学方法，他说，这“可能是（他们）留给我们的仅有的遗产，现代中国靠着这份遗产，才可能在现代科学的精彩世界里感到一丝丝自在”。[2]这种学术思想当中所蕴含的理性精神复兴，和民间口语文学中潜滋暗长的人文情感的复苏，沿着不同的脉络，汇聚到了胡适这里，他比同时代的大多数人更早地意识到：只有建成一种言文一致的国语，才能瓦解贵族士大夫的文言文学和民间口语文学的分野，才能使全体人民能够平等地使用同一种语言文字来表达他们的思想情感，才能使人们接受平等的教育；只有在学术思想上倡导一种理性的科学方法，哲学上的理性精神才能得以形成；只有在社会生活上倡导一种民主的生活观，人们的世俗情感和理性精神才不会再次被禁锢。他通过哲学史研究、白话文学史研究、古典小说考证研究、佛教史研究等，从历史中寻找证据，又通过自己的白话诗创作、用白话翻译外国小说、倡导“文学革命”、倡导民主的生活观和科学的学术等“实地的试验”，为我们揭示了“现代中国文艺复兴”的一个基础条件：只有人文情感和理性精神的全面复苏，我们的文学才能成为真正的“人的文学”，我们的学术才能成为科学的学术，我们的社会才能建成自由的社

① 胡适：The Chinese Renaissance，见《胡适全集》（第35卷），合肥：安徽教育出版社，2003年，第641页。

② 同上书，第643—644页。

会，我们的政治才能建成民主的政治；只有人文情感和理性精神的全面复苏，我们才能脱离古代社会，进入现代社会。而这种人文情感和理性精神的全面复苏，正同欧洲的文艺复兴与宗教改革一样，就是他要为新的社会政治秩序建立的一个非政治的思想文化基础。[①]

四、结 语

在胡适的中文论著里，他主要是讨论具体的问题，很少有对他自己思想的系统阐述，即便是他晚年的《口述自传》里，谈到他为"中国的文艺复兴"所做的工作时，讲的也是"中国的文艺复兴"的不同方面。而他对自己的思想的系统表述，大多是在这些题为"中国的文艺复兴"的英文论著里讲的，尽管他的表述也多是一种历史叙述，但我们不难从中发现他的这一思想的基本要素。这个题目他讲了40年，我们可以把它看成是胡适思想的一个总纲，也可以把它看成是他为中国思想文化现代化开出的一套方案。[②]胡适的"中国的文艺复兴"思想涉及的内容

① 参见胡适:《我的歧路》，见《胡适全集》(第2卷)，合肥：安徽教育出版社，2003年，第467、475页。另见The Chinese Renaissance，见《胡适全集》(第35卷)，第658页；The Renaissance in China，见《胡适全集》(第35卷)，第164页；Cultural Rebirth in China Outlined，in *The Trans-Pacific*（东京），Vol. XIV，No. 20，May 14，1927，p.13。

② 吴德祖的《胡适"中国文艺复兴"思想研究》一文中也认为："胡适的'中国文艺复兴'思想，是为中国整体走向现代化开出的一套方案。"见吴德祖:《胡适"中国文艺复兴"思想研究》，载陈平原主编:《现代中国》(第十二辑)，北京：北京大学出版社，2009年，第78页。

非常广泛，本文讨论的只是其中最为根本的方面。理解他的“中国的文艺复兴”思想，不仅可以帮助我们进一步理解他的“文学革命”和“整理国故”，理解他的“民主的生活观”和“科学的学术”，而且可以帮助我们换一个角度来理解中国未来的现代化之路。

（原载《文艺研究》2014 年第 11 期）

胡适“中国的文艺复兴”思想研究

——在首届海峡两岸“胡适奖学金”颁奖典礼上的演讲

尊敬的各位专家：

感谢“中央研究院”近代史研究所给我这个机会，让我来这里汇报一下我的博士论文！我也希望借这个机会向各位专家学习请教。我的博士论文题目是“胡适‘中国的文艺复兴’思想研究”。关于这个题目，此前有美国学者格里德的《胡适与中国的文艺复兴》、北京大学欧阳哲生教授的《中国的文艺复兴》等著作和论文做了精审的研究，格里德的著作侧重于1917—1937年胡适先生的生平经历及其自由主义思想研究，欧阳哲生教授的文章侧重于胡适以中国文化为题材的英文作品解析。这些论著为我们的进一步研究奠定了良好的基础。

我在为自己的博士论文搜集材料时，胡适纪念馆和中国社会科学院近代史研究所保存的70余篇胡适未刊英文手稿给了我很大帮助，此外，我又从美国、英国、德国、法国、日本以及中国大陆和台湾的外文报刊上，先后搜集到150余篇胡适先生生前发表过的英文散佚论著，其中含有多篇关于“中国的文艺复兴”的文章，这些论著均未被《胡适英文文存》《胡适未刊英文遗稿》和《胡适全集》收录。这些新材料的发现，为我的博士论文研究拓展了空间。季羡林先生在《胡适全集》“序”中说：“有新材料发现，就能把学术研究向前推进一步，在学术史上形成一个新的阶段或新的时代。”但我的博士论文远未达到对学术史有所贡献的水准，比我的博士论文更有价值的，是这些散佚文献本身。

胡适先生一生曾多次讲“中国的文艺复兴”，留下了大量有关这一论题的中英文论著和演讲。他在早年的中文论著中，通常把“文艺复兴”翻译为“再生时代”。从1923年到1961年，他留下的以“中国的文艺复兴”或“再生时代”为题的中英文论文就有十数篇，如1923年的《中国的文艺复兴时代》（The Chinese Renaissance）、1926年的《中国之文艺复兴》（The Renaissance in China）、1935年的《中国再生时期》，等等。此外他还做过三个英文长篇系列演讲：一是1933年7月在芝加哥大学“哈斯克讲座”上的题为“中国的文艺复兴”（The Chinese Renaissance）的6次演讲，1934年1月以专著形式出版；二是1946年2月在康奈尔大学“马圣格讲座”上的题为“中国近世的理智再生”（The Intellectual Renaissance in Modern China）的6次演讲，这个系列演讲只留下了第一讲的部分讲稿，1946年3月1日《康奈尔校友新闻》（*Cornell Alumni News*）曾报道说康奈尔大学出版社将出版这本书，虽然最终并未出版，但我们可以从 1946 年 2 月 5 日至 16 日《绮色佳晚报》(*Ithaca Journal*) 系列报道中了解他演讲的内容；三是 1956 年秋学期在加州大学柏克莱分校所做的题为"近千年来的中国文艺复兴运动"(Chinese Renaissance from One Thousand A.D. to the Present Day) 的 10 次演讲，手稿都保存在胡适纪念馆，至今尚未出版。他晚年的《口述自传》里，也有两章关于"中国的文艺复兴"的内容。当然，他还有很多并未以此为题，但也涉及"中国的文艺复兴"的文章。这些论著和演讲，从时间上看，几乎贯穿了胡适先生的一生；从内容上看，则可以说是胡适先生思想的一个总纲。而他的其他论著，则大都是围绕这个总纲，来研究、解决具体问题的。

胡适先生所说的"中国的文艺复兴"指的是情感和理智的再生，情感是指世俗情感、人文情感，理智是指人的独立思考能力，包括怀疑能力、批判能力、理性思维能力和科学研究能力。在胡适先生看来，人只有具备了独立思考能力，才能带来思想的自由，而思想自由是一切自由的根本。没有思想的独立，就谈不上人格的独立，没有思想的自由，就谈不上权利的自由；只有养成独立、健全人格的个人，才能为自己的思想行为担干系、负责任，国家的现代化首先是人的现代化。所以他也把"中国的文艺复兴运动"称为人文主义、理智主义和自由主义的再生运动。由于胡适先生有关"中国的文艺复兴"的论述较为分散，他在不同著述中讨论的侧重点均有所不同，这就需要我们把它系统地勾勒出来。

他的“中国的文艺复兴”思想可分两方面说，一是中国历史上的情感与理智的再生运动，二是现代中国的“文艺复兴”，即中国的思想文化现代化运动。

先说中国历史上的“文艺复兴运动”。胡适先生把中国思想史大致分为三个时期：西汉以前的一千年为中国本土思想的原生时期，主要以《诗经》和先秦诸子学说为代表，它们体现的是一种人文主义精神，一种怀疑精神、批判精神、自由论辩精神和思想独立精神，在先秦时期，没有任何一家学说能够凌驾于其他学说之上，也没有任何一家学说成为国家的统治思想，儒家所谓“祖述尧舜，宪章文武”的道统并非先秦诸子学说的传统，“独尊儒术”是汉代以后的事，他的《中国哲学史大纲》把诸子学说放到平等地位上来讨论，即意在还原诸子学说的本来面貌，蔡元培先生称之为“平等的眼光”；而《诗经》中的“国风”等文学作品则体现了世俗的思想情感，汉儒一味以道德训诫来解释这些诗歌，并不符合它们的本义。东汉以后直到宋代理学出现之前的一千年，是一个以佛教为代表的中古宗教时期，大一统国家的形成，使儒教、佛教和道教先后成了在全社会占统治地位的思想，人们对这类宗教教义的信仰和膜拜取代了古典时期中国本土的人文主义思想和独立思考的精神，从而禁锢了思想学术的自由争鸣，也禁锢了人们的理智；通过汉代太学选举制度和隋代以来的科举制度固定下来的文言的文学成了贵族士大夫的官方文学，这种采用数百年前甚至上千年前的古代书面语创作的文学是一种模仿的文学、僵化的文学，贵族士大夫阶层通过这种必须接受专门教育才能掌握的古代书面语来垄断知识，它限制了人们思想情感的自由表达，也限制了社会下层人民对知识的接受。宋代以来的一千年，程朱理学对中古佛教的怀疑与反抗、明清两代士人对程朱理学的反抗，以及文学作品中世俗情感的觉醒，它们代表的则是一个情感与理智的再生时期，同时也是一个中古遗留下来的宗教思想与近世的理性思想长期并存、此消彼长的阶段，胡适先生称之为“不自觉的文艺复兴时期”。胡适先生在 1942 年 10 月的一篇《中国的思想》（Chinese Thought）中首次对他的思想史分期观点进行了论述，后来这一论述又出现在 1946 年的《中国近世的理智再生》和 1956 年的《近千年来的中国文艺复兴运动》等论著中，成为他晚年的一个主要思想。

胡适先生在 1929 年的《儒教在汉代被确立为国教考》（The Establishment of Confucianism as a State Religion during the Han Dynasty）一文中指出，汉代的儒教已完全不同于孔子、孟子的学说，而是一种在思想信仰上帮助统治者树立权威的宗教，这种宗教的本质是通过儒家经典伪装起来的巫术和迷信。但他后来并没有把秦汉之际看作中古宗教时期的开端，也没有把它作为由古典时期向中古宗教时期的过渡阶段提出来，原因在于，虽然汉儒摒弃了先秦儒学的人文主义和民本思想，但它教导统治者服从天意，对专制皇权起到了抑制作用，因此仍属于中国本土思想发展的一个阶段。

真正造成怀疑精神、批判精神和思想独立精神丧失的，是东汉以后到南北朝时期印度佛教在中国的广泛传播。胡适先生指出，佛教的玄妙哲理和丰富的想象力以及唐代兴起的俗讲和变文，对中国哲学和叙事文学的发展都曾起到过积极的推动作用，但他的佛教史研究表明，这种带有强烈目的论色彩的宗教对中古中国的世俗情感和理性精神的戕害并不逊色于中世纪教会统治下的欧洲。它使人们相信，为了修得来世的福报，必须承受现世的一切苦厄，它的禁欲主义和乞食化缘制度完全违背了中国本土的人文主义传统，《法华经》里记载的药王菩萨焚身供养的故事，使众多信徒把烧掉自己的一根手指、一只胳膊或整个身体作为对佛的最高祭献；人们不再追求现世的福乐，只关心死后灵魂能否得救；大量社会财富涌向寺庙，供养着数目庞大的社会寄生阶层。在南北朝时期，用冯友兰先生的话说，“中国之第一流思想家，皆为佛学家”。胡适先生还指出，这个时期的文学家不再关心民生疾苦，他们把精力耗费在对仗、对偶、平仄等形式上，制造了大量语言华丽而内容空洞的骈体文。在中古时期，虽然出现过对舶来的印度佛教进行迫害的“三武一宗法难”，但它并未改变人们对于佛教的信仰。

中古的宗教思维是一种目的论思维，这种思维的特点是，为了达到目的，可以允许甚至鼓励采取一些非正当的或不科学的手段。汉代以后，无论是儒教、佛教还是道教，目的都是使人虔诚地相信它的教义。为了达到这一目的，信徒们“认真造假”，汉儒编造了七种“纬书”，佛教的《传灯录》中大部分内容都是后世信徒假造的，道教《道藏》中最主要的经文也是伪造的。在佛教内部，不同的宗派可以对它的教义做出不同解释，却极少有人能怀疑、批判它的教义。历史上虽然曾经出现过王充、范缜这样的无神论思想家，但他们的著作一直到清代都还被列为禁书。从结果上看，这些中古的宗教信仰严重地束缚了人们的世俗情感、独立思考的精神和自由论辩的精神。胡适先生反对中古的宗教和它在历史上的一切变异形态，主要是反对那种被官方信奉和尊崇的、禁锢人们的情感与理智而又不允许人们怀疑和批判的宗教及其教义，但他并不反对个人的宗教信仰，因为个人的宗教信仰是个人的一种应当受到尊重和保护的权利，而国家崇尚的宗教则是一种强力。

如果我们把秦汉之际看作从古典时期向中古宗教时期的过渡阶段，那么唐代则可以看作由中古宗教时期向“中国的文艺复兴”时期的过渡阶段。这个时期诗人们开始关心民生疾苦，他们用民间的口语创作了大量脍炙人口的诗篇，白居易为了学习民间的口语，甚至要把他的诗念给一个不识字的老妪听。在佛教内部，也出现了对印度佛教的中国化改良，即禅宗佛教运动。禅宗认为众生皆有佛性，无须向外寻求，无须等到死后灵魂得救，它抛弃了大乘佛教的苦修形式，主张通过启迪智慧的“顿悟”来发现自身的佛性。这种“反求诸己”的观念并非来自印度的传统，而是中国本土的传统，因而禅宗很快就成了佛教中最具影响力的宗派。而韩愈领导的“古文运动”，则不仅是一场提倡用先秦的纯正古文来进行创作的文学运动，也是一场倡导先秦儒家学说、反对佛教的思想文化运动。但所有这些都未能从根本上动摇佛教的根基，所以胡适先生仍把唐代至宋初看作中古宗教时期的最后一个阶段。在胡适先生看来，真正动摇了中古佛教的基础的，是唐代后期印刷术的发明，书籍印刷使知识得到了广泛传播，正是先秦古典知识的大量普及，才带来了宋代本土思想的复兴和情感与理智的再生运动。

宋代程朱理学对中古佛教的怀疑与批判，是中国本土文化和思想独立精神的第一次再生运动。它部分吸取了佛教、道教的思想资源，创立了宋代新儒学的本体论，即“理一分殊说”，宋儒认为一切事物中的“理”都是来自最高天理的“分殊”，但天理只有一个，它自身不能被“分殊”，因为它一旦被万物分有，就不再是“一”了，因此只能通过“气”来“分殊”。这种观点十分类似于柏拉图的“善理念”，柏拉图说一切事物中的善都是分有了善理念的“形”，他所说的“善理念”就相当于朱熹的“理”或“太极”，而具体事物中的“善”则相当于朱熹所说的万事万物中的“理”。宋儒还提出了自己的哲学方法论，即“格物穷理说”。胡适先生指出，“日格一事，而穷其理”，即通过若干个别事物来归纳它们的一般原理和高级原理，是一种具有科学性的归纳法，但宋儒的目的却不在研究事物本身，而在“不役其知”的最后一步，目的在于追求万事万物的最高天理，这就失去它的科学性了。正如莱布尼茨所指出的，归纳方法有限不能证明无限，过去不能证明未来，想要通过有限归纳来达到无限的天理，这是方法论上的悖谬。但程朱理学是11—12世纪的哲学，无论是跟中古的宗教学说相比，还是跟同时期的欧洲哲学相比，都是一个巨大进步。宋儒从《礼记》中发掘出《大学》

和《中庸》，朱熹把它们跟《论语》《孟子》编在一起加以注释，构筑起了一种世俗的哲学，从根本上取代了中古佛教的地位，成为影响后世 700 多年的道德戒条。

但程朱理学很快又被定为一尊，成了新的宗教，长期被官方追捧，被民众崇拜，再度成为禁锢情感和理智的枷锁。跟中古宗教时期相比，它对人们的怀疑精神、批判精神和思想独立精神的束缚并不是削弱了，反而是加强了，它的“纲常伦理”不仅维护了社会的等级制度，还造成了民众人格的奴化。然而经由宋代以来古典知识的传播而复苏的理性精神却并未被打压下去，在明清两代，先后出现了两次不同程度的对程朱理学的反抗。明末清初的阎若璩通过考证，证明了被儒家学者奉为经典的《古文尚书》是一部伪造的书，“颜李学派”对程朱理学的批判、崔述的疑古考信之学，都构成了对宋学的冲击；以戴震、段玉裁、钱大昕、王念孙、王引之等人为代表的清代乾嘉学者，则通过对儒家经典中古文字本义的考证和训诂，证明了宋儒对古代经典的主观解释很多都是错的。乾嘉学者的考证学方法是一种更加科学的方法，他们把考证学称为“汉学”，以回到汉代郑玄、许慎之学的名义，实质上是要打到宋学。他们的研究动摇了程朱理学的根基。到了清末，康有为的《新学伪经考》甚至试图证明儒家的“古文经”都是汉代刘歆伪造的，胡适先生认为，康有为托古改制的目的论意图十分明显，他编造了大量的伪证去支持自己的学说，然而他却不自觉地暗中破坏了儒家经典的基础。很多学者认为清代只有学术，没有思想，从胡适先生的角度看，在反对宋代理学和发展科学方法方面，恰恰是清代乾嘉学者思想的影响更为深刻。

如果说中古的宗教思维是一种目的论思维，那么明清以来的考证学则是一种方法论思维。这种思维的特点是，既注重目的的正当性，更强调研究方法的科学性。胡适先生在《清代学者的治学方法》中指出，清代汉学家不仅能运用归纳法去探求古文字真义，还能运用演绎法把这种规律推广到其他材料中去，他们在学术研究中发展了这种科学方法。康德在《道德形而上学原理》中指出："一切理性知识，要么是质料的，与某一对象有关；要么是形式的，它自身仅涉及知性的形式，涉及理性自身，一般地涉及思维的普遍规律，而不涉及对象的差别。"逻辑方法是纯粹形式的方法，我们称之为"形式逻辑"，正因为它自身并不含有任何特定的质料，所以能够适用于一切质料，把这种形式方法运用到具体的材料中去，就能得出科学的知识原理。方法的科学不科学，将决定结论的科学性。科学主要就是指方法而言的，胡适先生在1955年的《四十年来中国文艺复兴运动留下的抗暴消毒力量》残稿中曾指出，"科学本身只是一个方法，一个态度，一种精神"，其中最重要的就是科学的方法。他的博士论文《先秦名学史》（*The Development of the Logical Method in Ancient China*）这个书名，他在《留学日记》里曾自译为"中国古代哲学方法之进化史"，研究的并非先秦名学的历史，而是先秦哲学中方法论的发展史；他在1919年的《实验主义》中也说过，实验主义哲学最注重的是实验的方法，在1921年补充完成的《清代学者的治学方法》第八章中，他把实验主义的方法概括为一条公式，即“大胆的假设，小心地求证”，1955年以后，他又将其概括为“循果以推因”的“历史的方法”和“制因以求果”的“实验的方法”，历史科学不能制造证据，只能从现存的遗迹中去推求产生这种遗迹的原因，而实验科学却可以制造能够产生某种效果的条件，来验证预期中的效果能否实现，两者的一致之处在于，它们都是做“有证据的探讨”。这种有证据的探讨不同于宋儒的那种以意揣求、意从己出、我注六经式的主观论断，更不同于各种出于目的论的伪造证据的证明方式。科学的思维是系统化的理性思维，科学的方法不仅能带来科学的知识原理、科学的观点，也能造就人们的理性思维能力和独立思考能力。这就是胡适先生一生都崇尚科学、反对玄学的原因。

从另一角度看，也可以说唐代作为过渡时期的“再生运动”主要是诗歌和古文的复兴运动，宋代的“文艺复兴”主要是中国本土思想和哲学的再生运动，而明清以来考证学的发展则是思想学术中科学方法的复兴运动。唐宋以来的“文艺复兴运动”不仅带来了哲学和学术思想中的理性精神、科学精神的再生，也带来了文学中世俗情感的复苏。唐诗、宋词、元曲、明清小说等大量口语文学中都表现了世俗的人文主义精神，即便是《牡丹亭》《玉簪记》这些半文半白的明清传奇作品中，杜丽娘、陈妙嫦对爱情的追求，也体现了这种新的时代精神。世俗的人文情感和理性精神、科学精神的复苏，所代表的正是“中国的文艺复兴”的精神。但唐宋以来的情感与理智的再生运动却又是不自觉的，它们只是一种历史自发的运动，是人们在摆脱中古宗教信仰的影响过程中自然而然发生的，由于缺乏知识界自觉的倡导，它们在历史的强大惯性支配下，最终都没能取得成功。

再说现代中国的"文艺复兴运动"。胡适先生指出，现代中国的"文艺复兴运动"是一场自觉的人文主义、理智主义、自由主义的再生运动。这场运动的发端就是"文学革命"。"文学革命"要解决的核心问题有二,一是废除文言，建立言文一致的国语；二是使白话文学成为文学的正宗。汉代把先秦古书里记载的语言确立为官方的书面语，但人们的口语却早已随时代的发展而发生了变化，胡适先生认为，文言是一种必须经过专门学习、主要用于书面表达的第二语言，它在汉代就已经是一种死了的语言，连当时的地方官吏都读不懂，但它被汉代的太学选举制度和后来的科举制度固定下来，成为贵族士大夫的官方语言，文人士大夫运用文言创作的文学被视为文学的正宗；与此同时，在民间，没有接受过专门文言教育的下层人民也在用当时的口语创作他们自己的文学，一部分民间的口语诗歌经由宫廷的采诗制度进入乐府文献而保留了下来，另一部分被收进了《昭明文选》《玉台新咏》等历史文献，这就是《汉乐府》和《古诗十九首》等作品。但更多的民间口语文学则被认为是没文化的下里巴人的文学而淹没在了历史的长河中。自汉代以来，书面语和口语就已分离，并由此形成了上层的贵族士大夫的文言的文学和底层的民间口语文学两个传统。就文学自身的规律而言，它要求自由、充分地表达作者的思想情感，只有运用自己时代的语言来创作，才能与文学的这一规律相适应，而文言不仅不利于思想情感的自由表达，也不利于读者的阅读和接受。文言的最大价值是，帮助贵族士大夫阶层垄断了经典的解释权和文化的主导权。

虽然历史上并不缺乏文人采用民间口语进行创作的文学，唐诗、宋词、元曲、明清小说，绝大多数都是当时的口语文学，但在大部分时期里，这些口语的文学并不被当时的文人士大夫所重视，宋词被称为“诗余”，说明它只是一种写诗之余的消遣。只有等到隔代之后，这些口语文学重新以古文的面目出现在文人士大夫面前时，才会获得他们的认可。唐宋以来，唯有诗文传统才被认为是文学的正宗，诗是模仿唐诗，文则是模仿“唐宋八大家”的古文。然而能够代表每个时代文学的最高成就的，并不是这些文言的文学，而是那些被士大夫阶层认为不登大雅之堂的口语的文学。因此，废除文言，建立言文一致的国语，就不仅符合文学自身的内在需求，同时也能够拆除知识的樊篱，打破贵族士大夫阶层对知识的垄断，让全体人民能够无差别地接受教育，从而使国家从中古遗留下来的思想信仰中解放出来，实现国家的现代化。清代末年，虽然梁启超也曾提倡“诗界革命”“文界革命”“小说界革命”，但他只是把文学的变革看作改良“群治”的途径，他既未提出废除文言，亦非以改良文学自身为目标，因此他未能担负起领导一场自觉的“文学革命”的历史使命。

“文学革命”必须具备一些基础条件，一是自古以来不断发展着的口语文学的传统，二是覆盖全国大部分地域的官话方言区的形成，三是科举制的废除。白话文学不是一天造就的，它必须建立在具有深厚传统的口语文学基础上，历史上的口语文学虽然常常受到贵族士大夫阶层的轻视或鄙视，但它长期以来不自觉的发展，已经为文学的变革奠定了根基。唐宋以来口语文学的发展，也影响了人们的日常语言，到明清时期，已经形成了使用最为广泛的官话方言，即便是在粤语地区、吴语地区，作家们也能够用官话来进行文学创作。文言是由古代的太学选举制度和科举制度保留下来的官方书面语，科举制一日不废，文人就一日不会停止学习文言、做八股文章，元代停废科举，口语文学就兴盛了八十多年，而 1905 年科举制的彻底废除，已经为“文学革命”准备好了条件。

“文学革命”的成功，还必须具备一些现实条件和机遇。首先是知识界自觉的、有意识的倡导，这种自觉不仅表现在观念上，更表现在方法上。胡适先生 1927 年在日本的演讲《中国文化的再生概述》（Cultural Rebirth in China Outlined）中说，他在倡导“文学革命”时，就运用了“历史的方法”和“实验的方法”。这里所谓“历史的方法”，即文学中的“整理国故”，他通过大量的古典小说考证研究和文学史研究，向人们指明，文言的文学只能代表一种模仿的、毫无生气的文学，而口语的文学是一种活的文学，那些伟大的古典白话小说已经在民间产生了最为广泛的影响力；而“实验的方法”则是邀请作家加入白话文学的队伍，看看这种已经创造过许多伟大作品的语言，是否依然能够为现代中国创造出伟大的文学作品。他的《尝试集》就是这样一种实地的试验，虽然他的文学创作成绩不算太高，但他倡导“文学革命”的方法却已被历史证明为一种科学的方法。这里我们可以看到，对于胡适先生而言，“整理国故”和“文学革命”并非两件不同的事，而是一个镍币的两面，一面是历史的证明，一面是实验的证明。当然他的“整理国故”并不仅仅局限于文学，而是“要用历史的眼光来整理一切过去文化的历史”。正是由于胡适先生这种有意识的倡导，才使“中国的文艺复兴运动”由自发转变为自觉。其次，“文学革命”之所以能够迅速取得成功，还得益于一个历史的机遇，即五四运动。五四运动本来是一场反对“巴黎和会”的政治运动，然而为了报道这场运动，短短几天内全国就出现了数百种白话报刊，白话文由此得以迅速普及。胡适先生对五四运动既有正面评价，也有负面评价，正面评价一方面认为它是一场学生爱国运动，另一方面则是它使“白话文运动”很快取得了成功，负面评价即由于五四运动带来的时局变化，打乱了他“打定二十年不谈政治的决心，要想在思想文艺上替中国政治建筑一个革新的基础”这个计划，他在《口述自传》中甚至称其为“一场不幸的政治干扰”。第三，“文学革命”和“白话文运动”取得成功的另一个标志，则是1920年北洋政府教育部训令国民学校国文教科书改用语体文。言文一致的国语的确立之于“现代中国的文艺复兴”而言，其意义不亚于唐代后期印刷术的发明，它们都为知识的广泛传播铺平了道路。

胡适先生在晚年的《口述自传》中说，“文学革命”只是现代中国的“文艺复兴运动”当中“较早的、较重要的和比较成功的一环”。“文学革命”成功地废除了文言，确立了白话文学的正宗地位，从根本上解放了人们思想情感的自由表达。但思想的独立，健全人格的养成，科学精神的形成，以及如何建立现代社会的宪政民主，则仍是一个巨大的问题。胡适先生试图通过一系列文化论争来阐明这些问题，他先后发起或参与的论争有 1919 年的“问题与主义”的论争，1923 年的“科学与人生观”的论争，20 年代末 30 年代初的“民主与独裁”的论争以及“全盘西化与中国文化本位主义”的论争等。但时局的变化使他最终未能完成领导“现代中国的文艺复兴运动”的目标。按照胡适先生的论述，我们似乎可以这样来推论他思想的逻辑：唯有思想的独立，才会有人格的独立；唯有人格的独立，才会有人格的平等；唯有思想的自由，才会有权利的自由；唯有人格的平等，才能保证权利的平等；人格和权利上能够自由平等的人才是现代人，唯有现代人才能组成自由平等的现代社会，“自由平等的国家不是一群奴才建造得起来的”，而宪政民主则是现代社会的一种生活方式。胡适先生指出，民主只是一种生活方式，民主的生活方式，“就是承认人人各有其价值，人人都应该可以自由发展的生活方式”，“最大多数人的最大幸福固然是应该顾到的，而一个弱小的个人的信仰和意见最容易受摧残，受压迫，更是应该顾到的。所以民主的生活方式的最具体的表现就是尊重少数人的自由，尊重每个个人的自由”。中国的现代化应该从世俗情感与理性精神的再生运动开始，宪政民主则是它的必然结果。当然宪政民主也能反过来培养人的理智能力，“民主是幼稚园的政治”一方面是说民主制度下人人皆可参与政治生活，却无须人人都成为政治学专家，另一方面也揭示了民主的生活方式可以像幼稚园培育孩子那样，培育人们的理智能力和现代社会的政治生活经验。无论我们的社会是否率先实现了民主的生活方式，我们都应该培养自己的独立思考能力，而不要被中古遗留下来的思想信仰和目的论思维蒙住了眼睛。

最后，我想澄清两个长期以来人们对于胡适先生的误解，并以此作为这篇演讲的结论。一是有些学者认为胡适先生的很多观点只是有感而发的，并没有一个完整的体系，因而显得较为浅薄，他的研究涉及多个学科领域，仅仅是因为他的兴趣过于广泛。这种看法是不符合事实的，因为我们根据胡适先生的论著勾勒出来的“中国的文艺复兴”思想，正是一个完备而恢宏的体系，无论是他的中国哲学史研究、白话文学史研究、古典小说考证研究、史学研究、《水经注》疑案考证，还是他的“文学革命”思想、民主宪政思想、自由主义思想等，都可以在这个体系中找到相应的位置。他对中国思想史发展规律的论述，不同于冯友兰先生的哲学史论述，冯友兰先生接着理学讲，仍是把儒家思想看作哲学的正宗，他对“子学时代”和“经学时代”的划分是静态的，因而“老内圣开不出新外王”；而胡适先生的中国思想史论述则清晰地揭示了历史进化的动因，它也正是我们开辟未来的动因。

二是有些学者认为胡适先生的思想是全盘地反传统和“全盘西化”，而我们看到胡适先生并非全盘地反传统，他只是反对传统中那种政教合一的禁锢人的情感与理智的宗教思想，在现代，他则反对那些含有特定“主义”的思想信仰，因为这些思想信仰仍旧体现着某种古代的教义，但他从未反对古典的人文主义、理智主义的传统和宋代以来情感与理智再生的传统，恰恰相反，他所主张恢复、承接和进一步深化的，正是这样一个传统。从胡适先生的角度看，这个世界有些国家和地区已经进入了现代社会，有些国家和地区正处在由古代社会向现代社会的艰难转型之中，而有些国家和地区则仍处于中古社会。文化的冲突根本上是古今思想的冲突，之所以常常会表现为东西方思想的冲突，只是因为西方社会已较早地进入了现代，而中国当时还没有跨进现代社会的大门，“全盘西化”仅仅意味着我们应当一心一意地学习西方的现代化道路，但绝不是要照搬西方的一切生活方式。

胡适先生的“中国的文艺复兴”是一个尚未完成的目标，它在今天依然任重而道远，胡适先生所指明的中国思想文化现代化方向，仍是我们今后需要努力的方向。

我的演讲就到这里，谢谢大家！

（原载《关东学刊》2017 年第 10 期）

功不唐捐：席云舒的胡适研究

陈　洁（北京理工大学副教授、曾任《中华读书报》记者）
周质平（美国普林斯顿大学教授、胡适研究专家）
席云舒（北京语言大学副教授）

一、席云舒：上穷碧落下黄泉，动手动脚找东西

陈洁：2016 年 12 月您的博士论文《胡适“中国的文艺复兴”思想研究》荣获首届海峡两岸“胡适奖学金”一等奖，如果没弄错的话，这应该是大陆学者首次获得台湾“中央研究院”的奖项。正如李欧梵先生所说，“中央研究院”的奖不是随便发的，这至少说明了海峡两岸胡适研究专家对您的认可。请谈谈这次获奖的情况。

席云舒：我感到很惭愧！我不清楚是否还有其他大陆学者获得过“中央研究院”的奖项。获得这个学术奖，纯属侥幸，也是评委专家对我的错爱。2016年1月下旬，“中央研究院”胡适纪念馆和华中师范大学近代史研究所的网站上同时登出了“胡适奖学金论文征集启事”，征集2011—2016年国内各高校有关胡适研究的博硕士学位论文。起初我并不知道，直到3月份我的导师李玲教授把这个信息转给我，我也没太在意。因为我一直想抽时间再把博士论文好好修改一下，从2013年5月论文答辩结束后，我都在忙于胡适英文文献的整理和翻译工作，始终没能抽出时间修改我的博士论文，因此我并没有打算参加这次征文评奖。况且我觉得征文评奖应该是年轻人的事，我读博士之前，已在高校和出版界工作了十多年，跟年轻人去争这个奖项，如果不能获奖，那只能说明长江后浪推前浪，前浪已经被拍死在沙滩上；即使能获奖，也不能说我比年轻人高明，当他们到了我这个年龄，学问肯定会做得比我好。

这次征文的截止时间是2016年5月31日，我并没有寄去我的博士论文。然而到了6月22日，我忽然收到评奖专家委员会联系人何卓恩教授的邮件，说让我把博士论文寄过去参加评奖。我那时还不认识何卓恩教授，事后我了解到，当时正在英国做访问研究的欧阳哲生教授看到了参评论文名单，欧阳教授是胡适研究会会长，也是这次评奖的评委之一，他看到参评论文名单里面没有我，就告诉何卓恩教授说里面缺了一篇重要论文，于是何教授就来信让我把论文补寄过去。论文寄过去之后，经过由复旦大学历史系章清教授、武汉大学哲学学院吴根友教授、安徽大学历史系陆发春教授、华中师范大学中国近代史研究所田彤教授、许小青教授、何卓恩教授等知名学者组成的初评专家委员会评审，欧阳哲生教授人在英国，也出具了书面评审意见，后来又经过台湾“中央研究院”胡适纪念馆主任潘光哲教授等专家复评、终评，最后把我的博士论文评为一等奖。其实获二等奖的林建刚博士和张书克博士的论文也都非常好，他们比我更年轻、更有学术潜力。

关于我的博士论文内容，2016年12月20日我在台北“中央研究院”近代史研究所发表的演讲里面已经做了扼要介绍，这篇演讲被2017年1月4日《中华读书报》摘登了一个整版，不到7000字，演讲全文大约11000字。这次《关东学刊》要把这篇演讲全文，连同去年12月17日我在“中央研究院”胡适纪念馆颁奖典礼上发表的“获奖感言”一起刊登出来，我很感谢！

这几年我做的最主要的一项工作，其实是博士论文的副产品，就是对胡适英文散佚文献的搜集、整理和翻译、研究。2011年我确定博士论文选题后，就开始搜集胡适英文散佚论著，几年下来，我先后从世界各地搜集到150余篇胡适生前发表过的英文佚文，以及70余篇未刊英文手稿。这里面不包括他的中文英译文章。我已经提供了十余篇给《胡适研究通讯》刊登出来，这些英文佚文绝大部分都是学界所不知道的，具有很高的学术价值。我在“获奖感言”里曾说过，较之获奖的博士论文，我更愿意把这个奖项看作各位专家评委对我搜集整理胡适英文散佚文献的鼓励。

陈洁：您搜集整理胡适英文散佚文献，虽然还没有出版，但已在海内外胡适研究界产生了很大影响，“中央研究院”胡适纪念馆主任潘光哲教授说您是“胡适英文文献发掘与整理工作的第一人”。请介绍一下您搜集整理胡适英文散佚论著的初心。

席云舒：潘光哲教授的评价太高，我担当不起。要说“胡适英文文献发掘与整理工作的第一人”，无论如何都应该是周质平先生，我只是在周先生工作的基础上做了一些查漏补缺的工作。

要说我怎么想到去搜集胡适英文散佚论著的，这要感谢欧阳哲生教授。我的博士论文本来打算研究胡适的“实验主义”哲学方法论在中国现代化问题中的应用，因为我觉得中国的现代化问题，缺的不是观念，而是科学的方法，胡适倡导的“文学革命”和新文化运动之所以能获得成功，主要是由于他有切实可行的方法，这个方法或许能够为我们未来的现代化道路提供借鉴。我把这个想法报告给欧阳哲生教授，欧阳教授认为这样写可能会显得很散，因为胡适的研究领域很多，每个领域他都运用了“实验主义”方法，不太容易从整体上把握。欧阳教授说胡适的英文著作还很少有人研究，他建议我去研究胡适的英文著作。我读了胡适的英文著作、日记，以及胡颂平的《胡适之先生年谱长编初稿》以后，发现他在英文文章中讲得比较多的是 Chinese Renaissance，例如他生前出版的第二部英文专著，也是他 1933 年 7 月在芝加哥大学 Haskell Lectures 的六次演讲，书名就是 *The Chinese Renaissance*（《中国的文艺复兴》），1946 年

2 月，他在康奈尔大学 Messenger Lectures 的六次演讲，题目则是 The Intellectual Renaissance in Modern China（中国近世的理智再生），此外还有很多单篇的文章。这些英文论著帮助我确定了博士论文的题目。

然而我继续翻阅他的日记、《胡适之先生年谱长编初稿》等文献，发现他还有不少英文论著没有被《胡适英文文存》和《胡适未刊英文遗稿》收录，也没有被安徽教育版《胡适全集》收录，于是我就去查找这些文章。这一方面是为我的博士论文准备材料，另一方面，我作为一个曾在出版界工作过多年的人，也很了解这些英文佚文的出版价值，所以我很想把这些佚文搜集起来整理出版。没想到这个工作一做就是好几年，到现在还没有做完。这些英文散佚文献里，对我的博士论文帮助最大的，是他 1956 年秋学期在加州大学柏克莱分校所做的题为 Chinese Renaissance from One Thousand A.D. to the Present Day（"近千年来的中国文艺复兴运动"）的十次演讲，这些演讲稿都是手稿，我请美国得克萨斯州立大学达拉斯分校的郭钦博士整理并翻译出来，我又做了详细的校订和注释。后来在我的导师李玲教授的指导下完成了博士论文《胡适"中国的文艺复兴"思想研究》的写作。

陈洁：您搜集到的胡适英文佚文，大部分都不为学界所了解，是不是因为缺少文献记载？除了周质平先生主编的《胡适英文文存》（三册）和《胡适未刊英文遗稿》，安徽教育版《胡适全集》里面也有 5 卷英文论著，这几种文集里一共收录了多少篇英文文章？前人在这方面还做过哪些工作？

席云舒：对胡适英文文献的搜集整理，贡献最大的当然是周质平先生，他主编的《胡适英文文存》和《胡适未刊英文遗稿》是对胡适英文论著的首次集中整理，《胡适英文文存》（三册）共收了147篇文章，《胡适未刊英文遗稿》收了66篇文章，当然里面有几篇属于同一篇文章的不同版本，后来安徽教育版《胡适全集》里的5卷英文著作，主要就是以周质平先生主编的这两种文集为基础的，又增加了一些中国社会科学院近代史研究所保存的胡适英文资料，总共是239篇文章，里面也有几篇属于重复收录的。这几种文集里面，剔除掉重复的篇目和少数几篇中文英译，不重复的应该是259篇文章，其中包括他的两部英文专著。

之所以会出现重复收录的情况，主要是胡适的一些文章和演讲，有的是在某报刊发表后，又被其他报刊摘要刊登，有的是几家报刊把他的讲稿拿去，分别做了不同的删节处理，也有的是记者现场记录后整理发表的，因此就出现了同一篇文章的不同版本。有几篇文章《胡适英文文存》里收录了一个版本，《胡适未刊英文遗稿》里又收了另一个版本；《胡适全集》里也有类似的情况。另一种是他的未刊英文手稿，他做过几次修改，有的甚至是整段推翻了重写，但由于他生前没有发表过，可能《胡适全集》的整理者不清楚哪一份是最后定稿，所以就全都收录进去。这种重复的情况在我的统计数据里，都只算作一篇文章。我觉得比较恰当的处理办法是，以其中某个比较完善的版本做底本，把其他版本中不同的内容增补进去，以不同字体把增补的内容区别开来，并做注释说明。

胡适日记里记载过一些他的英文文章题目，有的还扼要介绍了文章内容，但他很少记载这些文章发表在哪些报刊上。最早整理胡适英文著作目录的，是著名图书馆学家袁同礼和美国人 Eugene L. Delafield。袁同礼曾担任过北京图书馆馆长，1949年去了美国，先后在斯坦福大学研究院和美国国会图书馆工作。胡适 1942 年卸任驻美大使后住在纽约，Delafield 是他的邻居。Delafield 是一个善本书商，胡适经常请他代购书籍，因此二人非常熟悉，胡适有时也把自己的文章送给他。后来 Delafield 动了要帮胡适编英文著作的念头，就去搜集胡适发表在报刊上的文章，虽然文集最终没有编成，但他却保存了很多胡适的英文文章。1957 年，Delafield 和袁同礼合编了一份"胡适西文著作目录"，刊登在《中央研究院历史语言研究所集刊》第 28 本《庆祝胡适先生六十五周岁论文集》里，这个目录共收录了 83 篇文章，每篇都记有出处。1962 年胡适去世后，Delafield 和袁同礼又编了一份"胡适先生西文著作目录"，刊登在《中央研究院历史语言研究所集刊》第 34 本《故院长胡适先生纪念论文集》里，共收录了 237 篇文章，其中包括 26 篇胡适中文论著的英译。

据周质平先生《〈胡适英文文存〉成书经过》一文记载，他当时依据的主要是《中央研究院历史语言研究所集刊》第 28 本的目录，但《胡适英文文存》收录的文章远远超过了这份目录里记载的篇目。那是 20 世纪 90 年代初，还没有互联网，周先生只能去图书馆一篇一篇查找，工作难度之大，是难以想象的。1992 年，周先生和他的美国学生欧阳珣（Christopher E. Olofson）重新整理了一份“胡适英文著作编年目录”，共收录了 233 篇文章，篇数与 Delafield 和袁同礼 1962 年的目录大致相当，这个目录收在台湾三民书局出版的《胡适丛论》一书里。我比较过这两份目录，Delafield 和袁同礼的 1962 年目录中绝大部分篇目，周先生的目录里都有，但周先生目录里有些篇目，Delafield 和袁同礼的目录里却没有。当然周先生目录里的这些文章，并没有全部收进《胡适英文文存》，主要还是囿于当时的检索条件，有些文章没能够找到。周质平先生后来编的《胡适未刊英文遗稿》，一部分资料来自台北胡适纪念馆，另一部分则是来自 Delafield 的收藏。正因为有了 Delafield、袁同礼和周质平先生前面所做的工作，我才能够在这个基础上有所拓展。

我在搜集胡适英文佚文时，分别参考了 Delafield 和袁同礼的目录以及周质平先生的目录，但我发现还有一些胡适在日记和文章里提到的英文篇目，不仅《胡适英文文存》《胡适未刊英文遗稿》《胡适全集》没有收录，这几种目录里也没有收录。譬如 1917 年以前他在《中国留美学生月报》等刊物上发表的文章，可能是因为回国时不方便携带，他都没带回来，这些文章只有他的《留学日记》里有部分记载，其他文献都不曾收录。这种情况还算好，我们毕竟能够知道这些文章的题目，知道有这些篇目存在；最麻烦的是任何文献都没有记载的文章，这就要像大海捞针一样去打捞。胡适有些文章，很可能发表以后连他自己都没见过样刊。胡适是非常注重保存资料的人，凡是他收到样刊样报的文章，他都保存了下来，但有些文章和演讲，尤其是在国外的演讲，他讲完就离开了，很可能他从未收到过样刊。这类文章后人没有见过，也不足为怪。

陈洁：刚才提到Delafield和袁同礼合编的“胡适西文著作目录”里，有些文章没有被《胡适英文文存》《胡适未刊英文遗稿》和《胡适全集》收录，这部分文章您都找全了吗？搜集这些英文佚文有何难度？我好奇的是，任何文献都没有记载的那些文章，您是怎么找到的？

席云舒：能够找到胡适的这些英文佚文，我要感谢这个互联网时代，如果没有互联网，这个工作根本无法完成。

关于这项工作的难度，我先讲两个故事。

第一个故事。Delafield和袁同礼的1962年目录第166条记载：“Cultural Rebirth in China. Speech before Pan-Pacific Club, May 13, 1927. In: *Trans-Pacific*, Vol. 14, No. 20, May 14, 1927, p.13.”这条目录是说1927年5月13日胡适在泛太平洋俱乐部有一个演讲，题目叫作《中国文化的再生》，刊登在1927年5月14日出版的*Trans-Pacific*上，并标明了期号和页码。这条目录中的信息不可谓不完备，但它却没有注明*Trans-Pacific*的出版地，也没有说明泛太平洋俱乐部是哪个国家的组织。

胡颂平的《胡适之先生年谱长编初稿》记载：“（1927年）五月十四日，先生在美国时对泛太平洋俱乐部讲演的‘Cultural Rebirth in China’[《中国文化的再生》]，今天在《太平洋杂志》

发表。”耿云志先生在《胡适年谱》中也说：“（胡适）在纽约停留期间，曾在泛太平洋俱乐部讲演《中国文化的再生》。”胡颂平和耿云志先生都认为这篇文章是胡适在美国时发表的演讲，显然，他们依据的都是 Delafield 和袁同礼的目录。

但我在美国各大学图书馆网站上查找，均未找到名为 *Trans-Pacific* 的出版物，这让我对此文究竟是不是他在美国的演讲产生了怀疑。于是我就推算这篇文章发表的时间。1926 年 7 月，胡适去伦敦参加“中英庚款顾问委员会”会议，在欧洲停留了将近 5 个月，12 月 31 日离开伦敦去美国。在美国期间，他发表过多次演讲，其中包括他去哥伦比亚大学领取迟到了 10 年的博士学位时发表的六次演讲《中国哲学的六个时期》等。1927 年 4 月 12 日，他离开美国，取道日本回国，24 日到达日本，在日本逗留了 23 天，5 月 17 日离开日本回上海。Delafield 和袁同礼的目录记载这篇文章是 1927 年 5 月 14 日发表的，而这段时间胡适正好在日本，那么此文会不会是他在日本发表的演讲呢？

于是我就到日本各大图书馆网站去查找，然而却发现包括东京大学图书馆在内的日本各大学图书馆均未收藏这份刊物。经过反复检索，最后我在日本国会图书馆查到了 *Trans-Pacific* 的相关信息。*Trans-Pacific* 是“英文日本广知报社”主办的一份英文国际财经周刊，有汉字刊名《太平洋》，1940 年停刊。而泛太平洋俱乐部是 1927 年前后刚刚在大阪成立的非政府组织。

我通过朋友与日本国会图书馆联系，请求复印胡适的这篇演讲，却被告知由于年代久远，该杂志保存不善，除了题目能看清楚，正文已经完全看不清了。但我并没有放弃，我想起几年前李欧梵先生曾经告诉我，哈佛大学的费正清中国研究中心和赖世和日本研究中心是哈佛最有影响的两个亚洲研究中心，我想，如果此刊在哈佛大学赖世和日本研究中心也不能找到的话，那么胡适这篇演讲的内容也许我们就无法获知了。我委托我的同学、当时正在哈佛大学访问的林晓霞博士去赖世和日本研究中心去查找这份刊物，林晓霞博士终于帮我在哈佛的 Widener Library 找到了这本杂志。Delafield 和袁同礼的这条目录里也有一些错误，这篇文章应该是胡适 1927 年 5 月 6 日的演讲，并非目录记载的 5 月 13 日，文章的完整题目是 Cultural Rebirth in China Outlined，是由记者记录发表的，但却是胡适有关“中国的文艺复兴”论著和演讲中非常重要的一篇。

第二个故事。胡适在 1922 年 5 月 24 日的日记里有这样一段话：“我想将来把我的英文演说论文等集在一块付印，虽不能佳，应该比许多外国作者的瞎说高明一点。已成者，有这几天做的两篇，以及 The National Language of China，The Literary Revolution，Intellectual China in 1919。”后面两篇《胡适英文文存》和《胡适全集》里均有收录，唯独 The National Language of China 一文，不仅各种文集里找不到，Delafield 和袁同礼的目录、周质平先生的目录里也都没有收录。胡适日记里只提到了这个题目，并未交代这是他在何时何处发表的文章。

后来我请朱闻宇博士翻译胡适有关“中国的文艺复兴”的几篇文章，他在翻译 1923 年的 The Chinese Renaissance 一文时，发现胡适在一条注释里提到了这篇文章："The National Language of China, in a volume published by the American University Club of Shanghai." 这个注释很模糊，只说是刊登在上海美国大学联合会的一份出版物里，既没有说明该出版物的名称，也没有交代出版时间。当时上海美国大学联合会编辑的出版物有很多种，我想，既然胡适说是"a volume"，那就应该是一份连续出版物，而不是单行本书籍；既然他在1922年的日记里和1923年的文章里都提到了此文，那这篇文章的发表时间也应该在此前后。

我通过"BALIS北京地区高校图书馆文献资源保障体系"和"CALIS联合目录公共检索系统"逐一检索上海美国大学联合会的各种出版物，终于在1923年商务印书馆（Commercial Press, Limited in Shanghai）出版的 *American University Club of China, Lectures 1921—1922* 这本演讲集里找到了这篇文章，该演讲集只有国家图书馆和清华大学图书馆有收藏。

类似的故事还有很多。查找这些文章，不仅需要精密的考证，还需要科学的推理。好在我们有互联网，海外有ProQuest数据库、JSTOR数据库、WorldCat图书馆目录检索系统，国内有上海图书馆全国报刊索引数据库，这些数据库给我的工作提供了很多方便。但仅靠这些数据库还远远不够，这些数据库收录了一部分胡适的英文文章，也有很多文章并没有被收录。他在美国发表的那些没有任何文献记载的文章，有的可以通过WorldCat搜索出来，有的则要到美国各大学图书馆网站上去做拉网式检索，美国大学图书馆期刊目录数字化都很完备，可以把所有署名 Hu Shih 或 Suh Hu（他早年在美国留学时期用的名字）的文章全都搜出来，像康奈尔大学图书馆、哥伦比亚大学图书馆、哈佛大学图书馆保存载有他文章的期刊比较多，先把这些文章找出来，把里面重复的文章剔除掉；然后再到其他大学图书馆去检索，有时能发现一两篇新的文章，更多时候往往查对了数百篇文章，却没有一篇新的发现。找到载有这些文章的报刊期号，我就请在美国访学的朋友去帮我复印，我的不同专业的师姐余霞博士、娜仁格日勒博士，我的同学林晓霞博士、汪昌松博士，以及南开大学的平瑶博士在美国访学时都帮我复印过不少文章，我非常感谢他们的帮助！

国内的报刊检索方式大致也是如此，但国内的期刊只要能找到文章名、所载刊物名、具体年份和期号、页码，就可以通过 BALIS 文献传递系统去申请电子扫描文件。美国的图书馆也有类似的文献传递系统，但需要通过美国大学图书馆的账号登录才能申请，我没有美国大学图书馆的账号，只能请朋友帮忙复印。这是一项非常花时间的工作，我前后花了 5 年时间，才把散落在世界各地的 150 余篇胡适英文佚文搜集完整。至于他的英文手稿，则大多保存在中国社会科学院近代史研究所和台北胡适纪念馆，我也已经全部复印了出来。

我不敢说没有遗漏，譬如有两篇他留学时期发表在康奈尔大学世界学生会刊物上的文章，我请康奈尔大学东亚图书馆的 Carole E. Atkinson 女士帮我找遍了康奈尔大学图书馆和档案馆，都没能找到，这两篇文章恐已不存。还有一些文章胡适日记里虽然有记载，但应该没有发表过，也没有留下手稿。除此之外，包括 Delafield 和袁同礼的目录、周质平先生的目录上有记载的篇目，以及国内外各大学图书馆网站上能查到的篇目，我都已经搜集齐全了。前年我复印了其中的120余篇胡适生前发表过的英文佚文给周质平先生，周先生看了很吃惊，说他没想到还有那么多他都不知道的文章。当然，胡适还有很多英文书信，我只搜集了他生前公开发表过的英文书信，他生前未发表的私人书信我没有去搜集。傅斯年曾经有一句话叫作“上穷碧落下黄泉，动手动脚找东西”，做了这项工作之后，我非常能够体会这句话的含义和分量。

二、周质平：保存胡适英文资料，我们后死有责

陈洁：您是《胡适英文文存》（三册）和《胡适未刊英文遗稿》的主编，远流版《胡适英文文存》出版于1995年，共收录了147篇文章，联经版《胡适未刊英文遗稿》出版于2001年，共收录了66篇文章，请谈谈您当时是如何搜集这些资料的，在搜集、整理这些资料时遇到过哪些困难？

周质平：胡适研究在国内从70年代末期才开始恢复。1949年以后，国内只有胡适批判，没有胡适研究，海外的胡适研究也主要是依据他的中文著作，大部分人都没用过，甚至于不知道胡适的英文著作。因为我在美国，所以我看到胡适英文著作

的机会可能比别人要稍多一点，我看到胡适的英文著作之后，就想对他的英文著作做一番搜集整理工作。

开始是很难的，当时我手里唯一的英文目录是 Eugene L. Delafield 和袁同礼编的，发表在《中央研究院历史语言研究所集刊》第 28 本《庆祝胡适先生六十五周岁论文集》后面，我就按照他的目录去找，可是当时找的工作很困难，因为胡适成书的英文著作不多，只有他的博士论文《先秦名学史》和《中国的文艺复兴》，除这两本书外，其他的文章都是散篇的，发表在各地不同的刊物上。这些刊物主要在美国，也有少数在欧洲、加拿大，我就顺着 Delafield 和袁同礼的目录把它一一搜集出来，当时还没有网络，只能是一篇一篇请人去复印。但普林斯顿大学图书馆非常好，帮了我很大的忙，我记得有些文章要到欧洲去找，他们都帮我搜集过来。其中有一些他早年在康奈尔大学做学生时候的文章，都是到康奈尔的校友档案中去弄出来的。搜集过来之后，我就有了把它整理出版的想法。

这个过程中我比较花时间思考的问题是，到底是要采用编年的办法还是分类的办法，或者编年和分类同时进行。我发现分类很困难，常常一篇文章，你说它是哲学史，还是历史，还是文学，是很不容易分的，常常一篇文章牵涉的范围很广，所以我采取的是编年的方式。

我主要做了两部分工作。第一部分是修订并扩大了 Delafield 的目录，我专门做过一个目录，收在台湾三民出的《胡适丛论》里面，我在每一篇后面都做了注，也订正了一部分错误。第二部分就是编了三册《胡适英文文存》，是以影印的形式出版的，影印有优点也有缺点，优点是保持了它的原貌，缺点是很多不清楚。当时的复印件也不是我自己去复印的，有的是通过传真传过来的，尤其是两页之间，有相当多的地方不清楚。里面大概也有几篇是重复收录的，我没有很仔细地检查，有的是他在刊物上发表后，又以节本的形式在报上重新刊登的。我想这套《胡适英文文存》印数大概很有限，我不知道远流到底印了多少册，我想应该流传不广。这三册书最好的地方是，你如果引用，它是出自某个期刊，连页码都有，有的我还把期刊封面也印下来了，保持原貌这部分大概算是一点小小的贡献。除此之外，基本上是一个整理和编年的工作，也有几篇严格地说不能算是他的英文著作，而是他的中文文章的英译，他自己把它翻译成了英文。这是二十多年前的工作，有些细节不太记得清了。

这三册《胡适英文文存》出版以后，我又有机会到"中央研究院"的胡适纪念馆，当时的馆长是陶英惠，还有一位助理叫柯月足，这位柯小姐很帮忙，陶馆长也很支持我，在她们的协助下，我把胡适纪念馆里的档案，我不敢说穷尽，我想我远远没有穷尽，我也花了一些时间，把那些材料复印下来，就编成了《胡适未刊英文遗稿》。《胡适未刊英文遗稿》我做的工作比《胡适英文文存》要多，《胡适未刊英文遗稿》是重新打字，有辨识的工作在里面，我请了两位助理把一些演讲稿打出来，打出来之后看起来就容易多了，手稿和打字稿之间是天壤之别，手稿看起来非常困难。《胡适未刊英文遗稿》我还做了一个工作，就是每篇文章前面都做了一个比较简短的中文摘要，说明这篇文章的出处、摘录它的主旨。《胡适英文文存》有一千五百页左右，《胡适未刊英文遗稿》也有六七百页，这两种书把胡适英文著作做了一部分整理，这是我所做的工作。

2010年左右，北京的外研社跟我联系，他们想在国内出一套《胡适英文文存》，我当时很高兴，可是受限于国内的种种条件，只能筛选其中的一部分来出，他1949年以后重要的文章，一篇都没有收。我觉得在国内出版胡适的英文著作，而不能在这一点上有所突破，意思不大。我们作为后死者，后死有责，我们应该把这些东西都保存下来。

陈洁：近年来席云舒博士从世界各地搜集到150余篇胡适生前发表过的英文佚文和70余篇未刊手稿。您如何评价他所做的工作？

周质平：这个工作我觉得非常了不起，了不起！需要花很多时间去做，只有做过的人才知道里面的甘苦。席云舒博士花了很大的工夫，对胡适英文著作做了全面的整理，搜集之全、整理之细致，可以说前所未有。他搜集的文章数量比我当年搜集到的要多得多，里面很多文章Delafield的目录里都没有，他对胡适早期英文著作的搜集贡献也非常大，譬如《中国留美学生月报》里面的文章，等等，把这些文章搜集起来很不容易。我想这是应该大大加以发扬的，应该让大家知道席云舒博士的努力。

陈洁：这些新材料的整理应该如何着手？需要注意哪些问题？

周质平：我想，在这个工作开始之前，可以先编一个胡适英文著作的完整目录。席云舒博士已经复印了120多篇文章给我，他还编了一份详细的胡适英文著作编年目录。这份目录，我全都打印出来了，编得非常仔细，非常全，远远超过了Delafield的目录。我觉得这个目录本身就很有意义。我有个建议，看席博士能否考虑，就是这份目录里面是不是可以再加上一项，加一个注，说明一下哪些文章已经有了中译文，有多少篇，哪些文章已经被翻译为多少种文字，出版在什么地方。其实跟我当年做的工作很类似，把这个目录做一定的注解，这篇东西发表在哪里，中译在什么地方，现在并不是很多人知道胡适的某一篇英文文章究竟中译过多少次，是由谁翻译的，譬如《斯大林雄图下的中国》这篇文章，好像聂华苓译过，台湾《中央日报》资料室也译过，胡适纪念馆还印过一个小册子，应该把这个标上去。此外还有他的中文英译，最好也把它补充进去。就是说席博士的这份目录后面可以再附两个东西，一是胡适英文著作的中译、日译目录，二是胡适中文著作的英译目录。这个工作很重要，先编出一个目录来，对学界的贡献是很大的，这其实也是Delafield和袁同礼他们所做的工作。

至于这套文集是采用编年还是分类的办法，其实很难。如果要用分类，也有它很好的一面，譬如说像Book Review，把他那些书评都搁到一块，那样就很方便；完全采取编年，也有它的缺点，有些就会显得七零八落的，而且查找起来真难。编年和分类，其实各有利弊。所以我很希望他能做一个不同的目录，

《鲁迅全集》的目录可以给我们很好的启示。我特别希望把目录以不同的形式编排，有编年目录，有首字母目录，这样可以便于查找。这个目录我觉得应该先出，包括胡适英文著作中译目录，这是为大家服务的一个工作。

不过有些文章严格地讲，能不能算他的英文著作，需要界定一下，就像《华盛顿邮报》1936年12月的那一则东西，那个是一个报上的报道，可是我觉得收在里面很好，可能这样的文章不能够全部编年，而应该做分类，像这篇东西就可以归入美国各地的报纸对胡适的报道。他的有些演讲，像1946年在康奈尔大学 Messenger Lectures 上的六次演讲，都是记者记录发表的。这个分类很难，我当时也是碰到同样的问题，这样的东西怎么处理？我觉得应该像胡颂平的《胡适之先生年谱长编初稿》那样，能收进来的都把它收进来，这个工作量特别大，胡颂平的主要贡献就是在材料的保存上。如果可以，应该在里面分出一类来，就是新闻报道。这样的东西还有很多，尤其是他驻美的四年。有些甚至是带有花边新闻性质的，譬如说 *Life Magazine* 上面有一篇十几页的东西，里面有好几张照片，很少发表过，他在玩火柴盒、喂鱼的照片，对他任驻美大使期间最全的报道应该就是这篇文章。还有一个十几岁小女孩写的《胡适传》。这些其实也可以做一个工作，把一些重要的报道搜集起来。如果我们做这一类的工作，是比较轻松、比较容易完成的。

陈洁： 席云舒博士正在主持一项国家社科基金项目，除了准备把胡适的英文论著整理成一套编年文集出版外，还打算全部译成中文，这项工作有何难度？需要注意哪些问题？

周质平：这个计划是极其庞大的，如果要等到整个工作完成，在时间上，在人力、财力上都会是非常大的挑战。在这之前，是否先以一种中文摘译或摘要的形式把它呈现给大家？我比较直率地说，如果要把每一篇都翻译出来，除非是像《鲁迅全集》那样有一个国家整理委员会集中力量来做，个人的力量那是极艰难的。其实这个工作，胡适当年的美国女友克利福德·韦莲司在胡适 70 岁生日的时候，就表示过她要把毕生的积蓄拿出来，成立一个胡适著作翻译基金。胡适 1962 年过世，到现在已经 55 年了，可以说没有什么进展。他的英文中译篇目不多，这足以说明英文中译是很困难的。

我觉得要编胡适的英文中译，可以先把现有的、在人间的中译的文章整理出版，这也未尝不是一个很大的贡献。而且我觉得有一些 20 世纪五六十年代在台湾出版的翻译是不错的，例如徐高阮先生的译文，我觉得把这部分东西弄出来，比较具体可行。翻译胡适的学术文章我是做过一点的，这个不容易，尤其是查他原文的出处、英文的水平等都得相当高。我主张在现有的基础上再做一些工作，利用现有的东西，这也是胡适的态度。

后年是“五四”百年，“德先生”与“赛先生”的问题，也许“赛先生”稍稍看到了一点影子，“德先生”连影子都没见着，“德先生”好像走丢了。当前的中国社会，离胡适“五四”时期提出来的理想还很远。我们现在来研究胡适，还是应该在“德先生”这个问题上多出力。所以我特别希望席云舒博士能把胡适 1949 年以后的英文著作整理完全，如果要翻译胡适的东西，也最好能先翻这部分，我们要有一个先后、本末的分辨，以席博士搜集到的胡适英文著作来看，我想应该不下于 3000 页，在这样庞大的英文著作中，我们在选择去取上面不宜求全，而是要看对当下中国最需要的是什么。我觉得做胡适研究必须从现实关怀这个角度来做，而不是在哲学史、禅宗考证、文学史方面费太多力气，如果花太多力气在这个上面，没有它的现实意义。如果说胡适有一个“重生”的过程，那么这个“重生”应该在他对中国现实的作用。我很赞成重出胡适的英文著作，如果有一个先后的话，应该先出 1949 年以后的东西。

我觉得他有两部分东西值得我们花力气去做，除了 1949 年以后的文章，还有就是他抗战时期在美国发表的英文文章，包括文稿和演讲稿，应该让中国人了解，在整个抗战过程中，胡适在海外、在美国起到过什么样的作用，甚至于可以说，如果没有胡适驻美的四年，中国抗战也许会是另一种状况。他的这部分演讲稿最缺整理，我们要从最缺整理的部分先下力气。把这部分文稿整理出来，那是出土文物。我的《胡适未刊英文遗稿》里面收了一些，但远远达不到完整。我们可以把重点先放在这些稿子上，把它先搞出来。席博士的这个计划很庞大，不太可能毕其功于一役，最好采取一点一滴一尺一寸的做法。刚才讲的目录部分不妨先出，光是目录就可以出一本很好的资料。

陈洁：您在胡适英文文献的整理方面已经做出了卓越的贡献，为胡适英文著作研究奠定了非常好的基础。近年来国内的胡适研究越来越热，其中是否存在什么不足？哪些方面需要进一步加强？

周质平：最近几年我看到大陆很多年轻人对胡适研究有兴趣，我想这是一件很好的事情。1949 年以后，国内的政策就是要把鲁迅打造成一个正面形象，把胡适打造成一个反面形象，经过三四十年下来，很多年轻人都只知有鲁迅、不知有胡适了。20 世纪 50 年代胡适被批判以后，胡适的形象变得非常扭曲。所以我特别高兴地看到胡适研究在中国大陆后继有人，而且过去不能发表的东西，现在能够发表出来。

可是我觉得最近胡适研究的重新兴起里面，缺了很大的一块，就是重点始终放在胡适的传记和学术方面，而他对社会的关怀和政治上的看法，研究者始终采取回避的态度。尤其是他在 1949 年之后，对中国的现实问题，对 1949 年的变局，他的看法绝大部分都在英文著作里面。他在中文著作里一直有一个希望，就是把中国变成民主的两党制国家，他早期对共产党的兴起是乐观其成的，他希望共产党能成为国民党的抗衡力量，使中国走上两党制的民主道路，一直到 1945 年 8 月，他还给毛泽东发电报，希望他的“中国梦”能够实现。这些恰恰是国内的胡适研究所缺失的，所以国内学者应该做这部分工作。

他的学术方面的东西，我想后出转精，已经有不少学者在很多方面可以说已经超越胡适了，像哲学史、文学史，像禅宗的考证等。唯独胡适对民主自由的提倡还很少有人知道。如果这一次要重新编他的英文著作，无论如何都应该把这几篇东西收进去。尤其是像他的《斯大林雄图下的中国》，他为司徒雷登的《旅华五十年》写的“导言”，都是长篇的文章，还有很多抗战时期在美国的演讲和1957年在联合国的发言，这一部分我觉得是关键所在。如果要把胡适英文著作在大陆重出，真正的意义在1949年以后，他对中国前途的分析，对中国近代史、对1949年变局的解释，为什么共产党会在短时期内夺取政权。我们有责任把这一部分东西，即使不能够全文展示出来，也应该以摘要的办法保存下来。我对胡适英文著作在国内重出当然是乐见其成，我希望这些能够尽一切可能实现，如果这部分文章不能放进去，至少要做到存目或者做摘要，这部分是精华所在。

我最近读了席云舒博士的两篇大作，一篇是他在“中央研究院”近代史研究所的演讲，另一篇是《康奈尔大学胡适的成绩单与课业论文手稿》，我很佩服他的考证工作，非常精密，用力也非常深。对于胡适“中国的文艺复兴”思想的研究，他的“中国的文艺复兴”当然是对中国哲学史和文学史的重要贡献，席博士也提到了“文艺复兴”的意义，提到要有独立的人格、自由的思想。我唯一的建议就是，在这一部分中，我觉得不应该回避他的政治思想，我们当前研究胡适的意义主要不是在学术方面，而是在政治方面。“中国的文艺复兴”的意义是一种思想的解放，这一点我觉得特别重要。在胡适“中国的文艺复兴”思想中，这应该也是一个主题，我们应该把这个重新提出来，才对得起胡适一辈子的提倡。

三、席云舒：制因求果，七年之病当求三年之艾

陈洁：周质平先生认为编一套《胡适英文文集》并将胡适英文著作全都译成中文的计划过于庞大，以个人的力量来做会是一个非常大的挑战，因此提出四条建议：（一）先编一个详细的胡适英文目录，包括已有的英文中译和中文英译目录；（二）先整理胡适任驻美大使期间发表的文稿、演讲稿和1949年以后的文章；（三）把前人已有的中译文整理出版；（四）不一定要考虑全译，可以先做摘译。您怎么看？

席云舒：周先生的建议非常好！单纯以我个人的力量来做，恐怕10年都做不完，光是搜集这些资料我就花了5年。好在我2016年申请到了一项国家社科基金项目，这样就可以组织一个项目组来做，经费上也能得到基本保障。

关于编胡适英文著作目录的问题，这个工作我已经在做了，但我做的是纯粹的胡适英文著作目录，不包括他的英文中译和中文英译目录，这只是一个初步的工作，我把Delafield和袁同礼的目录、周质平先生的目录里收录的文章，《胡适英文文存》《胡适未刊英文遗稿》《胡适全集》已收的文章，以及我搜集来的150余篇英文佚文、中国社科院近代史研究所和台北胡适纪念馆保存的70余篇未刊手稿，都做了整理和编年，胡适生前发表过的文章我也都注明了出处。这个目录我已经给了周质平先

生和欧阳哲生教授。

但目前我没打算把这个目录拿去发表，主要有两个原因，一是胡适还有一些文章的写作年代不是很精确，我还要做进一步考证。譬如他在康奈尔大学留学时期，留下了18篇课业论文手稿，里面有几篇很重要的文章，这些文章将来都会收进《胡适英文文集》里面，我为了搞清楚这些文章分别是哪一年写的，就花了几个月时间去考证，写了一篇38000字的文章《康奈尔大学胡适的成绩单与课业论文手稿》，发表在《关东学刊》2017年第一期上。类似的情况还有一些，我还没有做完。《胡适英文文集》我打算采用编年的办法，因为这套文集是给研究者看的，研究者需要看原文，编年可以方便查找；中文翻译我打算用分类的办法来编，因为中译本不仅可以供研究者参考，普通读者也可以阅读，对于普通读者而言，分类的译本可能更加合适。那么要进行编年，就要对他每一篇文章的写作年代做精确的考证，如果你把1927年的文章编到1928年里面，那你的编年就不精确。还有一些文章比如说是1935年写的，到1936年才发表，这种情况该怎么处理，是以写作时间为准还是以发表时间为准，都是颇费思量的问题。二是我整理这个目录，首先是为编《胡适英文文集》做准备，其次我还打算写一本《胡适英文论著考》。例如某一篇文章，发表于哪一年，Delafield和袁同礼的目录里有没有记载，周质平先生的目录里有没有记载，胡适日记和胡颂平的《胡适之先生年谱长编初稿》里面有没有记载，是怎样记载的，《胡适英文文存》《胡适未刊英文遗稿》或《胡适全集》

里面有没有收录，原文发表在哪里，发表过几次，如果是中国社科院近代史研究所和台北胡适纪念馆保存的未刊手稿档案，那么档案编号是多少，文章的主要内容是什么……把这些资料全都汇总起来，研究者参考时就可以一目了然。胡适还有一些文章和演讲，例如他 1927 年在哥伦比亚大学的演讲《中国哲学的六个时期》，他日记里虽然有记载，但这个演讲既没有在报刊上公开发表，也没留下讲稿；他任驻美大使期间，大使馆也有一份他的演讲日程记录，有接受邀请演讲的，也有拒绝邀请的，接受邀请的记录里面也有一些演讲没留下讲稿，只记录了演讲的题目、时间、地点和邀请单位，这种情况肯定就不能收到目录里面，但我们可以在《胡适英文论著考》里面把它记录下来。有了这么一本书，研究者就可以不必再去翻阅各种零散的文献，尤其是像驻美使馆的胡适演讲日程记录，恐怕绝大部分研究者都闻所未闻，把这些资料保存下来，可能也是对学界的一个贡献。至于胡适英文中译目录和中文英译目录，以及摘译或摘要，都可以通过这本书来实现。

关于是否要先整理他任驻美大使期间发表的文稿、演讲稿和 1949 年以后的文章的问题，现在我手里这些文章都是全的，凡是他发表过的文章都比较容易整理，因为都是印刷品，不存在不易辨识的问题。比较有难度的是他的 70 余篇未刊英文手稿。胡适英文手稿都是很漂亮的花体字，但有时字迹比较潦草，辨认起来很吃力，现在人们都习惯于阅读印刷体的文字，能认识手写英文花体字的人已经越来越少。我曾经拿一部分胡适英文手稿给外语学院的几位教授看，几位教授都表示非常难认。所以我很佩服民国时期印刷厂的排字工人，那时候一般大学教授有一台英文打字机还是很奢侈的事，大部分英文稿都是手写的，那时候也没有激光照排技术，印刷都是用铅字排印，排字工人要对照手稿把铅字字母一个一个拣出来，我们这些所谓专家肯定没那个能力。目前手稿整理工作大约做了一半左右。他的英文手稿有一部分是残稿，他没有写完，有的看起来像是草稿，这部分文章最后是否收进文集，还要视情况而定。这些手稿中除了他在康奈尔大学读书时的18篇课业论文外，绝大部分都是1949年以后的文章。如果要先整理他任驻美大使期间发表的文稿、演讲稿和1949年以后的文章，那跟把他的全部英文论著都整理出来，难度也相差不大。

关于是否利用前人已有的中译文的问题，我想这里面有两个问题不太容易解决。一是版权问题，胡适英文文章已有中译文的数量不多，有五六十篇，其中还有不少是节译，译文不完整，且译者非常分散，有的早就过世了，查找、联系起来都极为不便；二是译文的问题，像徐高阮先生和郭博信先生的几篇译文都非常好，但里面也有个别句子省略或漏译的情况，这种情况可以通过补译加注释的办法处理；也有一些译文翻译质量不够理想，还有就是那些节译文，总共有二十几篇，这些译文处理起来就比较麻烦。所以我觉得，与其花很大力气去联系版权问题和校对、增补那些译文，不如索性全都重译。

关于摘译或摘要的问题，我刚才讲过，我打算放在《胡适英文论著考》里面去做。周质平先生担心我的这个计划过于庞大，在时间、人力、财力上都会是非常大的挑战，这个担心是很有道理的，我很感谢周先生替我着想！以我个人的力量确实也做不了那么多工作。但我并不是一个人在做，而是一个项目组在做，困难虽然很多，我们水平也很有限，但我们的项目组成员都十分敬业，希望通过大家的努力，能把这个项目做好，如果三年不行那就五年，总能把它做完。

陈洁：要把这么多文章都翻译成中文，确实不是一件轻松的工作。例如胡适的博士论文《先秦名学史》的英文中译，里面就涉及很多古文献，类似的情况可能还很多。正在编的《胡适英文文集》和中译本分别有多大规模？翻译中的重点和难点是什么？

席云舒：《胡适英文文集》计划是12册，32开，每册都有四五百页，中译本也是12册的规模。

刚才提到的《先秦名学史》，英文书名是*The Development of the Logical Method in Ancient China*，现有的中译本是1982年中国逻辑史研究会组织翻译的，应该说是一个非常好的译本。"先秦名学史"这个译名，是胡适1922年7月11日日记里的译法，当年出版的英文版封面上也印了这个中译名。他在1917年5月4日日记里还有一个译法，叫"中国古代哲学方法之进化史"。比较而言，"先秦名学史"这个译名更简洁，但准确性不如"中国古代哲学方法之进化史"，不仅在字面上，从内容上看，这本书讲的并不是先秦的逻辑学史，而是先秦哲学方法论的发展史，译成“先秦名学史”容易让人误以为它讲的是先秦的逻辑学史，我们先秦时期并没有严格意义上的逻辑学家和逻辑学著作，因此也谈不上专门的逻辑学史。这个译本把古文献都还原成了原文，工作做得非常仔细。但也并非没有可改进之处，例如“导论”部分，有一句“I am firmly of the opinion that the future of Chinese philosophy depends upon its emancipation from the moralistic and rationalistic fetters of Confucianism”，中译本就译成了“我确信中国哲学的将来，有赖于从儒学的道德伦理和理性的枷锁中得到解放”，显然，这里的“儒学的道德伦理和理性的枷锁”更好的译法应该是“儒教的道学和理学枷锁”。类似的情况还有不少。这个译本还有一个问题，胡适在写博士论文的时候，参考、引用的古文献很多都是英译本，该书英文版注释里面都注明了引文的英译本出处，但翻译成中文时，译者把古文献英译本注释全都删掉了。如果我们重新翻译他的博士论文，我觉得除了需要订正一些概念名词，还应该把书名还原为“中国古代哲学方法之进化史”，当然这里的“之”字可以去掉，就叫“中国古代哲学方法进化史”比较好，还有就是要把他的英文版引文注释保留下来。

翻译中的重点和难点，我想大概主要有三点，一是古文献的还原，二是民间文献的还原，三是人名和专有名词的翻译。

刚才提到的《先秦名学史》里面专有名词的还原只是一个方面。胡适的很多英文论著都涉及大量的古文献和外国文献，绝大部分都是带引号的直接引文，古文献涉及中国思想史、文学史、佛教史等诸多方面。外国文献比较好办，反正是翻译，不是说非要以哪个译本为准，但古文献一定要还原成原文。这个工作是很不容易做的，那时候注释也没有现在规范，特别是他的很多演讲稿，根本没做注释，涉及古文献的内容往往是直接翻译成英文引用，翻译也多是意译，只是用英文把古文献原文的意思表达出来，并非逐字逐句的翻译，有时一段话还省略了不少内容，这种情况要把古文献的内容还原成原文就很难。

譬如他 1933 年 7 月在芝加哥大学 Haskell Lectures 的六次演讲 The Chinese Renaissance，这本书是 1934 年由芝加哥大学出版社出版的，有中译文收在外研社 2001 年出版的《中国的文艺复兴》一书里。这个译文中大部分古文献都还原了，但还有一些遗漏，像第五讲里面，胡适引用了董仲舒的一句话，英文是："the action of man，when it reaches the highest level of goodness or evil，all flows into the universal course of Heaven and Earth，and causes responsive reverberations in their manifestations." 这是《汉书·董仲舒传》"天人三策"里的话，原文是"人之所为，其美恶之极，乃与天地流通而往来相应"，但由于胡适没有注明出处，外研社的译本则未能还原这句话。还有《中庸》里面的话，也未能还原。

这种情况还算比较容易解决，只要我们了解一点中国思想史，熟悉一点常见的古文献，知道这种有名有姓的文献该怎么去查找，就不难把它找出来。比较难找的是下面这种情况，例如在 1923 年的 The Chinese Renaissance 一文中，有这样一句话：

“‘The Han scholars,’ they would say, ‘were nearer to the ancients and therefore were more reliable than the Sung philosophers who lived a thousand years later.’” 这句话是直接引文，也没有注明出处，如果直接翻译成白话，可译为“‘汉儒’，他们说，‘去古未远，因此比千年之后的宋儒更可信。’” 这里“他们”是指 1640 年以来的清代汉学家，主要指乾嘉学者。朱闻宇博士翻译这句话时，未能查到原文，就拿来跟我讨论，我们查阅了很多文献，最后认定《四库全书总目提要》卷二十二《读礼志疑》（六卷）里的“汉代诸儒去古未远，其所训释，大抵有所根据，不同于以意揣求。宋儒义理虽精，而博考详稽，终不逮注疏家专门之学”这句话与胡适的意思最接近。如果他的引文确实是来自这句话，那么，首先，他显然对这句话做了高度的概括和改写；其次，所引文献不太常见，让人很难查到原文。类似的情况还有，像 1933 年的《中国的文艺复兴》第二讲中，胡适谈到晚清官员对西洋人态度的改变，引用了曾国藩致友人信里的一句话，他的英文是：“Even they also have some of the virtues of a gentleman.” 由于他没有交代这是曾国藩给谁的哪封信里的话，查找起来就较为不易，外研社的译本就按照字面翻译成了“彼等竟亦有君子之德”。其实这句话原文是“彼等商贾之国，颇有君子之行”，这是同治元年（1862 年）正月曾国藩给毛鸿宾的回信《复毛寄云中丞》里的话。显然，胡适翻译成英文引用时也有所省略。

民间文献的还原有时并不比古文献容易，譬如他在 1923 年的一篇 The Social Message in Chinese Poetry（《中国诗里的社会问题诗》）中，引用了一首当时的民谣，这首民谣大概流传不是很广，他的中文论著中没有引用过，这种民间文献查找起来难度也很大。

另外就是人名的翻译。没有中文名字的外国人名只要音译即可，但有中文名字的外国人名就不能英译。譬如胡适在1922年2月15日的日记里曾提到时任燕京大学神学和历史学教授的瑞士汉学家Phillip de Vargas，胡适日记的整理者就把他翻译成了菲利普·德·瓦尔加斯。其实他有中文名字，叫王克私，如果翻译成瓦尔加斯，那就错了。还有一些中国人的英文名或拼音缩写，像潘光旦（Quentin Pan）、赵元任（Y. R. Chao），等等，有些不太熟悉的名字，就很难对上号。

陈洁：周质平先生认为应该从现实关怀的角度来研究胡适，而不是把主要精力放在他的学术方面，不应该回避他的政治思想；余英时先生也表达过类似的观点，大意是说胡适的学术研究早已被后来的人超过了，但他在政治上的主张却并没有过时。您怎么看待这个问题？

席云舒：我同意周先生的看法，胡适的政治思想和哲学思想、文学思想、学术思想一样，都是他思想中重要的组成部分，当然不应该回避。事实上，国内也有不少学者在研究胡适的政治思想，比如李建军博士的研究就很有代表性，还有前几年邵建先生的研究，也比较多地涉及了胡适的政治思想。

认为胡适的学术研究已经过时，而政治思想没有过时，不仅是海外学者比较普遍的一种看法，在国内也是比较流行的观点。甚至还有这样一种说法，说胡适的主张在哪里实现了，哪里就可以不再需要他了，譬如台湾地区现在已很少有人研究胡适了，但他“五四”时期提出来的理想在中国大陆至今仍然是一个理想，等到他的主张都实现以后，我们也可以不需要他了。我觉得，这种观点把胡适思想理解得过于狭隘了，如果人们把他的思想当作一种实现了某个目标就可以丢弃的东西，当作一座过了河就可以毁弃的桥，那么我宁可不去跟这个风，我可以去研究胡适思想中那些更有长远价值的东西。

胡适的学术研究确实有不少已经被后人超越了，比如他的古典小说考证，他的禅宗史研究等，随着越来越多的新材料的发现，他当时的一些结论甚至也不能成立了。那么他的学术思想中是否还有没被超越的东西呢？他在《〈水浒传〉后考》一文中说过，他的那些古典小说考证文章，结论也许都是错的，但他的研究的态度绝不会错。他的这种研究的态度，我以为是不会被超越的。

他的研究的态度，简而言之就是“有几分证据，说几分话；有七分证据，不能说八分话”。他之所以说自己的结论也许会错，是因为那时候材料有限，他只能依据已有的材料得出结论。当后来又有了新材料的发现、有了新文献的出土以后，就应该依据新的证据重新做出结论。科学的进步正是依靠新材料的发现和新方法的提出而不断发展的，当你只拥有七分证据的时候，你严格地根据这七分证据做出结论，这个结论就是科学的；如果将来又发现了新的材料，即使新的材料完全推翻了过去的结论，也不能说过去的结论不科学，只能说新的材料带来了科学的发展。但是，假如你认为自己所拥有的七分证据说服力还不够充分，就去虚构、臆造一些证据材料，哪怕你虚构的材料再逼真，这也不是科学的态度。胡适没有随着自己的想象去制造证据，没有按照自己的意愿去做主观阐释，而是“有几分证据说几分话”，这恰恰是一种科学的态度。

同样不会过时的还有他的研究方法。他的研究方法，我们都知道“大胆的假设，小心地求证”，这是他早期对杜威的“实验主义”方法的简明概括，到了晚年，他又将其概括为“循果以推因”的“历史的方法”和“制因以求果”的“实验的方法”。所谓“历史的方法”，就是以经过严格考订的历史材料去证明历史规律；所谓“实验的方法”，就是以实验得出的可靠证据去证明未知原理。它们的共同点是把结论都建立在充分可信的证据之上。这里面虽然有“假设”，但“假设”必须立足于已有的经验，“假设”不是凭空臆想，况且，仅有“假设”是远远不够的，关键还在于求证，能够被证明的“假设”才是科学的结论，不能被证明的“假设”则仅仅是一个猜想。他的这种“实验主义”方法不同于古人的以意揣求、意从己出的主观方法，也不同于各种以虚假的、伪造的或未经考信的证据来证明观点的方法。因此它也是一种科学的方法。

这种科学态度与科学方法的背后，是一种理性精神、科学精神。理性精神就是独立思考的精神，或者说思想独立的精神，它是科学精神的基础，科学精神则是有系统的理性精神。这里的理性概念，不是笛卡尔所说的不依赖于感觉经验的天赋原则，也不是韦伯所说的工具理性，它比较接近于康德所说的人自身的直观能力、知性能力和自由能力，简而言之就是人的独立思考能力。与理性精神、科学精神相对的，则是宗教式的信仰，当你只能虔诚地信仰某种教义，无论是儒家教义、佛教教义还是基督教教义，当你只能相信它，而不能怀疑它、批判它，你所能做的只是千方百计去论证这些教义的绝对正确性，否则就会被认为是离经叛道的时候，你是不太可能有独立思想的。没有独立思想，当然也就不会有思想自由。以某种官方推崇的教义来禁锢自由思想，是古代社会的特征；理性精神、科学精神、思想自由则是现代社会的基本要素。从胡适的角度看，判断一个人是古代人还是现代人，要看他是否具备理性精神、科学精神，判断一个国家是古代国家还是现代国家，除了它的政治制度，更要看它能否容纳自由思想。中国的现代化，不只是物质生产和制度的现代化，更重要的是思想文化的现代化，是人的现代化。直到今天，还常常有人批评这个时代信仰的缺失，却很少有人批评这个时代理性精神的缺失，可见我们的现代化道路依旧任重道远。

宋代的程朱理学被定为一尊以后，朱熹编订的《四书》成为科举考试的标准教科书，任何人要想通过科举考试进入上层社会、参与国家治理，都必须认同朱熹的学说，国家治理是政，程朱理学则是教，宋代以后的“政教合一”是通过这种方式结合起来的。要想改变那种家国天下的政治结构，就必须先改变程朱理学的统治地位。在这种情况下，无论是像王阳明那样以“心学”信仰取代对程朱理学的信仰，还是像王艮、李贽那样对程朱理学的义理进行主观的批判，都是不起作用的，况且他们也没有要改变当时政治制度的意识。在胡适看来，真正动摇了程朱理学的思想基础的，是清代汉学家，他们通过对先秦儒家经典的考证和训诂，证明了程朱理学对儒家经典的主观阐释，很多都是错的，他们通过纯粹的学术研究，一点一滴地改变了人们对宋代理学教义的信仰。因此胡适认为，在反对宋代理学的教义上，乾嘉学者的工作虽然是不自觉的，但他们对百年之后的思想变革和制度变革的影响却更为根本，因为他们以科学的态度和科学的考证方法破坏了甚至摧毁了理学的根基。所以我觉得，思想应该建立在科学的学术研究基础之上，思想若不以学术为根基，则往往沦为游谈。

胡适在 1916 年 1 月 11 日和 25 日日记里，两次谈到“造新因”，其时袁世凯复辟帝制，才建立 3 年多的共和制的存亡牵动着无数国人的心，胡适认为，如果缺乏“必要的先决条件”，无论是君主制还是共和制，皆不能救中国，这个“必要的先决条件”就是“树人”，进一步说，就是要培养国人的理性精神、科学精神，培养人们健全的人格和为自己的思想行为担干系、负责任的精神。他说：“七年之病当求三年之艾。倘以三年之艾为迂远而不为，则终亦必亡而已矣。”他回国后，曾“打定二十年不谈政治的决心，要想在思想文艺上替中国政治建筑一个革新的基础”，尽管不久以后就碰到了一场“不幸的政治干扰”，迫使他不得不去谈论政治。也就是说，在胡适看来，如果没有人的现代化，没有思想文化的现代化，制度的现代化就很可能是一座空中楼阁。他在学术上的种种努力，包括“文学革命”“整理国故”、中国哲学史的研究、白话文学史的研究等，都是为了制造适当的“因”，去推求理想中的“果”。用他晚年的话说，就是“要怎么收获，先那么栽”。因此，我并不认为我们可以把胡适的学术思想和政治思想分开来看，比较而言，他的学术思想比政治思想还要根本。

最后，我想用葛兆光先生的一段话来补充一下我的观点。葛先生是一位纯粹的学者，也是中国思想史研究的集大成者，2017 年 3 月 3 日《文汇报》的“文汇学人”刊登了一篇对他的专访，题目叫“在旧传统和新时代之间”。他说:“我得承认，对我影响比较大的其实是胡适。我一直觉得，在学术上很多人把胡适看低了，觉得他的思想现在还有意义，他的学术似乎早就过时了。其实不见得。好多人觉得胡适写文章清浅明白不深奥，好像学术也就是这样了。可是，如果你回头看学术史，你会看到，胡适在好多方面都是开创和建立典范的人。第一个是中国哲学史，余（英时）先生讲，胡适的中国哲学史就是一个典范，用西方的框架梳理中国的思想，他把中国材料和西洋模式进行结合，改造了整个中国传统思想叙述的一个方式，也许后来有人超过他，但他建立了这样一个典范。小说考证也是吧，《醒世姻缘》啦、《红楼梦》啦、《封神演义》啦，他不是开辟了一种小说史的研究范式吗？我自己做的禅宗史也是，胡适在中国禅宗史上，开辟了文献学和历史学结合的方式，率先通过敦煌文书考证禅宗史上的攀龙附凤，很了不起，即使他的具体结论有问题，但是你还不是在他的路上吗？所以，我最近还写了一篇文章叫《仍在胡适的延长线上》，讨论禅宗史研究的方法，强调胡适的意义。或许，胡适的具体研究可能有问题，但是，作为传统学术向现代转型时代的学者，他开创的典范，你就还在这一路径上走。”

（原载《关东学刊》2017 年第 10 期）

后　记

这本书收录的几篇论文，都是从我近年来发表的胡适研究论文中挑选出来的较长的文章。我从读博士期间开始研究胡适思想，2013 年以来，先后在《中国现代文学研究丛刊》《文艺研究》《鲁迅研究月刊》《社会科学论坛》、台湾的《东亚观念史集刊》等学术期刊发表了 40 余万字胡适研究论文和胡适英文佚文的翻译，这些已发表的文章中，一部分是我的博士论文《胡适“中国的文艺复兴”思想研究》中的若干章节，一部分是针对专门问题研究的论文，还有一部分是对胡适英文佚文的初步研究。收进本书的主要是针对专门问题研究的文章。

2013 年我博士毕业后，就忙于对读博期间搜集到的两百多篇胡适英文散佚论著的整理、翻译和研究，2016 年我申请到了一项国家社科基金项目来从事这项研究，这是非常花时间的工作，很多英文手稿都需要录入电脑并译成中文。这个项目还没有完成，北大历史系欧阳哲生教授又邀请我参加他主持的国家社科基金重大项目“胡适年谱新编”，让我承担其中的一个子课题“胡适在美国”，为了这个工作，我又从美国搜集到6000余份英文报纸对胡适的报道，其中也有大量新的重要发现。我的博士论文由于写作时间比较早，有不少后来发现的新材料都没来得及放进去，我一直希望抽时间把博士论文好好修订一下再出版；尽管我的博士论文有超过一半的内容都已经发表过，2016年台北“中央研究院”胡适纪念馆和武汉华中师范大学近代史研究所联合评选首届海峡两岸“胡适奖学金”优秀博士学位论文，又把我的博士论文评为2011年以来5年内胡适研究博士论文中唯一的一等奖，很多朋友都劝我把博士论文早日交付出版，但我还是觉得须将尚未发表的两章仔细修订一下，把近几年新发现的一些重要材料补充进去，才能拿出来与读者见面。

这本书叫《胡适考论》，其实除第一篇《康奈尔大学胡适的成绩单与课业论文手稿》是纯粹考证文章外，其他都是在考证基础上的研究。本书的“代序”是2016年12月17日我在台北“中央研究院”胡适纪念馆首届海峡两岸“胡适奖学金”颁奖典礼上发表的“获奖感言”。《康奈尔大学胡适的成绩单与课业论文手稿》本来刊登在《关东学刊》2017年第1期上，去年11月，著名微信公号《东方历史评论》的主编李礼先生找到我，说要转载这篇文章，起初我很怀疑这种史料考证文章会不会有人去读，但没想到转载后仅一天内阅读量就超过了1.5万人次，并被《东方历史评论》推荐为2019年度史料文章前三名，因此我把此文放到本书的第一篇。《胡适的哲学方法论及其来源》讨论的是胡适对杜威"实验主义"哲学方法论的继承和发展;《胡适与中国现代文学的起点问题》和《胡适思想与中国现代性问题》两篇讨论的都是胡适与中国文学和思想文化的现代化问题;《胡适"中国的文艺复兴"思想初探》写得比较早，正如题目所说，它只是一个"初探";而《胡适"中国的文艺复兴"思想研究》则是我在台北"中央研究院"近代史研究所的演讲，这个演讲比前面的"初探"讲得要更加深入一些。最后一篇是《关东学刊》2017 年第 10 期"学者庄园"栏目所做的学术访谈，主要介绍胡适英文散佚文献的搜集整理与翻译研究工作。

胡适英文论著翻译研究的部分将收进我的另一本文集《胡适译论》中，形式是一篇研究论文搭配一篇或几篇译文，包括已发表的《文学革命的序曲——论胡适的〈如何可使吾国文言易于教授〉》和译文《如何可使吾国文言易于教授》《胡适与〈洛克的"政府论两篇"研究〉》和译文《洛克的"政府论两篇"研究》《胡适论康德的国际伦理法则》和译文《康德的国际伦理法则》等，都将收进这本书里。我希望将来能把不同系列的文章分门别类地出版。

这本书的出版，我首先要感谢商务印书馆涵芬楼的总编辑王明毅先生和龚琬洁女士。从我开始整理和翻译胡适英文文献时起，王明毅先生就对《胡适英文文集》寄予厚望，然而这是一项浩大的工程，编成后将会是 12 册英文文集和 12 册中文译本，其中有大量不确定写作时间的文章都需要进行考证、编年，翻译中的古文献还原也十分不易，我实在无法在短期内完成。2017年8月，王明毅先生就与我签订了本书的出版合同，但由于我一直抽不出时间来校订书稿，直到王明毅先生退居二线、龚琬洁女士接任总编辑，在她的一再催促之下，我才得以借这个疫情肆虐的寒假完成书稿的校订。同时，我也要加倍努力，争取早日交付《胡适英文文集》和译稿，希望胡适先生的这些新材料能早日与读者见面。

我还要衷心感谢我的老师华学诚教授！我曾在出版界工作9年，学业几欲荒废，是华老师把我重新带回了学术道路。故事很长，将来我会撰文记述，这里只想先说一句，于我而言，绝没有比学术生活更值得过的生活，但即使我倾尽全部努力，我的成绩亦不足以报答华老师于万一！令我感到万分惭愧的是，如果我在学业上能够取得三分成绩，我只能将其中的两分献给华老师，另外一分则要献给我的导师李玲教授！李玲老师是把我扶上马送一程的人，正是这一程使我得以浴火重生，而华老师则给了我那匹马。我对两位老师始终心存感激，倘若我在学术道路上不能走得更远，则愧对两位老师的期望！

我的老师叶橹先生今年已84岁了，先生经历过人间的大苦难和大不幸，舛谬的命运给先生酿了一壶难咽的苦酒，先生却把它品成了诗性的人生。20年来我天南地北辗转过几个城市，最让我牵挂的城市是扬州，因为先生住在那里，有先生在，扬州便是我的故乡。

我还要感谢邹敏老师、季云老师、傅华先生、王干先生、吴义勤先生、吴思敬先生、王尧先生、季进先生，感谢我的学兄朱天曙先生、王日春先生，感谢胡适研究界的前辈耿云志先生、周质平先生、欧阳哲生先生、黄克武先生、潘光哲先生，感谢北京语言大学的各位老师和同事对我的支持和帮助！需要感谢的朋友很多，请原谅我无法在这里一一列出。

2020年2月12日于北京

图书在版编目（CIP）数据

胡适考论 / 席云舒著. — 北京：商务印书馆，2020
（2021.11重印）
ISBN 978 - 7 - 100 - 18652 - 0

Ⅰ. ①胡…　Ⅱ. ①席…　Ⅲ. ①胡适（1891-1962）—
人物研究　Ⅳ. ①K825.4

中国版本图书馆 CIP 数据核字（2020）第102937号

权利保留，侵权必究。

胡 适 考 论

席云舒　著

商　务　印　书　馆　出　版
（北京王府井大街36号　邮政编码 100710）
商　务　印　书　馆　发　行
山西人民印刷有限责任公司印刷
ISBN 978 - 7 - 100 - 18652 - 0

2021年1月第1版　　开本 787×1092　1/32
2021年11月第2次印刷　　印张 9½

定价：60.00元